安徽大学文学院
文典学术论丛

清代文献文学探微

方盛良 著

凤凰出版社

图书在版编目（CIP）数据

清代文献文学探微 / 方盛良著. -- 南京 : 凤凰出版社, 2019.12
（安徽大学文学院文典学术论丛）
ISBN 978-7-5506-3093-2

Ⅰ. ①清… Ⅱ. ①方… Ⅲ. ①古文献学－中国－清代－文集 Ⅳ. ①G256.1-53

中国版本图书馆CIP数据核字(2020)第017119号

书　　名　清代文献文学探微
著　　者　方盛良
责任编辑　李相东
装帧设计　徐　慧
出版发行　凤凰出版社(原江苏古籍出版社)
　　　　　发行部电话025-83223462
出版社地址　江苏省南京市中央路165号,邮编:210009
出版社网址　http://www.fhcbs.com
照　　排　南京凯建文化发展有限公司
印　　刷　南京新世纪联盟印务有限公司
　　　　　江苏省南京市建邺区南湖路27号春晓大厦5楼,邮编:210017
开　　本　718毫米×1005毫米　1/16
印　　张　16
字　　数　222千字
版　　次　2019年12月第1版
印　　次　2019年12月第1次印刷
标准书号　ISBN 978-7-5506-3093-2
定　　价　78.00元
(本书凡印装错误可向承印厂调换,电话:025-68566588)

安徽大学文学院文典学术论丛

总　　序

吴怀东

这套丛书是安徽大学文学院一批在岗教授各自的专题论文集，内容涵盖文艺学、现当代文学、古代文学、古代汉语、现代汉语等学科，是诸位专家多年研究心血的沉淀，其学术质量、学术贡献都得到各自学术领域同行专家的认可，对此读者自有公论，无需辞费。我们集中推出，既是学术积累的需要，也是对我们这个团队多年科学研究和学科建设工作的一个小结，在此我们郑重感谢诸位专家的辛苦劳动，感谢凤凰出版社的大力支持！这套丛书以刘文典先生的名讳命名，至关这套丛书的撰述动机乃至我们学院的学术追求，值得郑重说明。

如果将民国时期建立于当时安徽省会安庆的安徽大学算作1958年重建于今天省会合肥的安徽大学的前身，安徽大学的校史已近百年。出生于合肥的刘文典与安徽大学及安徽大学文学院有着深刻的渊源：早在1927年，刘文典就受邀主持安徽大学的筹建工作；1928年，安徽大学正式成立并招生，刘文典任预科主任兼文学院院长，并实际主持校政。刘文典主政安徽大学，是安徽大学的荣幸和精彩开始，而刘文典主政文学院，更给文学院的建设、发展奠定了崇高的起点和正确的方向。

刘文典，原名文聪，字叔雅。原籍安徽怀宁，1889年出生于合肥。1906年入芜湖安徽公学学习，为该校教师陈独秀、刘师培所欣赏。1907年加入中国同盟会，1909年赴日本留学。辛亥革命爆发后，他于1912年回国，在上海于右任、邵力子等主办的《民立报》担任编辑。1913年再度赴日本,1914 年加入中华革命党,任孙中山先生秘书。1916 年,刘文典回国,一直在北京大学任教,研究诸子著作。1923 年出版专著《淮南鸿烈集解》,后从事《庄子》、《说苑》等书的校勘,撰写了《三余札记》。1927 年参与筹建安徽大学;1928 年 11 月,安徽发生学潮,刘文典被迫离开安徽大学,回到北京,就任清华大学中国文学系教授、主任。1939 年,刘文典完成《庄子补正》、《说苑斠补》等著述,著名学者陈寅恪为《庄子补正》作序,云:“先生此书之刊布,盖将一匡当世之学风,而示人以准则,岂供治《庄子》者必读而已哉!”抗战期间,刘文典任教于昆明西南联合大学;抗战结束直到新中国成立后,他一直在云南大学任教,直至 1958 年因遭批斗而突发急症,病逝于昆明。

简单而庄重地回顾刘文典的经历是要说明,他从革命家实现华丽转身而成为杰出学者。乍看起来,这两种身份似乎没有什么相关性,其实,革命是改造社会最激烈的方式,而在大学进行学术研究、培养优秀人才、开启民智为人类生存、发展而求解,何尝不是改造社会的重要而有效的方式?放眼刘文典做出选择的那个时代,他的选择并非特例、孤例。同样是同盟会会员出身的蔡元培,于 1916 年受命出长北京大学,其就职演说明确提出“大学者,研究高深学问者也”,坚持“思想自由,兼容并包”的办学思路。1915 年,自由革命家陈独秀在上海创办《青年杂志》,因其于 1916 年受聘为北京大学文科学长而进入高等教育领域,这份杂志也随之迁到北京并易名为《新青年》出版,并立即产生巨大轰动效应。正是在刘文典所处的北大时代,开放的学术孕育了伟大的思想文化,影响中国百年命运的新文化运动因此而蓬勃展开;也正是在这种自由而激进的氛围里,推动近代以来中国实现变革、真正改变中国国运民心的伟大组织——中国共产党应运而生。

刘文典及其并世知识人,遭遇了中华民族“亡国灭种”的巨大危机。其时,传统文化面临断裂,中外交流、对撞剧烈,工具理性严重冲击价值理性。他们做出了艰难选择。他们以学术报国,努力开启民智,在学术方法上实现了古典与现代、中与西的融汇,从而走在时代前列,建构了百年来中国学术乃至思想的基本框架，这种学术精神、学术品格和学术方法具有超越时空的意义。我们不排除学术研究对于个人具有劳动交换而谋生的性质与功能——“著书都为稻粱谋”（龚自珍《咏史》），但是，社会之所以需要知识和思想，需要我们知识分子这个群体，根本上需要我们像马克思那样“为人类而工作”（《青年在选择职业时的考虑》），正因如此，马克思才说“在科学的入口处，正像地狱的入口处一样”（《政治经济学批判序言》）。在英国伦敦海格特公墓马克思的墓碑上，便镌刻着马克思的名言：“哲学家们只是用不同的方式解释世界，而问题在于改变世界。”（《关于费尔巴哈的提纲》）知识者正是通过科学地研究自然界和人类社会，“解释世界”，发现真理以影响大众从而“改变世界”。中国最伟大的思想家孔子两千多年前就倡导“为己之学”，反对“为人之学”（《论语·宪问》）。宋代著名思想家张载说，知识者应该将“为天地立心，为生民立命，为往圣继绝学，为万世开太平”（《横渠语录》）作为自己的信仰。一百年前的 1919 年，现代学术大师马克斯·韦伯说：“今天，作为‘职业’的科学，不是派发神圣价值和神启的通灵者或先知送来的神赐之物，而是通过专业化学科的操作，服务于有关自我和事实间关系的知识思考。”（《以学术为业》）这也正是二十世纪中国最杰出的学者、一生追求“自由之思想，独立之精神”的陈寅恪在 1927 年所说的“吾侪所学关天意”（《挽王静安先生》）的核心内涵。现代大学是现代社会生产知识与思想的专业“工厂”，是“研究高深学问”的地方，决定现代大学地位的就是其卓越知识与思想的生产能力。“大学之道，在明明德，在亲民，在止于至善。”（《大学》）大学的知识者应该具有最纯粹的学术信仰，是人类文明的研究者、创造者和守护者、传播者。学术信仰、学术精神，就是深入地研究世界、勇敢地发现真理并追求真理。清代著名学者章学诚对堪称“乾嘉学术第一人”的戴震学术特点的评论，其实可为今日学界之镜鉴：“戴君学术……戒人以凿空言理，其说深探本原，不可易矣！”（《文史通义·内篇·书〈朱陆〉篇后》）在“地球村”的时代，中国亟需面对真问题的真学术，因为，没有严格的“实事求是”（《汉书·河间献王传》），必然不会有方向正确且真正有效的“经世致用”。

时间已经走到二十一世纪，可是，从人类文明发展史和中西关系史来看，我们仍然面对刘文典所面对的时代命题——国家要强大，民族要复兴，人民要幸福，人类文明要交流互鉴。如今，人类科技发展到了一个产生颠覆性突破的关键时刻，世界上的国家关系到了数百年来最大转折的十字路口，中国的发展、中国文化的发展也迎来一个重新审视的历史机遇期，创新能力的竞争更加激烈。虽然我们研究的不是现代科学技术，也不是实用的经济学、法学、社会学等，可是，我们研究的学问至关民族精神的塑造和每个人的精神生活，至关中国的“软实力”提升和中国之崛起：如果没有汉语，中国人必然无法沟通、交流，文化必然无法传承；如果缺少文学的滋养，中国人的心灵将无处安顿，人将因为单纯追求物质利益而沦落。在此背景下，研究中国语言文学，责任重大，使命崇高，任重道远，这也是我们时代所有中国语言文学研究者共同的责任和使命。

奠定刘文典在现代学术史上地位的就是《淮南鸿烈集解》，此书已被公认为《淮南子》研究的学术经典；刘文典当初受命负责筹建安徽大学，社会各界看重的正是其超卓的见识、杰出的学术成就和重要的学界地位。安徽大学文学院既然是国学大师刘文典亲手开创的学院，理当继承前辈高尚的学术品格，弘扬前辈执着的学术精神，开展“高深学问”之研究以丰富时代精神生活，甚至引领社会进步，并在此过程中确立我们学院的研究特色甚至优势，彰显我们的贡献。应该说，曾经在非常艰难的环境里，在资源严重不足的条件下，经过多年的卧薪尝胆，我们在某些研究领域所取得的成就与特色已得到学术界认可，但我们学院的整体研究特色还不够鲜明，学科的综合实力还有待于提升。如今，在伟大的新时代里，我们文学院的全体同仁必将进一步“澡雪精神”，坚守“板凳要坐十年冷，文章不写一句空”的态度，“衣带渐宽终不悔”，努力创造出能够引领学术发展、不负先贤的学术成就、思想成果。

附:《安徽大学文学院文典学术论丛》总目

王达敏《中国当代长篇小说论》
赵　凯《马克思主义文论与当代文艺批评》
欧阳友权《走进网络文学批评》
刘　飞《中国文学批评散论》
周志雄《批评之途》
王泽庆《文学的跨界诠释》

丁　放《中国词学论集》
陈道贵《六朝唐代文学论丛》
吴怀东《杜甫与唐代文学论稿》
方盛良《清代文献文学探微》
耿传友《徽学与明清文学论稿》

杨　军《汉语音韵丛考》
曾　良《俗写与历史词汇丛札》
吴早生《汉语的信息结构与主观表达研究》

2019年10月13日于合肥

目　录

《樊榭山房集》集外词跋五则

厉鹗(1692—1752),字太鸿、雄飞,号樊榭、南湖花隐,世称樊榭先生,浙江钱塘人。厉氏毕生嗜学,著述宏富,除学术著作《宋诗纪事》《辽史拾遗》《南宋院画录》《湖船录》《东城杂记》《南宋纪事诗》《绝妙好词笺》外,还有作品集《樊榭山房集》等。迄今为止,收录其作最全的本子为上海古籍出版社 1992 年出版的《樊榭山房集》整理本。最近,笔者在翻阅"粤雅堂丛书"过程中,意外发现厉鹗一篇词跋,附在《元草堂诗余》卷末,该篇由五则跋语组成。检上海古籍本,未见,是为佚文,兹录如下:

元凤林书院《草堂诗余》三卷,无名氏选,至元、大德间诸人所作,皆南宋遗民也,词多凄恻伤感,不忘故国,而于卷首冠以刘藏春、许鲁斋二家,厥有深意。至其采撷精妙,无一语凡近。弁阳老人《绝妙好词》而外,渺焉寡匹。余于此二种,心所爱玩,无时离手。每当会意,辄欲作碧落空歌、清湘瑶瑟之想。雍正甲辰四月十七日,樊榭山民鹗记。

甲辰春晚,读书于外家蒋氏之水轩,凡十日,录成此本。为予手装精好者,符子圣几也,鹗又记。

此本借钞于吴君尺凫绣谷亭所藏,颇多颠倒残缺,略为校定,而脱字则仍之。今年冬日,舟檥虎邱,从山塘书肆中借得朱竹垞先生家钞本,复补改数字。下卷题"滕王阁齐天乐"一首,添入龙紫蓬姓氏,殊快人意。但朱本上卷姓氏多遗落，不可解也。雍正庚戌阳月七日，樊榭山民再题于邗江小玲珑山馆。

诸公之作，散见于他书者绝少。偶见刘应李《翰墨大全》，刘将孙《天下同文集》，内有数首，亟付录于卷中。零珠碎玉，亦自可宝，愿与知音共之。庚戌大雪日，鹗记。

雍正癸丑中冬廿二日，在广陵小玲珑山馆得新购元刻《草堂诗余》三册，增入赵功可三首，李太古三首，复校定数十字，始称善本，为之快绝，樊榭又记。

跋之真伪必须加以鉴别。首先，就几则跋语来分析。显而易见，五则跋语写于不同时间，其中，两则明确作于小玲珑山馆。小玲珑山馆为扬州徽籍盐商马曰琯、马曰璐昆季所辟。马氏兄弟以山馆为中心，富藏典籍，交接文人寒士，互为师友，研习文史。厉鹗长期寓住于此，主馆二十多年，与马氏交情深厚。仁和朱文藻撰、江阴缪荃孙重订的《厉樊榭先生年谱》①，在"雍正八年庚戌，年三十九岁"目下记曰："夏，客扬州；旋归。"在"雍正十一年癸丑，年四十二岁"目下记曰："秋，客扬州；岁末，归。"年谱所记在扬时间与两则跋语所记在扬时间相合。其次，可从同收在"粤雅堂丛书"本中的其他几篇跋语来判断。其一为陈皋跋。陈皋，钱塘人，与兄陈章皆工诗，曾客小玲珑山馆，同厉鹗等多次雅集。跋曰："庚戌冬，予客邗上，借樊榭先生凤林书院词钞本篝灯手录，凡五七夜，吟玩之余，殊觉忘旅食况也。腊八日，对沤主人陈皋呵冻识。"陈氏所言内容、地点、年号、节令均与厉鹗跋中内容相符。其二为严长明跋。严长明，江宁人，长于诗文、金石，亦假馆马氏（详见《清史稿》卷485），与厉鹗深交，跋曰："元凤林书院《草堂诗余跋》三卷，樊榭先生所手录也。乾隆乙亥，薄游邗上，先生持以见赠，并告以'词家选本自弁阳老人《绝妙好词》而外，即推此种，采撷精

① 厉鹗著，董兆熊注，陈九思标校：《樊榭山房集》附录五，上海：上海古籍出版社，1992年。

妙，无一语凡近，平生爱玩，未尝离手。每当会意，辄欲作碧落空歌，清湘瑶瑟之想’。”可谓言之凿凿。再者，阮元《揅经室集·外集》卷三之《名儒草堂诗余三卷提要》可续证，其曰：“元庐陵凤林书院辑本，未详选者姓氏，自刘藏春以下，凡六十家，皆南宋遗老，选录精允，秀句清言多萃于是，而黍离之感有不能忘情者。厉鹗跋称：弁阳老人《绝妙好词》而外，鲜焉寡匹。余于此二种，心所爱玩，无时离手。”阮元治学向以考据严谨著称。综合上述，该篇跋文为厉鹗所作当无疑问。

该跋的发现除了具有文献补阙意义外，还具有一定的学术研究价值。第一，它为我们全面深入地了解厉鹗的交游及词学思想提供了一条新材料，折射出当时集结在扬州及其周边地区文人寒士生活的背景和文化状态之信息。第二，厉鹗所见元刻《草堂诗余》有三种，即吴尺凫绣谷亭藏本、朱彝尊家藏本、马曰琯昆仲家小玲珑山馆藏本，皆有不同。厉氏手录定本即以此三种对校互补，并增补刘应李《翰墨大全》、刘将孙《天下同文集》内数首而成。此见厉鹗重视版本、精于校雠之学风，这一以贯之于他后来辑撰《绝妙好词笺》《辽史拾遗》《宋诗纪事》中。厉鹗出现在乾嘉学派之前，他这种朴学精神之影响也是不言而喻。第三，厉鹗精于词，是继朱彝尊之后浙西词派的重要作手，也是清词复兴中坚之一。除创作实践外，厉鹗还有相当程度上的理论积累，这包括对前人词选的整理。其与查为仁笺校周密《绝妙好词》，人所共知，而如此前后十年研读推尊《草堂诗余》，注重词之比兴寄托功能，却少为人所关注。这无疑与人们论及清代词派时，每每将浙派与常派比较，分别以“醇雅”和“寄情托兴”概而言之有关。其实，浙派的醇雅词风并非一概排斥词有比兴寄托之隐含，即便在前期亦然，厉鹗该词跋即一显例。这直接为我们深入研究清代词派的发展沿革，提供了一个更为贴近的事实。

（原刊《文献》2007 年第 2 期）

《金农行书尺牍册》考释

民国二年(1912)葛氏刻本《爱日吟庐书画续录》卷五,收有金农行书尺牍一册,今为《续修四库全书》第1088册影印。作者葛嗣浵记曰:"清金农行书尺牍册,笺纸本,凡十一通,附汪士慎、陈章各一通,高低阔狭不等。"金农(1687—1764),字寿门,又字司农,号冬心先生等,浙江钱塘人,精于诗、画、书、印,为"扬州八怪"之一。凡十一通涉及金农的性格、生活、创作和交游,以前未见整理,今连同附录汪士慎、陈章各一通,初加点校考释如下。

第一通

竹臣还杭,接诵手教兼颁白金一流,足荷古道殷笃之弗替也。谢!谢!仆十六到双林,为一二故人小留,偶作僧伽桑下之寄。廿四五,换舟往吴门,便道过访高居,茶话虽半刻,箧中所携休公罗汉、香溪墨梅,尚欲供胜侣鉴别耳,南漪先生望以此意致之。邑长何所为?比日曾往复契洽否?中丞初旋戟辕,邑长定多趋迎,未必在县斋抚弦理事耶,附言不尽。末友金农顿首(印一:"金氏寿门",朱文方印)

求是先生大雅　凤鸣寺僧返桐乡,托其邮奉,匆迫中不及多语。四月十九日双林寄按：

1. 汪庭坚，浙江桐乡人，字学山，书斋名求是，富收藏，精鉴赏，交友甚广。

2. 施安，字竹田，号石友等，浙江仁和人。与金农、厉鹗、张南漪均有交。《全浙诗话》曰："施安，字竹田，号石友，亦号南湖老渔，仁和国子生。有《旧雨斋诗》。"①厉鹗《樊榭山房续集》卷三有《谷雨前一日同顾丈月田周少穆金寿门丁敬身施竹田吴敦复张南漪泛湖二首》②。

3. 张熷，浙江仁和人，字曦亮，号南漪，与金农、厉鹗、施安均有交。乾隆十三年(1748)举人，长于史事。全祖望《鲒埼亭集》卷二十《张南漪墓志铭》曰："南漪读书极博，其说经皆有根据，必折衷于至是，而尤熟于史。"③

第二通

弟旧有宋漆断纹圆架，托程振华兄带往扬州，今从扬州取回，不可不赏鉴也。意中与尊藏唐大中年间小磬相配，如相配则相赠耳。附闻不一。农顿首

按：

1. 程振华，江苏甘泉人，与金农、厉鹗等交好。好古玩，精于收藏、鉴赏。《樊榭山房文集》卷二《汉印谱序》曰："甘泉程君振华多才艺，最精于鉴赏，尝藏弃汉官私印共八百余件，濡纸脱文，编排为谱，属予序其端。"卷五《程振华藏先秦货布记》曰："广陵友人程君振华好鉴古物，能识古文奇字。"

① 陶元藻：《全浙诗话》，见《续修四库全书》编纂委员会编：《续修四库全书》第1703册，上海：上海古籍出版社，1995年。

② 厉鹗：《樊榭山房续集》，四部丛刊本。

③ 全祖望：《鲒埼亭集》，四部丛刊本。

2. 此札未明收者，结合内容和前后札看，极可能是寄往汪庭坚。

第三通

不佞九月中旬卜宅于南城之隅，种竹艺梅，日与老妻盘桓其下，有时而墨突不黔，亦乐也。今附南漪先生之便，数行问候嘉祉，想安好多福，忻慰殊甚。秋间过访，辱承拯恤之诺。际此天寒岁暮，得邀垂睐，自后草堂饱食，叨君子良爱非浅矣。南漪归里，翘望德音是祷。农顿首（印一："金氏寿门"，朱文方印）求是先生执事　十一月十八日杭州寄

按：

乾隆十三年（1748），金农徙居杭州城南隅妹婿家何氏书堂，札中"卜宅于南城之隅"当指此事，该札或作于是年。

第四通

频日过从，情意笃厚，非特饮食之扰，登舟时再道谢也。前明墨三种奉贻清玩，质颇坚、色颇古，幸存之。令叔先生绢对缴还，昨诺斋对，即刻便写，与《困学纪闻》书面同送上耳。午前不得工夫来，旁午当来扰饭，借此再观一二件法书名画，一湔鄙俗也。午余便拟解维，若待至晚际，天雨路黑，有许多不便处也。昨夜月饼白色者甚佳，奉乞三四枚，不必多惠，可作两早晨点心足矣。率渎勿哂。弟　农白事（印一："金农之印"，白文方印）　求是主人有道　十六日（骑缝印一："寿"，朱文方印）

按：

金农此时客居桐乡，距汪庭坚寓所甚近。

第五通

客冬小力还扬，荷承白金名饵之贻，殊多损于贤者也。二月之望，探梅邓尉，不觉留吴门旬日，遥睇烟波，弥增驰想。去秋舣舟相访，匆匆作文字书画，因缘未得快观所藏，至今耿耿耳。意欲买棹来此，漫为小住，不识桐华书塾中能待鄙人否？先遣奴子奉闻，即当鼓枻叩门也。薏田先生下帷几时矣？望示知。弟　金农手简上（印一："冬心先生"，朱文方印）　求是先生尊次　三月二日吴门旅舍

按：

姚世钰，字玉裁，号薏田，浙江归安人。喜交游，长经史考订，好学深思，著有《孱守斋遗稿》四卷。与金农、陈章、汪士慎、全祖望等交好。全祖望《鲒埼亭集》卷二十有《姚薏田圹志铭》。

第六通

太夫人婺星之临，贱子一言上寿，聊以侑大年之觞也，隆仪珍味，稠叠宠施，谢！谢！到郡中过访西冈明府，信宿官斋，盘桓数日，便返武林之櫂，但此来适当邑长疲烦之时，未能助我广陵行色，不得已，又遣小价叩潭以申去冬请诺，隃麋是弟心赏之物，其中有值一换者，有七就八就者不等，归之素好，归之鉴家，只取四就，即不佞所购之原价也。泥沙倦翮，得此扶摇以行，所藉不浅。贫而累友，顾影亦惭然，取厌只此一回，自今以往，再不复作于思复来之哄资也，惟望周全，翘跂悚待之至。弟　农顿首上　求是先生尊次　前明旧墨计重四十两，只取最贱之价，每两四就，共银十六两。

按：

1. 隃麋，地名，今陕西千阳县，富产墨，因以“隃麋”为墨之代称。

2. 鲍钤，字西冈，又字冠亭等，山西应州人。由贡生历官长兴知县、杭州海防、草塘通判，著有《道庾堂诗》等。

第七通

小僮还，接诵手教并雅贶白金。不惑之数，未免写经易缣者为过分也。吾家旧琴已质高斋，充清玩矣，何敢望复归旧处？今辱遣来，喜歉相半，当作一诗以记其事，报谢也。亭额，遵命写去，众妙斋墨，此时未便邮寄，弟新安归，即转相赠耳。诘朝，买舟出游，匆迫覆书，不尽欲言。弟农顿首(印一:“古杭金农”，朱文方印)　求是先生尊次

九月十六日杭州寄

第八通

南漪先生赴馆，敬抒寸椷，附候绥福。弟春来心绪种种不佳，兼接天津远信，小女产亡，老妻决意南还。旬日之内，措设四五十金，颇难应手。里中诸同好各有所助，助亦弗辞。尊处屡蒙赠遗，此事此时何敢妄希垂念、再言假贷。今以拙书瘦笔小屏十二幅、髹漆小灯一对、书《论画诗》二十四首奉寄，聊博数金，作遣入舟楫之费。想古道如足下，断不靳惜些须笔墨之酬也。二月初，往唁云亭明府，或道过桐乡，作半刻留，拜领雅贶，何如？冗次布渎，尚未罄怀。弟农顿首(印一:“金农之印”，白文方印)　求是先生有道　廿四日　竹竿巷行(骑缝印一:“金农之印”，白文方印)

按：

1. 舒瞻，字云亭，号堃亩，辽阳人。客桐乡，扬州，好文墨。与金农、

厉鹗、张南漪均有交。《桐乡县志·职官表》曰:“乾隆十年知县,舒瞻。”又曰:“乾隆二十年知县,舒瞻署任”。《平湖县志·名宦传》曰:“舒瞻,字云亭,号堃亩,满洲镶黄旗人,乾隆己未进士。十一年,由桐乡调知县事。”《国朝杭郡诗辑》曰:“(施安)自序言云亭明府捐俸授梓。云亭者,辽阳舒瞻也。”《樊榭山房续集》卷六《送舒云亭明府还京二首》注曰:“明府酷好古墨购数十笏以归。”

2. 第三通言金农于城南卜居处种竹画竹,“竹竿巷”即其居处。

3. 乾隆十六年(1751)除夕,金农作诗思念远在津门女儿家的老妻,详参《冬心先生三体诗》[①]之《辛未除夕独酌苦吟忆老妻曲江江上》。乾隆十九年(1754),金农为卢雅雨作《金冬心花卉册》12 幅,第三幅题跋中曰:“此生不爱新结婚,乱发蓬头老瓦盆。莫道无人充供养,眼前香草是儿孙。”跋语表明其妻或已故去。因此,该札当作于 1751 至 1754 年之间。

第九通

昨来省会,文酒之暇,言及贾相宣示刻石为先生所得,毕竟名物归之名贤也。欣羡、欣羡!今乘陈殿兄之便,数行奉候,殿兄携载画卷最多,法鉴不同,定有所取。杭董浦太史属笔相讯,并求尊锓《困学纪闻》,拙书《金刚经》梵本,以楠木面者为佳,奉乞三四册董浦乞之三年,颇尽勤拳,殿兄返棹付之,无虚望也。力疾,布渎不备。弟农顿首上　援鹑先生有道　吴先生乞叱名　一候起居　十月一日竹竿巷寓中寄

按:

1. 魏钟繇《宣示表》,曾有南宋贾似道刻本,辗转至清,归浙江桐乡汪援鹑。

① 金农:《冬心先生集》,清雍正十一年刻本。

2. 金农曾于乾隆十二年(1747)为援鹑居士写《金刚经》一卷,并刻之枣木,装成千本。从"堇浦乞三年",可知是札写作时间约为乾隆十五年(1750)。

3. 杭世骏,字大宗,号堇浦等,浙江仁和人,嗜学广博,工诗文,长经史,著有《道古堂集》等,一时名流多与其交好。

第十通

正遣奴叩高斋而侍史至,诸件收到,即奉报也。弟楷书用墨过重,不宜纸本,若换绢素,方称心手。今附还佳楮,莫相咲耳。农手疏上(印一:"金农之印",白文方印) 学山先生尊次 十三日行

第十一通

贵邑舒明府云亭先生,弟与有旧。春间,在省城极多往还,文酒之乐,无日无之。今特买舟访其官斋,天气炎热,只宜长林徜徉,尊居虽高爽便夏,未敢遽为借榻。往年,曾在凤鸣僧楼作数日之留,其地颇负嘉荫,况与高贤伊迩,稍领古欢,亦愉快也,寺中僧徒未必熟识重来镏郎,得台谕纪纲,向其言之,庶为妥协耳。恃爱冒渎,舟次翘望。弟农顿首上 学山先生文席 五月十九日

按:

凤鸣寺,浙江桐乡之名寺。

汪士慎行书一通

寿门到邗,得悉先生动止安好为慰。仲秋一函,致谢高情,想投记室。遥思先生坐拥群编,闲吟朗诵,近来必多佳韵也。弟归卧一

室，长衢曲陌，全无足迹，唯二三冷友以破岑寂耳。《韩柳年谱》已与秋玉要过，彼甚欣然。但向之送人者，皆欠一页，今已得之，正在补刊，仍容后寄。《金经》彼处已无，向亦偶得耳。蛮笺一束、《马氏祠记》乃振兄奉赠，皆其手刻，就正大雅也。《兰花》《水仙》二稿，附上尊箑二柄，先致来，其余再容一一报命也。西唐新诗一卷呈阅。草此致问，余不备悉。弟慎顿首　学山二先生兄长　重阳后一日草草

按：

1. 汪士慎，字近人，号巢林，安徽歙县人，长期流寓扬州。擅长诗、书、画、印，为“扬州八怪”之一，与金农、高翔等过从甚密。著有《巢林集》七卷①。

2. 高翔，字凤冈，号西唐。江苏甘泉人，长于诗、书、画、印，为“扬州八怪”之一，与金农、汪士慎等过从甚密。著有《西唐诗钞》。

3. 马曰琯，字秋玉，号嶰谷等。其弟马曰璐，字佩兮，号南斋等。马氏昆仲祖籍安徽祁门，承祖业鹾于扬州。曾倾心藏书刻书，《韩柳年谱》即其于雍正七年(1729)合韩愈年谱和柳宗元年谱雕刻而成。光绪元年(1875)摹本《韩柳年谱》谱终钤印曰：“雍正己酉年八月小玲珑山馆仿宋本亥刊。”陈景云跋曰：“柳集久逸，年谱独存其序，广陵马君嶰谷涉江购韩谱后未久，复收宋椠版柳集残帙，其中年谱完好，乃诸本所无，因与韩谱同梓。”

4. 从内容看，“振兄”或为马曰璐子振伯。李斗《扬州画舫录》卷四曰：“马主政曰琯，字秋玉，号嶰谷。”又曰：“乾隆三十八年，奉旨采访遗书……其时主政已故，子振伯恭进藏书，可备采择者776种。”

陈章行书一通

纳交虽浅，气味殊弥。闻去岁在患难中，欲急了沈文贞刻稿一事，此即古人，不惟槔翁感激，弟亦称叹无已。后悉尊累脱然，殊快人意。

① 汪士慎：《巢林集》，清乾隆九年汪氏刻本。

玉老中年失此贤女，恐生意俱尽，弟在远，甚念渠。大兄密迩，必当有以慰之。向日奉赠《圣教》临本，想澈几下，笔法不足观，以当相思命驾可耳。拙刻一纸附去，一时酒边游戏，非敢灾梨。为取索者多，以当钞写之劳耳。麦冷，万惟珍摄，不既。学弟陈章拜上　学山大兄执事

三月廿六日　玲珑山馆发(印一:"此物不识字"，白文方印)

按：

1. 陈章，字授衣、竹町，号绂斋，钱塘人，长期客扬州。工诗，著有《孟晋斋集》二十四卷①。与金农友善。

2. "玲珑山馆"即"小玲珑山馆"，为雍乾年间扬州著名的私家园林，系马曰琯、马曰璐兄弟所筑，富藏书，金农、陈章、厉鹗、高翔等常于此处文宴雅集。

册尾，葛嗣浵对金农及汪士慎、陈章书法略有评述，其曰："(金农)书法从汉隶天玺得笔势，笔笔向左，末以重捺，向右镇压全势，虽粗细小大或不同，而行款间轻重不爽累黍，其曳脚向左，下垂者即天玺之势，有足征矣……(汪、陈)书法多雅趣，均非时手所及。"这说明葛嗣浵所见《金农行书尺牍册》为金农书法之真迹。

今检金农《冬心先生集》《续集》《拾遗》《三体诗》，汪士慎《巢林集》，陈章《孟晋斋集》，均不见与该册内容相关之记录，此册可补文献之阙。金农书札所涉，如曾寓住桐乡，与施安、程振华、汪庭坚过从甚密，除鬻画卖灯外还曾经营笔墨等，不见相关研究成果著录，这表明此十一通书札具有较高学术价值，可资对金农全面深入之研究。

(原刊《福建江夏学院学报》2012 年第 1 期)

---

① 陈章:《孟晋斋集》，清乾隆四十四年勤有堂刻本。

《李振钧殿试策对卷》校释

李振钧(1794—1839),又名燕生,字秉亭,号仲衡、海初等,安徽太湖人。他生于科甲世家,天资聪颖,游历甚广。清道光九年(1829)中进士,殿试一甲一名,曾先后担任翰林院编修、文渊阁校理、顺天乡试同考官等职。著有《味灯听叶庐诗草》《粤行日记》《梓行古文》等。其殿试策对卷文,征经据典,以史为鉴,剖析时弊,高明迭出,真可谓高屋建瓴、纲举目张,行文高迈雅洁。今据《味灯听叶庐诗草》(清刻本,奥肯国际2015年影印),对李氏策对卷初加校注。

臣对:臣闻正俗斯能成化,济运莫如导河,致治在乎得人,怀远期于振德。古帝王夕爽选政,晨旦调风,操天人协应之机,本内外交修之实。以神于变,光被及于万邦;以谨堤防,潴蓄①通乎四渎②;以昭迪简③,典隆于尧乘;招弓以广幅员,道存乎整军经武④。是以《书》纪敕和之训,《易》占利涉⑤之爻,《诗》赓兴宾之章,《传》垂慎守之戒。以暨声教会归⑥大也,以资灌溉飞輓⑦通也,以登俊义干旌贲⑧也,以严征缮⑨金汤⑩巩也。寰海镜清,方隅砥平⑪,所为涵泳圣藻被歌颂者,此也。

校注:

① 蓄洪贮水。宋苏轼《申三省起请开湖六条状》:"昔之水面,半为葑田,霖潦之际,无所潴畜。"

② 古代江、淮、河、济诸水的总称。见《尔雅·释水》。江、淮、河、济古时皆独流

入海，今淮夺于运河，济夺于黄河，四渎仅存其二。

③ 选拔。《书·多方》："我有周惟其大介赉尔，迪简在王庭。"宋蔡沈《书集传》："启迪简拔，置之王朝矣。"

④ 整治武备。《左传·宣公十二年》："子姑整军而经武乎。"《后汉书·耿弇传赞》："好畤经武，能画能兵。"

⑤ 顺利渡河。《易·需》："贞吉，利涉大川。"

⑥ 共同依归的极则。《书·洪范》："会其有极，归其有极。"谓："君王聚合诸侯臣民，有其准则；诸侯臣民归顺君王，亦有其准则。"

⑦ 飞刍挽粟。谓迅速运送粮草。《汉书·主父偃传》："又使天下飞刍挽粟。"颜师古注："运载刍槁，令其疾至，故曰飞刍也。挽谓引车船也。"唐陆贽《论两河及淮西利害状》："罢关右赋车籍马之扰，减山东飞刍挽粟之劳。"

⑧ 褒美。《梁书·处士传·何胤》："昔荷圣王眄识，今又蒙旌贲，甚愿诣阙谢恩。"唐司空图《寿星述》："英衮赞翘勤之旨，幽人荷旌贲之恩。"

⑨ 征收赋税，整顿武备。《左传·僖公十五年》："征缮以辅孺子。"杜预注："征，赋也；缮，治也。"

⑩ 金城汤池，谓城池险固。《汉书·蒯通传》："必将婴城固守，皆为金城汤池，不可攻也。"颜师古注："金以喻坚，汤喻沸热不可近。"

⑪ 天下清明太平。唐裴度《铸剑戟为农器赋》："皇帝嗣位之十三载，寰海镜清，方隅砥平。"《旧唐书·令狐楚传》："今陛下春秋鼎盛，寰海镜清。"

钦惟皇帝陛下，德侔帱载①，治炳登咸②，则古圣以同民，本至仁③以育物。固已匝宇归仁而翕河④献颂，弹冠志庆而脱剑⑤扬休⑥矣。乃圣怀冲挹⑦，愈切畴咨⑧，勤葑采⑨而听卑，询刍言⑩而察迩。进臣等于廷，而策之以敦化⑪、治河、简贤⑫、振武⑬诸大政。臣之愚陋，何足以知体要⑭。顾念泰山峻极犹资土壤之微，沧海宏深不遗涓流之细，敢不就平素所诵习者，敬效元资⑮之拜献⑯乎？

校注：

① 天地之德。《左传·襄公二十九年》："如天之无不帱也，如地之无不载也。"

② 疑为"登成"。即成熟。《乐府诗集·郊庙歌辞一·汉郊祀歌四》："登成甫田，百鬼迪尝。"

③ 最大的仁德。《孔子家语·屈节解》:“躬敦厚,明亲亲,尚笃敬,施至仁,加恳诚,致忠信,百姓化之。”

④ 合河而祭之。《诗经·周颂·闵予小子之什》:“嶞山乔岳,允犹翕河。”

⑤ 解下佩剑,喻弃武修文。《礼记·乐记》:“裨冕措笏,而虎贲之士说剑也。”说,通脱。

⑥ 阳气生养万物。扬,通阳。《礼记·玉藻》:“头颈必中,山立,时行,盛气颠实扬休,玉色。”郑玄注:“扬,读为阳……盛声中之气,使之阗满,其息若阳气之休物也。”孔颖达疏:“使气息出外,如盛阳之气生养万物也。”

⑦ 谦抑,谦退。《晋书·恭帝纪》:“而雅尚冲挹,四门弗辟;诚合大雅谦虚之道,实违急贤赞世之务。”

⑧ 访问、访求之意。《书·尧典》:“帝曰:‘畴咨若时登庸。”’孔传:“畴,谁;庸,用也。谁能咸熙庶绩,顺是事者,将登用之。”

⑨《诗·邶风·谷风》:“采葑采菲,无以下体。”郑玄笺:“此二菜者,蔓菁与葍之类也,皆上下可食,然而其根有美时有恶时,采之者不可以其根恶时并弃其叶。”后因以“葑菲”用为鄙陋之人或有一德可取之谦辞。

⑩ 谦词,谓浅陋的言论,卑贱者的言论。南朝宋谢庄《上搜才表》:“臣生属亨路,身渐鸿猷,遂得奉诏左右,陈愚于侧,敢露刍言,惧氛恒典。”

⑪谓仁爱敦厚,化生万物。《礼记·中庸》:“小德川流,大德敦化,此天地之所以为大也。”郑玄注:“小德川流,浸润萌芽,喻诸侯也;大德敦化,厚生万物,喻天子也。”孔颖达疏:“孔子所作《春秋》,若以诸侯小德言之,如川水之流,浸润萌芽;若以天子大德言之,则仁爱敦厚,化生万物也。”

⑫ 选用贤能。《旧唐书·郭子仪传》:“委诸相以简贤任能,付老臣以练兵御侮,则黎元自理,寇盗自平,中兴之功,旬月可冀。”

⑬ 显扬武力。《国语·晋语六》:“君人者刑其名,成而后振武于外,是以内和而外威。”

⑭ 体统,体制。《宋书·沈攸之传》:“(攸之)谓人曰:‘州官鞭府职,诚非体要,由小人凌侮士大夫。’”

⑮ 疑“先资”。犹先贤。明唐顺之《钝斋吴公墓碣铭》:“时寓书于情,辄举会试时所命题‘先事后食’为戒,盖款款望情以不愧先资之言也。”

⑯ 礼拜献祭。《隋书·礼仪志一》:“樽俎之物,依于质文,拜献之礼,主于虔敬。”

伏读制策有曰：惟民生厚，因物有迁，兴化善俗，致治之本，而因思夫劳来[①]匡直[②]，辅翼[③]振德之效。此诚勤求上理之大原[④]也。臣谨按，《尚书》契[⑤]作司徒，敬敷五教[⑥]而化成时雍[⑦]，成周忠厚开基，睢麟[⑧]雅化[⑨]起于二南[⑩]。又设官教以三物[⑪]，纠以八刑[⑫]，故风化维持久而弗替。汉承秦敝，首除苛法，后乃置三老[⑬]孝弟[⑭]常员[⑮]，征拜美俗[⑯]使者。唐赐高年[⑰]粟帛，遣使观风[⑱]，皆将以廉顽立懦[⑲]。薰其德而善良犹存，古太史陈诗观风[⑳]之遗意。夫民性非本漓[㉑]也，民俗非本偷[㉒]也，惟父兄之教不先，子弟之率不谨，鲜廉寡耻而俗不长厚也。将欲使之涤瑕荡秽而镜至清，嗜欲源灭[㉓]而礼义心生，固非多设科条、广颁文诰之所能奏效也。昔《吕氏乡约》[㉔]、《袁氏世范》[㉕]，或以牧令而化一邑，或以搢绅[㉖]而教一乡，此犹之匹夫[㉗]为善于家，尚可刑于八口[㉘]也。况乎立端本善则[㉙]之极，操移风易俗[㉚]之原，一人笑颦[㉛]，群黎[㉜]逖听[㉝]，九重[㉞]好恶，四海具瞻，诚有相深于本原[㉟]之地，而潜驱默化于不觉者。故《山枢》[㊱]、《蟋蟀》[㊲]之篇，俟著从狼之咏，非独其风气不古也。国奢则示以俭，国俭则示以礼，未始非亲民[㊳]之吏徒簿书[㊴]之鞅掌[㊵]，而申劝未经心耳。苟能型方训俗[㊶]，俾返浇薄于太初[㊷]，又何虑良莠不齐，或偭规[㊸]而背矩哉！圣天子修和有夏[㊹]，恺泽如春，道昭乎遍德敷文[㊺]，化治乎近光保极[㊻]，海隅日出，安平和亲，喁喁向化[㊼]，盖歌康衢[㊽]而赓《击壤》[㊾]矣。

校注：

① 亦作劳徕。以恩德招之使来。《诗·小雅·鸿雁序》："万民离散，不安其居，而能劳来还定，安集之。"《汉书·平当传》："使行流民幽州，举奏刺史二千石劳徕有意者。"唐颜师古注："劳者，恤其勤劳也。徕者，以恩招徕也。"

② 犹匡正。《孟子·滕文公上》："劳之来之，匡之直之，辅之翼之。"

③ 辅佐，辅助。《礼记·文王世子》："保也者，慎其身以辅翼之，而归诸道者也。"孔颖达疏："辅，相也；翼，助也。谓护慎世子之身，辅相翼助，使世子而归于道。"

④ 根源，根本。《汉书·董仲舒传》："道之大原出于天，天不变道亦不变。"

⑤ 商朝的祖先。传为舜的臣，助禹治水有功而封于商。

⑥ 五常之教。指父义、母慈、兄友、弟恭、子孝五种伦理道德的教育。《书·舜典》："汝作司徒，敬敷五教。"孔传："布五常之教。"

⑦ 亦作时邕、时雝。犹和熙。《书·尧典》:"百姓昭明,协和万邦,黎民于变时雍。"孔传:"时,是;雍,和也。"

⑧《诗经·周南·关雎序》:"然则《关雎》《麟趾》之化,王者之风,故系之周公。"《诗经》有《关雎》《麟之趾》篇。

⑨ 纯正的教化。《晋书·华谭传》:"刑罚悬而不用,律令存而无施,适足以隆太平之雅化,飞仁风于无外矣。"

⑩ 指《诗》的《周南》和《召南》。

⑪ 犹三事。指六德、六行、六艺。《周礼·地官·大司徒》:"以乡三物教万民,而宾兴之。一曰六德:知、仁、圣、义、忠、和。二曰六行:孝、友、睦、姻、任、恤。三曰六艺:礼、乐、射、御、书、数。"郑玄注:"物犹事也。"

⑫ 周代对八种犯罪行为所施加的刑罚。《周礼·地官·大司徒》:"以乡八刑纠万民。一曰不孝之刑,二曰不睦之刑,三曰不姻之刑,四曰不弟之刑,五曰不任之刑,六曰不恤之刑,七曰造言之刑,八曰乱民之刑。"后来总称刑政为八刑。南朝齐王俭《褚渊碑文》:"执五礼以正民,简八刑而罕用。"

⑬ 古代掌教化之官。乡、县、郡均曾先后设置。《礼记·礼运》:"故宗祝在庙,三公在朝,三老在学。"《汉书·高帝纪》上:"举民年五十以上,有修行,能帅众为善,置以为三老,乡一人。择乡三老一人为县三老,与县令丞尉以事相教。"

⑭ 孝顺父母,敬爱兄长。《论语·学而》:"其为人也孝弟,而好犯上者鲜矣。"朱熹集注:"善事父母为孝,善事兄长为弟。"《孟子·梁惠王上》:"谨庠序之教,申之以孝悌之义。"

⑮ 固定的名额。《魏书·官氏志》:"长德职比中散大夫,无常员。"

⑯ 淳美的风俗。《荀子·王霸》:"无国而不有美俗,无国而不有恶俗。"

⑰ 老年人。汉桓宽《盐铁论·未通》:"扶不足而息高年。"

⑱ 观察民情,了解施政得失。语出《礼记·王制》:"命大师陈诗以观民风。"

⑲ 指高尚的节操可以激励人振奋向上。《孟子·万章下》:"故闻伯夷之风者,顽夫廉,懦夫有立志。"

⑳ 采集并进献民间诗歌。《礼记·王制》:"命大师陈诗,以观民风。"郑玄注:"陈诗,谓采其诗而视之。"唐孔颖达疏:"此谓王巡守见诸侯毕,乃命其方诸侯大师是掌乐之官,各陈其国风之诗,以观其政令之善恶。"

㉑ 浅薄;浇薄。

㉒ 浅薄;不厚道。《论语·泰伯》:“则民不偷。”

㉓ 班固《东都赋》:“于是百姓涤瑕荡秽而镜至清,形神寂漠,耳目弗营,嗜欲之源灭,廉耻之心生,莫不优游而自得,玉润而金声。”嗜欲,嗜好与欲望。《荀子·性恶》:“妻子具而孝衰于亲,嗜欲得而信衰于友,爵禄盈而忠衰于君。”

㉔ 亦称《蓝田乡约》。北宋吕大忠、吕大钧、吕大临、吕大防兄弟在家乡陕西蓝田制订的乡约。规定同约人要“德业相劝”“过失相规”“礼俗相交”“患难相恤”。朱熹加以修订,称《增损吕氏乡约》。

㉕ 宋代袁采的《袁氏世范》,分《睦亲》《处己》《治家》三篇,宣传中庸之道,践行伦理教育,美化风俗习惯。

㉖ 插笏于绅。绅,古代仕宦者和儒者围于腰际的大带。《周礼·春官·典瑞》“王晋大圭”郑玄注引汉郑司农曰:“晋读为搢绅之搢,谓插于绅带之间,若带剑也。”后用为官宦或儒者的代称。

㉗ 古代指平民中的男子。亦泛指平民百姓。《左传·昭公六年》:“匹夫为善,民犹则之,况国君乎?”《韩非子·有度》:“刑过不避大臣,赏善不遗匹夫。”

㉘ 指一家人。《孟子·梁惠王上》:“百亩之田,勿夺其时,八口之家可以无饥矣。”

㉙ 周敦颐《通书·家人睽复无妄》篇,里面说:“治天下有本,身之谓也;治天下有则,家之谓也。本必端,端本,诚心而已矣;则必善,善则,和亲而已矣。”

㉚ 转移风气,改变习俗。《礼记·乐记》:“移风易俗,天下皆宁。”《孝经·广要道》:“移风易俗,莫善于乐。”

㉛ 亦作笑嚬,欢笑或皱眉。明杨柔胜《玉环记·韦皋代任》:“登山涉水,云梯石凳,隔花笑嚬,墙头红粉多丰韵。”

㉜ 万民;百姓。《诗·小雅·天保》:“群黎百姓,遍为尔德。”汉郑玄笺:“黎,众也。群众百姓。”南宋朱熹集传:“群,众也。黎,黑也,犹秦言黔首也。”

㉝ 犹逖闻。常表示恭敬。汉司马相如《封禅文》:“率迩者踵武,逖听者风声。”

㉞ 指帝王。唐李邕《贺章仇兼琼克捷表》:“遵奉九重,决胜千里。”

㉟ 根源,根由。《左传·昭公九年》:“我在伯父,犹衣服之有冠冕,木水之有本原,民人之有谋主也。”

㊱《诗经·唐风》中《山有枢》篇。清郝懿行《诗问》云:“《山有枢》,风(讽)吝啬也。”可谓一语破的。也有人以为这首诗是“刺俭而不中礼”之作(如清方玉润《诗经

原始》)。

㊲《诗经·唐风》中《蟋蟀》篇。《毛诗序》偏说是“刺晋僖公也。俭不中礼,故作是诗以闵(悯)之,欲其及时以礼自虞(娱)乐也”。清方玉润驳之:“今观诗意,无所谓‘刺’,亦无所谓‘俭不中礼’,安见其必为僖公发哉?《序》好附会,而又无理,往往如是,断不可从。”

㊳ 亲近爱抚民众。《管子·形势解》:“道之纯厚,遇之有实,虽不言曰‘吾亲民’,而民亲矣。”

㊴ 记录财物出纳的簿册。《周礼·天官·小宰》:“八曰听出入以要会”汉郑玄注:“要会,谓计最之簿书。”

㊵ 谓职事纷扰烦忙。《诗·小雅·北山》:“或栖迟偃仰,或王事鞅掌。”毛传:“鞅掌,失容也。”汉郑玄笺:“鞅犹何也,掌谓捧之也。负何捧持以趋走,言促遽也。”唐孔颖达疏:“传以鞅掌为烦劳之状,故云失容。言事烦鞅掌然,不暇为容仪也,今俗语以职烦为鞅掌,其言出于此传也。故郑以鞅掌为事烦之实,故言鞅犹荷也。”

㊶ 教化民众。《子华子》卷上:“吾闻之,太古之圣人所以范世训俗,有恒言者,有曲言者。”

㊷ 亦作“大初”。天地未分之前的混沌元气。《列子·天瑞》:“太初者,气之始也。”或指太古时期。

㊸ 违背正常的法则。清章炳麟《文学说例》:“然则纵横近于雄辩,虽言或偭规,而口给可用。”

㊹ 谓施教化以和合之。《书·君奭》:“惟文王尚克修和我有夏。”孔传:“文王庶几能修政化,以和我所有诸夏。”

㊺ 铺叙文辞。指作文。《晋书·夏侯湛潘岳等传论》:“睹其《抵疑》诠理,本穷通于自天;作诰敷文,流英声于孝悌。旨深致远,殊有大雅之风烈焉。”

㊻ 遵守法则。《书·洪范》:“皇建其有极,敛时五福,用敷锡厥庶民。惟时厥庶民于汝极,锡汝保极。”

㊼ 归服。《后汉书·寇恂传》:“今始至上谷而先堕大信,沮向化之心,生离畔之隙,将复何以号令它郡乎?”

㊽ 称颂盛世之歌。清赵翼《儿辈劝以拙集付梓》诗:“敢追汉殿凌云赋,聊附康衢击壤吟。”

㊾《击壤歌》,古歌名。相传唐尧时有老人击壤而唱此歌。汉王充《论衡·艺

增》:“传曰:有年五十击壤于路者,观者曰:‘大哉,尧德乎!’击壤者曰:‘吾日出而作,日入而息,凿井而饮,耕田而食;尧何等力!’”

制策又以河流顺轨,漕艘遄行[①],而咨夫一劳永逸之至计。臣尝诵浚畎距川[②]之文,随山刊木[③]之纪,未尝不叹美哉禹功[④],明德远矣。然其时洚洞[⑤]为灾,非独黄河为害。故禹以海为水之归,而治河以通水道,所谓导河积石至于龙门[⑥]者是也。河至汉元光中注巨野[⑦],通于淮泗[⑧],武帝筑宣防[⑨]导之北行。逮永平[⑩]中,王景[⑪]修渠修堤偶合禹功,自汉至唐尚不为害。迨及石晋开运[⑫]年间,河始汛溢,浸汴、曹、濮、单、郓五州境,自北而东[⑬]。宋元丰[⑭]后日趋于南,中牟以下夺汴,徐州以下夺泗,清口以下夺淮,而后注海,禹迹[⑮]遂不可复。欧阳修治河三策[⑯],至今称之。夫治河之法,惟就下之性不可拂,而遏厥狂澜宣泄之宜不可达,而慎其启闭,曰疏曰防,其大要也。然非束清御黄,两坝安能蓄清以刷黄乎。因时启闭,治河即以通漕,河道深通,重空军船北运南旋,岁以为常,咸称利济矣。第扼清黄之要津者,莫如高家一堰。蓄清尤必慎加保旧石堤,摸砌功费浩繁,所以防九折于天来,望千帆之云集,经久之策可勿讲乎昔哉。余阙邱浚[⑰]、潘季驯[⑱]虽各有成法,第非明乎地势,而因时制宜,殆未易言法古也。盛世庆奏安澜[⑲],功成作楫,桃花无恙,瓠子不波,河流固屡清矣。

校注:

① 速行。清薛福成《庸盦笔记·史料一·江忠烈公殉难庐州》:“江公以庐州事急,率所部千余人,力疾遄行。”

② 畎,田间小沟。《书·益稷》:“予决九川距四海,浚畎浍,距川。”

③ 随,行走。刊木,砍伐树木。谓行经山林,砍削树木以开辟道路。《书·禹贡》:“禹敷土,随山刊木,奠高山大川。”唐孔颖达疏:“随行山林,斩木通道。”

④ 谓夏禹治水的功绩。

⑤ 大水弥漫。《孟子·滕文公下》:“洚水者,洪水也。”汉赵岐注:“水逆行,洚洞无涯,故曰洚水。”

⑥ 即禹门口。在山西省河津县西北和陕西省韩城市东北。黄河至此,两岸峭壁对峙,形如门阙,故名。《书·禹贡》:“导河积石,至于龙门。”

⑦ 汉元光中，黄河决于瓠子口（在今河南濮阳），河水东南注入巨野泽。后二十余年，汉武帝命堵塞瓠子决口，筑宫其上，名宣房宫。见《史记·河渠书》。

⑧ 泗水，位于山东省中部，是淮河下游第一大支流，常同淮河一块连称淮泗。

⑨ 又作宣房。汉桓宽《盐铁论·力耕》："洪水滔天，而有禹之绩；河水泛溢，而有宣房之功。"《汉书·沟洫志》作"宣防"。

⑩ 年号。汉明帝年号（58—75）。

⑪ 王景（约30—85），字仲通，乐浪郡谄邯（今朝鲜平壤西北）人少学《易》，广窥众书，又好天文术数之事，沉深多伎艺，时有荐景能治水者，明帝诏与王吴共修浚仪渠，吴用景坞流法，水不复为害。

⑫ 五代后晋，石敬瑭所建，都开封。开运元年为944年。

⑬《五代史·晋书·少帝纪二》：晋开运元年五月，"丙辰，滑州河决，浸汴、曹、濮、单、郓五州之境，环梁山，合于汶水"。

⑭ 北宋神宗年号，元丰元年为1078年。

⑮ 指夏禹治水的功绩。

⑯ 宋至和二年（1055），朝廷讨论黄河治理方案，欧阳修连呈三状，认为故道不可复、六塔不可开，力主增治堤防，疏其下流，其治河方案不仅影响北宋一代，也成为后世治河的重要依据。

⑰ 即邱濬，曾主持明代历史上著名的"以工代赈"行动，进行明朝历史上最大规模的黄河治理。

⑱ 潘季驯，为明朝著名的治河专家，发明"束水冲沙法"，深刻影响了后代"治黄"的思想和实践，著有《宸断大工录》《两河管见》《河防一览》等。

⑲ 指河流平静、没有泛滥的现象，亦喻太平。

制策又曰，一代之治必有一代之贤能分任之，其德器必过人，而责效在专其任，斯诚选俊书升之大要也。臣窃惟名世之生，必钟闲气。而群才之策，咸景清时。古者上有放勋重华①，下有皋飏夔拜②，明良喜起③，称极盛三代之隆。伊傅周召，犹堪继轨。而用人则首德行而次才能，可谓法良意美。汉举孝廉及贤良方正，制虽近古，然有举秀才不知书，举孝廉父别居者。安在策于天子、察于州郡、举于学校乎？唐有国学、太学、四门学之制，后乃重进士而轻明经。惟崔佑甫荐举日除数十人，未逾年除吏几八百员，史未尝以为滥。大抵荐剡[④]之贤否，惟视推毂[⑤]者之公私耳。如曰专引知识则嫌于私，将叔向[⑥]之不避亲，鲍叔[⑦]之知我贫，皆私乎？如曰止循资序，未必皆才。将冯唐[⑧]之老为郎，相如之久不迁，非才乎？此宋司马光所欲为设十科，以举士特惜其阻也。皇上四门吁俊，一德旁求，鸾旗[⑨]而芹藻[⑩]生香，鹿野而苹蒿掇秀[⑪]。士之幸逢斯盛者，将黼黻[⑫]尔躬矣。宜何如圭璧尔心也哉？制策又以治平不忘武备，振国威而慑荒服，所以长保太平之治也。臣窃考汉分南北二军，唐有府兵军府折冲彍骑，其制屡易，而训练之法要不过较阅精而赏罚当耳。夫七旬而格有苗，益彰大舜之文命；三年而克鬼方，何损高宗之中兴[⑬]。然必慎固封守，而绥靖边隅者，安不忘危，耀德而非黩武，戢暴正所以安邦也。欲强内以警外，则善将兵莫如善将将矣。夫边帅寄膺阃外，营列细柳乃真将军，纛建高牙[⑭]非假节钺[⑮]。固当壮元老之猷以赵屯田[⑯]为法，无使书生矜纸上谈，如贾谊、晁错、陆贽辈之议其后也。况乎虎帐不喧，豹韬有略，练胆练艺，教目教身，惟在军实日讨，刁斗宵严，士皆挟纩而无敢执水，斯边弗争桑而罔窥牧马矣。圣朝恩覃赤县，威震青徼[⑰]，何殊陈涿鹿之师，而奋扬鹰之烈哉。若此者，端己以齐民，涤源以利运，任贤以佐治，申儆[⑱]以防边。洋洋乎畅鸿庥[⑲]而垂骏业，盖亘古而立隆也。

校注：

① 放勋，尧名。《尚书·尧典》："曰若稽古，帝尧曰放勋。"重华，舜的字号。《尚书·舜典》："曰若稽古帝舜，曰重华，协于帝。"唐皮日休《河桥赋》："迨乎放勋之世，重华之年，其水怀山，其波浸天。"

②《尚书·益稷》："夔曰戛击鸣球，搏拊琴瑟以咏，祖考来格，虞宾在位，群后德让。下管鼗鼓，合止柷敔，笙镛以间；鸟兽跄跄。《箫韶》九成，凤皇来仪。夔曰：'於！予击石拊石，百兽率舞，庶尹允谐。'帝庸作歌，曰：'敕天之命，惟时惟几。'乃歌曰：'股肱喜哉，元首起哉，百工熙哉。'皋陶拜手稽首，扬言曰：'念哉！率作兴事，慎乃宪，钦哉！屡省乃成，钦哉！'"

③《尚书·益稷》："'乃歌曰：'股肱喜哉，元首起哉，百工熙哉。'"

④ 指推荐人的文书。明沈德符《野获编·督抚·秦中丞》："盖一时西台诸公痛恨之，遂坐永锢，至今人惜之，荐剡不绝于公车。"后引申作推荐意。

⑤ 举荐，援引。《史记·魏其武安侯列传》："魏其、武安俱好儒术，推毂赵绾为御史大夫。"

⑥ 即羊舌肸，春秋时晋国卿，提倡尊贤使能，不以貌取人。

⑦ 即鲍叔牙，春秋时齐国大夫，曾接济管仲。

⑧ 冯唐，西汉大臣。因出仕较晚，汉武帝求贤时已年过古稀，后世人常用冯唐之事喻有志难酬。

⑨ 天子仪仗中的旗子，上绣鸾鸟，故称鸾旗。《汉书·贾捐之传》："鸾旗在前，属车在后。"颜师古注："鸾旗，编以羽毛，列系橦旁，载于车上，大驾出，则陈于道而先行。"

⑩ 比喻贡士或才学之士。《诗·鲁颂·泮水》："思乐泮水，薄采其芹。……思乐泮水，薄采其藻。"

⑪《诗经·鹿鸣》："呦呦鹿鸣，食野之苹。……呦呦鹿鸣，食野之蒿。"

⑫ 为礼服上所绣的华美花纹或比喻人才华横溢，此处意为辅佐。唐柳宗元《乞巧文》："黼黻帝躬，以临下民。"

⑬《周易》："高宗伐鬼方，三年克之。"《诗经·商颂》中，宋国贵族（商人的后代）称赞祖先殷高宗武丁时说："挞彼殷武，奋伐荆楚。罙入其阻，裒荆之旅。有截其所，汤孙之绪。"

⑭ 牙旗。《文选·潘岳·关中诗》："桓桓梁征，高牙乃建。"李善注："牙，牙旗也。"

⑮ 符节和斧钺，象征帝王的权力。《三国志·魏志·武帝纪》："天子假太祖节钺，录尚书事。"

⑯ 赵充国，西汉著名将领，功在平乱、镇边、屯田，凡事皆重亲身体察。

⑰ 东方的边塞。《文选·张协·七命》："丹冥投锋，青徼释警。"李善注："青徼，东方也。"

⑱ 警戒，亦通"警"。《春秋·宣十二年》："在军，无日不讨，军实而申儆之。"

⑲ 鸿福。明汤显祖《大司马新城王公祖德赋》："仰燕翼以遥钦，溯鸿休而远托。"

臣尤伏愿皇上，薰轸常调，璇衡默运[①]，风声已树而益凛鞋旒，雪浪不扬而愈筹竹箭，鸠鸾成集而夏屋[②]弥庇，鲸鲵久封而秋防倍警。训俗之道昭焉，济民之功懋焉，作人之化隆焉，正域之规立焉。光玉镜，披金绳，奄[3]九有以来同，总八方而为极。用以德征风动，泽洽露生，衍奕叶[4]以壬林[5]，承昊绛[6]之申锡[7]，则我国家亿万载无疆之庆基此矣。臣末学新进，罔识忌讳，干冒[8]宸严[9]，不胜战栗陨越[10]之至。臣谨对。

校注：

① 轸、衡：皆为二十四星宿之一。

② 大屋，《诗经·秦风·权舆》："于我乎大屋渠渠。"

③ 通"淹"。

④ 世代，汉蔡邕《琅邪王傅蔡郎碑》："奕叶载德，常历宫尹，以建于兹。"

⑤《诗经·小雅·宾之初筵》："百礼既至，有壬有林。"

⑥ 汉扬雄《甘泉赋》："上天之縡。"颜师古注："縡，事也，读与载同。"

⑦《诗·商颂·列祖》："申锡无疆，及尔斯所。"

⑧ 触犯，冒犯。《周礼·秋官·士师》："四曰犯邦令。"汉郑玄注："干冒王教令者。"宋范仲淹《代人奏乞王洙充南京讲书状》："干冒圣威，臣无任云云。"

⑨ 帝王威严。宸，北极星所在，借指帝王所居，引申为王位、帝王。

⑩ 摔倒。宋胡铨《戊午上高宗封事》："小臣狂妄，冒渎天威，甘俟斧钺，不胜陨越之至。"

（原刊《古籍研究》2016 年第 2 期）

“小玲珑山馆”诗人群体考略

雍乾年间，文字狱迭兴并遍及大江南北，大批文人或潜入古籍旧典，或退伏市井村野，即便走步诗文创作之途者，也是如履薄冰，心得自守，传统文人间的诗词迎送几近消歇。与此同时的扬州却文人云集，诗文唱和频繁，俨如世外桃源，其中，“小玲珑山馆”为“扬州二马”人文情怀所笼罩，更成为扬州诗文活动的中心[①]，所谓“四方名士过邗上者必造庐相访，缟贮之投，杯酒之款，殆无虚日，近结邗江吟社，宾朋酬唱，与昔时圭塘玉山相埒”[②]。这是扬州文化史乃至有清一代文化、文学史上的特殊景观，对其加以考察的意义显而易见。本文试图就其主体构成一面作一清理。这一时期，进出于“小玲珑山馆”者不可胜数，此所言“小玲珑山馆”诗人群体主要指，多次参加以山馆为中心的文化、文学活动，彼此之间有着密切或较为密切的接触，包括“扬州二马”在内的一群诗人。兹依其身份异同，参各类诗文集、史传、方志等文献加以勾勒并归类如下。

一、以厉鹗为代表的寒士诗人群

厉鹗(1692—1752)，字太鸿、雄飞，号樊榭、南湖花隐，世称樊榭先生，

---

① 方盛良:《马曰琯、马曰璐年谱》,《徽学》,2004年第4期。

② 陈章:《沙河逸老小稿·序》,马曰琯:《沙河逸老小稿》,清乾隆二十三年刻本。

浙江钱塘人。其少孤贫,性情孤峭不苟合,毕生嗜学。在以“小玲珑山馆”为中心的寒士诗群中,厉鹗不仅是与“扬州二马”交游最早者之一,也是寓馆时间最长的一位,其主“小玲珑山馆”三十年左右。“鹗搜奇嗜博,馆于扬州马曰琯小玲珑山馆数年,肆意探讨,所见宋人集最多,而又求之诗话、说部、山经、地志,为《宋诗纪事》一百卷、《南宋院画录》八卷,又著《辽史拾遗》《东城杂记》《湖船录》诸书,皆博洽详赡。”①其中,《宋诗纪事》学术价值最高,厉鹗与“小玲珑山馆”同仁的学术和情感交流,在这部著作中得到了充分体认。书中除了记录“扬州二马”同辑前二十卷和进行相关版本考证外,正文各卷中还记录了同为“勘定”的方士杰、赵昱、陆钟辉、陈章、张四科、金农、闵华、丁敬、王藻等人姓名。厉鹗诗词创作领一时之风气,在“小玲珑山馆”诗群中尤为突出。陈章曰:“邗江诗社迭为宾,凭仗君扶大雅轮。”②谢章铤曰:“雍正、乾隆年间,词学奉樊榭为赤帜,家白石而户梅溪。”③具体而言,其诗“幽新隽妙,刻琢研炼。尤工五言,取法陶、谢及王、孟、韦、柳,而别有自得之趣”④。其词擅南宋诸家之胜,所谓“填词至太鸿,真可分中仙、梦窗之席”⑤。诗词收入《樊榭山房集》中,多见厉鹗寓“小玲珑山馆”及与馆中诸诗人酬唱之事实。

丁敬,字敬身,一字砚林,号钝丁,又号龙泓山人,浙江钱塘人。乾隆元年(1736)举博学鸿词,不就。长于金石诗文,“好金石文,穷岩绝壁,手自摹拓,著《武林金石录》,分隶入古,于篆尤笃……秦汉铜器,宋元名迹,入手即辨”⑥。著有《砚林诗集》四卷,多载有唱和于扬州之诗事。

陈撰,字楞山,浙江鄞县人,布衣,乾隆元年(1736)举博学鸿词,不就。著有《玉几山吟卷》《绣铗集》。王昶称:“楞山为毛西河弟子,又工写生,以

① 厉鹗:《国史文苑传》,《樊榭山房集》,四部丛刊本。

② 陈章:《孟晋斋诗集》卷十八,乾隆刻本。

③ 谢章铤:《赌棋山庄词话》,光绪甲申刻本。

④ 厉鹗:《国史文苑传》,《樊榭山房集》,四部丛刊本。

⑤ 谭献:《箧中词》,清光绪八年半厂丛书本。

⑥ 李斗:《扬州画舫录》,中华书局 1997 年版。

墨润之，若不经意者，而萧疏简远，品格极高，亦不苟作，故时人宝之。……嗜吟咏……饶有晚唐人风韵。”①其以书画游江淮间，流寓江都，时出入“小玲珑山馆”。

陈章，字授衣，号绂斋、竹町，浙江钱塘人，布衣，“幼业香蜡，长赘于扬州。年三十，闻竹韵学诗，骎骎大成。……江都令某延致幕中，与同馆姚世钰友善，诏举博学鸿词，相约弗就。世钰题授衣像赞云：‘写正峰字，吟中唐诗。穷年矻矻，一卷是披。或以为齐赘婿淳于，或以为王俭府庾杲之。要非竹町子本来面目，请视此大布之衣。’弟皋，字江皋，号对鸥，工诗，兄弟齐名，号二陈，皋少游天津，主查氏，从吴通守东壁研究三礼，时查氏兄弟方辑题襟集，皋矫尾厉角，名噪京西。后归扬州，与兄章入马氏诗社。著有《吾尽吾意斋诗集》《对鸥阁漫语》”②，另有《孟晋斋诗集》。

姚世钰（1695—1749），字玉裁，号薏田，吴兴名门之后。平生好学深思，长于经史考订。性喜山水，与金农、厉鹗交情深。能诗文，著有《孱守斋遗稿》四卷。沈德潜评曰：“处士才情隽丽，格合声谐。中年悒悒无所遇，加以鸽原痛切，后更凋丧才女，多激荡凄清之音，所谓备文质兼雅怨者。为文章贯穿经史，磅礴宏肆。”③“世钰以贫困授徒江都，与陈章同举博学鸿词，时又谓之陈姚。后世钰客死扬州，马氏为之经纪其丧，刻其《莲花庄集》。”④

陆锡畴（1690—1754），字我田，号茶坞，苏州人，工诗。《陆茶坞墓志铭》曰：“茶坞少而受教于诸尊宿，长而学于义门先生，其人伉爽，卑视一切。……性刚，苟所不可，直斥之如狗。及观其诗则又柔肠丽句，渊源西昆。……友朋急难，无不濡首灭趾以从之。特以力不能展其志，时时仰屋而吁。”⑤为韩江诗社诸友敬重。

① 王昶：《蒲褐山房诗话》，《湖海诗传》卷六，民国二十五年国学基本丛书本。

② 李斗：《扬州画舫录》，中华书局 1997 年版。

③ 姚世钰：《孱守斋遗稿》，清刻本。

④ 李斗：《扬州画舫录》，中华书局 1997 年版。

⑤ 《全祖望集汇校集注》，上海古籍出版社 2002 年版，第 374 页。

楼锜(1717—1754),字于湘,浙江人。工诗,著有《于湘遗稿》。其"年长未婚,马氏为之择配完家。集中有前五君后五君之目,前五君为胡期恒、唐建中、方士庶、厉樊榭、姚世钰;后五君为刘师恕、程梦星、马曰琯、全祖望、楼锜。后楼锜客死扬州,陈竹町为辑其遗稿"①。

闵华,字玉井,亦字莲峰,江苏江都人,工诗,著有《澄秋阁诗集》,内多存与厉鹗、"扬州二马"等诗友唱和作品。

方世举(1675—1759),字扶南,号息翁,安徽桐城人,程梦星表兄②。乾隆元年(1736)举博学鸿词,不就。天性高旷,饱读秘本古籍,长于诗,晚年注韩诗,有《昌黎编年诗注》十二卷,著有《春及堂集》《兰丛诗话》等,其诗笔力闳肆,长篇谲诡,陈诗称:"如长江大河,波澜不穷,是真得杜韩法乳者。"③中年以方孝标书案牵连坐隶旗籍,雍正元年(1723)放归,自此长往来于扬州,乾隆二十年(1755),仍以八十高龄临扬州与老友马曰琯唱和④。

朱稻孙,浙江秀水人,朱彝尊之孙。乾隆元年(1736)荐举博学鸿词,著有《六峰阁诗稿》。乾隆"丙子间,年七十,游扬州,为卢雅雨运使上客,因出其祖所撰《经义考》后半未刻者"⑤。卢氏与"扬州二马"为其刊刻⑥。

二、 以全祖望、杭世骏为代表的弃官或罢官文人

全祖望(1705—1755),字绍衣,号谢山,又号双韭,浙江鄞县人。十六

① 李斗:《扬州画舫录》,中华书局 1997 年版。

② 郭绍虞:《清诗话续编》,上海古籍出版社 1983 年版,第 770 页。

③ 陈诗:《尊瓠室诗话》,清刻本。

④ 马曰琯:《息翁复至邗江仍用上年喜晤韵》,《抄河逸老小稿》,乾隆二十三年刻本。

⑤ 王昶:《湖海诗传》卷六,民国二十五年国学基本丛书本。

⑥ 卢见曾《雅雨堂诗文集》卷一《经义考序》曰:"(《经义考》)尚有十三类缺矣未睹……始得其未刻之本于先生之孙稻孙,乃与同志授之梓。"《扬州画舫录》卷四曰:"(马曰琯)曾为竹垞刻《经义考》。"

岁能古文，讨论经史，证明掌故。乾隆元年(1736)举博学鸿词，成进士，改庶吉士，已入词馆，不与试。散馆，以知县候选，不复出。为人耿直，穷不失节，深受士林敬佩。“祖望为学，渊博无涯矣，于书靡不贯串”①。著有《鲒埼亭集》三十八卷、《外编》五十卷、《鲒埼亭诗集》十卷等，曾七校《水经注》，三校《困学纪闻》。长期出入于“小玲珑山馆”，李元度《国朝先生正事略》曰：“(全祖望)经扬州，居马氏畬经堂，成《困学纪闻三笺》。”李慈铭《越缦堂诗话》曰：“先生诗为余事，而当日与杭堇浦、厉樊榭、赵谷林、意林、马嶰谷等唱和极多。”

杭世骏(1696—1773)，字大宗，号堇甫，晚号秦亭老民，浙江仁和人。雍正二年(1723)举人，乾隆元年(1736)荐试博学鸿词，授编修，考编经史。未久，即以言事罢归。“既归，亦肆力于诗古文词，海涵地负，日光玉洁，足以雄长艺林。两浙文人自黄梨洲先生后，全谢山庶常及先生而已”②。著有《道古堂诗集》二十六卷、《文集》四十八卷。其多次参加韩江雅集。汪沆序曰：“今春三月，堇甫归自扬州，手出《韩江》一集见示，大半得于推襟送抱、琴歌酒坐之余。其气磅礴而磊落，其旨缠绵而悱恻，汉上题襟之咏，河梁落日之篇，希踪曩哲，殆庶几焉。”③

胡期恒，字复斋，湖广武陵人。其父献征自幼居扬州，工诗文词，官至江苏布政使。复斋生长扬州，举顺天，由翰林仕至甘肃巡抚。其为人磊落刚直，罢官归里，与马氏兄弟、闵华、全祖望等结韩江雅集，称盛事④。马曰琯赞曰：“人事宦途历，道心林下生。伟哉中丞公，六纛悬双旌。”⑤

程梦星(1678—1747)，字五乔，易字午乔，号香溪，歙县人，迁居江都。先世业盐，为“扬城鹾商中三通人”⑥之一的诗人汪懋麟外孙，家甚富而不

① 王钟翰点校：《清史列传》卷六十八，中华书局1987年版，第5487页。

② 王昶：《湖海诗传》卷五，民国二十五年国学基本丛书本。

③ 汪沆：《韩江雅集·序》，马曰琯：《韩江雅集》，乾隆十二年精刊本。

④ 全祖望：《故甘抚复翁胡公墓碑铭》，《鲒埼亭集》卷十八。

⑤ 马曰琯：《五君咏·胡复翁》，《沙河逸老小稿》卷五。

⑥ 梁章钜：《浪迹丛谈》，道光刻本。

慕荣利。康熙五十一年(1712)进士,官翰林,“自丁内艰归,终身不出,筑筱园并漪南别业,读书偃仰其中……文酒流连,主诗坛几数十年。诗法兼唐宋,而雅号在玉溪生”①。著有《今有堂诗集》等。

符曾(1688—?),字幼鲁,号药林,浙江钱塘人。乾隆元年(1736)举博学鸿词,不就。历官户部郎中。著有《春凫集》,诗淡远清微,尤长于五律,全祖望曰:“当其至处,几几欲登白石之堂而夺其席也。”②王昶称:“其雅洁潇洒,非东华软香尘上中人所能企也。盖自少与樊榭、堇浦、玉几同学,故其襟情如此,诗亦清绝,不免窘于边幅,而翛然物外之致,可想其风韵焉。”③其常往来于杭州扬州之间,与马氏兄弟、厉鹗、陈章等酬唱不已。

陆钟辉,字南圻,又字淳川,号环溪,江苏江都人。官员外郎,出为南阳司马,因乞老求归,筑室扬州。生平笃好诗事,著有《放鹤亭小稿》一卷、《环溪词》一卷。与马氏兄弟交情深,多次参加诗会④。

张四科,字喆士,号渔川,陕西临潼人,官候补员外郎。寓扬州,在天宁寺旁筑让圃,与马氏兄弟相邻,一时文酒诗会频起。著有《宝闲堂集》《响山词》,徐世昌《晚晴移簃汇·诗话》评曰:“诗格甚正,意境不凡。虽才力未尽变化,要是雅音。”

张世进,陕西秦川人,侨居扬州,与马氏为邻,交情深,所谓:“檐扉只隔三条巷,笔砚相依十载情。”⑤曾官于颍州,旋弃去。归田后,惟诗是务,诗豪健沉着,著有《著老书堂集》八卷、词一卷,同馆中人唱和占多,有《五君咏》《后五君咏》。闵华曰:“马嶰谷昆季诸君倡韩江诗会,予与啸斋咸与焉。”⑥

① 王昶:《蒲褐山房诗话》,《湖海诗传》,民国二十五年国学基本丛书本,卷一。

② 全祖望著、朱寿禹汇校集注:《全祖望集汇校集注》,上海古籍出版社2002年版,第251页。

③ 王昶:《蒲褐山房诗话》,《湖海诗传》,民国二十五年国学基本丛书本。

④ 阮元:《淮海英灵集》乙集卷二,清嘉庆三年刻本。

⑤ 张世进:《著老书堂集》卷四,乾隆刻本。

⑥ 闵华:《著老书堂集序》,见张世进:《著老书堂集》,乾隆刻本。

三、以“扬州二马”为代表的业商文化人

马氏兄弟为韩江雅集、行庵文宴、焦山纪游、林屋唱酬之主持，他们与寓扬文人士子多有唱和，“一时之盛与圭塘、玉山相埒”①。

王藻，字载阳，号梅沜，江苏吴江人。早以贩米为生。工诗，有“相看何物同尘世，只有秦时月在天”句，为世所称，著有《莺脰湖庄诗集》。乾隆元年(1736)，“吴荆山尚书荐藻应博学鸿词科，罢归与二马交”②。乾隆八年(1743)，与厉鹗、全祖望、闵华、程梦星、陆钟辉、“扬州二马”等，在扬州举行陶潜诗会③。

方士庶(1692—1751)，字循远，号环山等，安徽歙县人，家于扬州。性真率，工于诗，与“扬州二马”、厉鹗、全祖望、程梦星等交往，金农《大墨》印跋云：“(方士庶)为马氏玲珑山馆上客。”乾隆八年(1743)，参加陶潜诗会，诗画咸通。

方士杰，字右将，士庶同母弟，安徽歙县人，业盐淮南，居扬州，于北郊寿安寺西筑别业，因号蜀泉，又号西畴。“性孝友，以侨居广陵未能即归故里，乃建宗祠，置祭田于扬，聚族之商于扬者，恪修祀事。乾隆十六年(1751)，岁饥，出千金助建惠济仓。又与本里创设义塾。亲族之不能婚娶者，佽之。有负金巨万不能偿，质以田宇，却不受，使养其老母。与诸名流结韩江吟社，著有《西畴诗抄》四卷、《新安竹枝词》一卷”④。

四、以“扬州八怪”为代表的画家诗人

“扬州八怪”，指以郑燮、金农、汪士慎、高凤翰、高翔、边寿民等为代

① 李斗：《扬州画舫录》，中华书局1997年版。
② 李斗：《扬州画舫录》，中华书局1997年版。
③ 厉鹗：《九日行庵文宴图记》，《樊榭山房集》，四部丛刊本。
④ 石国柱修：《人物·义行》，《歙县志》卷九，民国版。

表,在日常行为和艺术创作两方面都带有“离经叛道”意味的一群革新派诗人画家,而在具体人员构成上并无确指。这一时期,他们都曾在扬鬻画,以诗画会友,与马氏兄弟、厉鹗、方士庶等均厚交①。

华嵒(1682—1756),字秋岳,德嵩,号新罗山人,福建长汀籍,雍正初年始来扬州鬻画,往返频年,晚终老杭州。《清史稿》卷五四〇有传。有诗集《离垢集》和《离垢集补钞》存世。

高凤翰(1683—1749),字西园,号南村、南阜等,山东胶州人。一生倾情诗书画,中年曾为官,晚年贫病交加,生平事迹详见《清史稿》卷五〇四。著有《南阜山人诗集》七卷,《四库全书总目提要》卷一百八十五别集类存目。

边寿民(1684—1752),江苏山阳人,一生隐居不仕,与官场隔绝。工诗书画,人称三绝。著有《苇间书屋词稿》《苇间老人题画集》,并留下不少书画作品。

陈撰(1687—1758),字楞山,号玉几山人,浙江鄞县人。因长期客居扬州和仪征,被列为“扬州八怪”之一。著有《玉几山房吟卷》。《清史稿》卷七十一有传。金楷正跋《巢林集》曰:“(汪士慎)与厉太鸿、高西唐、陈玉几诸名辈酬唱于马氏玲珑山馆,极一时人文之盛。”

汪士慎(1686—1759),字近人,号巢林,别号溪东外史,野春老人,安徽歙县人,与马氏同籍徽州,长期流寓扬州。性格孤傲,不事逢迎,安贫乐道,但与“扬州二马”交情尤深,著有《巢林集》七卷。《巢林集》最初由马氏资助付梓。钱唐金世禄为《巢林集》跋曰:“《巢林集》七卷,富溪汪近人先生侨寓邗江时所著者,其椠板旧为玲珑山馆马氏藏本。”

金农(1687—1764),字寿门,又司农,号冬心先生。著有《冬心先生集》四卷、《续集》一卷、《拾遗》一卷,《清史稿》卷五〇四有传,《清史列传》卷七十一有纪。乾隆八年(1743)暮春,邗上马氏昆季文宴小玲珑山馆,金为之纪诗,其诗序云:“乾隆癸亥春之初,马氏昆季宴友于小玲珑山馆。秋

① 方盛良:《“扬州二马”与“扬州八怪”交游考略》,《文献》,2003年第4期。

字(即秋玉,马曰琯字)主人出前朝马四娘画眉螺黛、太子坊纸、宋元古砚,将意友人。余得秋宇案头巨砚,质虽稍粗,然临池用之,大可快意。老年得此,又得一良友矣。”其诗云:“修禊玲珑馆七人,主人昆季宴佳宾。豪吟堇浦髯撚手,觅句句山笔点唇。樊榭抚琴神入定,板桥画竹目生瞋。他年此会仍如许,快杀稽留一老民。”①

高翔(1688—1753),字凤冈,号西唐、樨唐等,江苏甘泉县人。其生年未见载籍,《沙河逸老小稿》卷一《寿高西唐五十》有曰:“十五论交今五十,与君同调复同庚。”卷六《哭高西唐》有曰:“同调同庚留我在,临风那得不潸然。”由此可推知:一、高翔与马曰琯生于同年,即康熙二十七年(1688);二、高翔与马曰琯初交于康熙四十一年(1702)。高翔与“扬州二马”以及其他寓扬士子多次雅集,《韩江雅集》卷八《山馆坐雨以雨槛卧花丛风床展书卷分韵》记录了高翔与“扬州二马”等共八人唱和之诗作,其中,高翔得“槛”字。

郑燮(1693—1765),字克柔、行一,号板桥居士等,江苏兴化人。曾为官,后遭罢免。诗文书画在“扬州八怪”中皆为突出,著有《板桥集》等,生平事迹详见《清史稿》卷五〇四,《清史列传》卷七十二。寓扬时,郑燮曾与马氏为邻②。乾隆八年(1743)暮春,与金农、杭世骏等宴集于“小玲珑山馆”,详见金农目下。

五、 以卢雅雨为典型的官方文化人

卢见曾,字抱孙,号雅雨,山东德州人。幼聪颖好学,康熙六十年(1721)中进士,历官四川洪雅等地,乾隆年间,官两淮盐运使,其足智多才,尤笃于文化事业,王昶云:“运使短小精悍,有吏才。总督那苏图特荐,谓其人短而才长,身小而志大,尝为四川洪雅县令,故以雅雨自号。夙慕

① 卞孝萱:《扬州八怪年谱》,江苏美术出版社 1990 年版,第 225 页。

② 郑燮:《郑板桥集》,上海古籍出版社 1962 年版,第 157 页。

其乡王阮亭尚书风流文采，故前后任两淮运使各数年，又值竹西殷富，接纳江浙文人，唯恐不及，如金寿门农、陈玉几撰、厉樊榭鹗、惠定宇栋、沈学子大成、陈授衣章对鸥皋兄弟等，前后数十人，皆为上客。而是时地主马佩兮曰璐、秋玉曰琯及张渔川四科，易松滋谐，咸与扶轮承盖，一时文酒，称为极盛，又校刊《乾凿度》、高氏《战国策》、郑氏《尚书大传》、李鼎祚《周易集解》《对演闻见记》诸书，又补刊竹垞大史《经义考》，并以国朝山左诗人最盛。……爱好古事百余年来所罕见。"①卢雅雨有诗才，著有《雅雨堂集》，徐世昌《晚晴簃诗汇·诗话》评曰："诗笔健拔，而词旨深厚。"在扬州任上，惟才是爱，积极提携后学，如内阁侍读严长明初落魄扬州时，得其荐举入"小玲珑山馆"读书讨论，终成大器②。卢雅雨对文化的酷爱与执着极大地加强了盐商、官方与民间三方之间的文化交流与亲和，从而也使得自己成为"小玲珑山馆"诗群的一重要成员。

以上分类依据出入山馆诗人的主要身份，实际上，他们互有交叉。如"扬州八怪"中的汪士慎、金农亦为布衣，郑燮、高凤翰都曾为官一方。总之，来自四面八方、生命形态有着多样性选择的诗人，在文化上各有专长，在经历上多有不同，在性格上颇多桀骜。然而，他们同时走向"小玲珑山馆"，结成诗社，彼此激发，求同存异，在其地"极一时人文之盛"，个中滋味令人扼腕三叹。

（原刊《安庆师范学院学报》2005 年第 1 期）

① 王昶：《蒲褐山房诗话》，《湖海诗传》卷二，民国二十五年国学基本丛书本。

② 钱大昕：《内阁侍读严长明传》，《潜研堂文集》卷三十七，四部丛刊本。

《惜抱轩题跋》所见姚鼐佚文考释*

笔者近因查阅文献，意外发现安徽省图书馆现藏有姚鼐著《惜抱轩题跋》一册。书前有马其昶[①]光绪五年(1879)二月所作识语一则(见附图)：

> 先生撰著刊刻略备，唯题跋散见未有辑录。其昶频年搜集，文字放佚，千不一存。昔梅伯言[②]有云："姚先生翰墨不必皆绝于人，要其清通之气非人所及。"今录其率而题识，非先生意也。然以梅氏之言观之，则即残稿剩墨亦可窥见先生之蕴，况皆足以资考论而益学者，不尤可珍贵哉。然而惜其散亡者多矣。

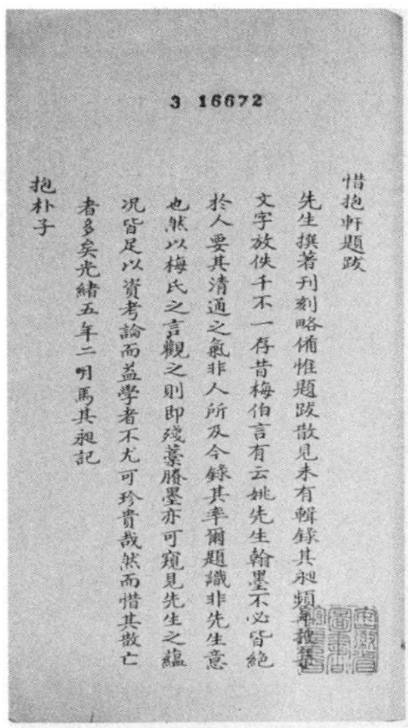

惜抱軒題跋
先生撰著刊刻略備惟題跋散見未有輯錄其昶頻年搜
文字放佚千不一存昔梅伯言有云姚先生翰墨不必皆絕
於人要其清通之氣非人所及今錄其率爾題識非先生意
也然以梅氏之言觀之則即殘藁賸墨亦可窺見先生之蘊
況皆足以資考論而益學者不尤可珍貴哉然而惜其散亡
者多矣光緒五年二月馬其昶記
抱朴子

另钤有"翁望"[③]印。由马其昶识语知，此书乃马其昶所辑并主持抄录。该册不分卷，除封

* 本文系国家社科基金项目"桐城派经学与文学研究"(13BZW083)阶段性研究成果。

① 马其昶(1855—1930)，字通伯，晚号抱润翁，安徽桐城人，曾受业于方东树等，系姚鼐再传弟子，著有《周易费氏学》《抱润轩文集》等。

② 梅伯言即梅曾亮。梅曾亮(1786—1856)，字伯言，号葛君，江苏上元(今南京)人，位居"姚门四杰"，著有《柏枧山房诗集》《文集》等。

③ 姚翁望(1910—1993)，姚鼐族孙姚莹之曾孙，为姚永概次子。

面外共计 18 页，内封题“惜抱轩题跋　癸酉夏日钞藏”，可知抄成于民国二年(1933)。马其昶号为桐城派“殿军”，为姚永概姐夫，姚翁望为永概次子，此书递藏应是经姚永概而至姚翁望。马其昶所引梅伯言之论，未见于梅曾亮《柏枧山房诗文集》①。马其昶所撰《桐城耆旧传》中《姚惜抱先生传》与此论相近：“泾包先生世臣善评书，推邓山人、刘文清公及先生为国朝书家之冠，故先生非独诗文美也，其翰墨亦绝为世重。”②姚永朴《旧闻随笔》记此言：“按察公自四川归，湘阴李文恭公邀至金陵，寓四松庵。一日梅伯言郎中来，见门外悬有惜抱公跋语，顾谓按察公曰：‘先生寻常翰墨，不必皆绝于人，要其气味清通渊雅，人自不能及。’按察公以为知言。”③此段中，按察公为姚莹，李文恭公为李星沅，可见当时人对姚鼐书法的评价就很高。

该册题跋多涉历代书法名帖、兼及文学掌故、乡里风情等，计一百三十八则，近两万字。今遍检各类相关典籍，除《王子敬辞令帖》《褚登善阴符经》《晋乘蒐略序》三篇与中国书店本《惜抱轩全集》所收相同，《吴天发神谶刻文》《隋僧智果书》《追寻帖》三篇与《惜抱轩全集》所收文字有异外，其他皆未收录。今辑录其中有关古代文献的题跋十六则，并做必要考释如下④。

一、《抱朴子》

此书非尽葛洪之所为也。洪，盖才智之士，生晋世，值世胄蹑位之时。风俗偷敝，不胜愤慨，著书略同王充、王符之体，主于论时事而

① 该集为梅曾亮作品的新近整理本，由彭国忠、胡晓明校点，上海古籍出版社 2012 年出版。

② 马其昶：《桐城耆旧传》，黄山书社 2013 年版，第 314 页。

③ 姚永朴著、张仁寿校注：《旧闻随笔》，黄山书社 1989 年版，第 208 页。

④ 未辑录的除上述六篇外，考虑《惜抱轩题跋》中姚鼐所作法帖释文量大且略异于刘次庄《法帖释文》、岳珂《英光堂帖》、曹之格《宝晋斋法帖》等历代书帖释文，为了行文简洁，包括《郁冈斋帖》释文中的四篇、《淳化阁帖》释文中的五十七篇，其他文字法帖等五十一篇亦不辑入本文。

旁及神仙道家，盖愤嫉而有托焉耳。本非有内外篇也。其分内外篇，殆晋宋间妄道士取其书而分晰之，而又杂采邪妄之说及诸符记，悉托之于洪。洪虽差有好奇之病，而何至所见谬妄若是哉？余欲芟去其怪迂鄙诞之词，不分内外篇，以其书附之杂家，不入神仙家。庶足以存葛氏之真而知其用心之所在矣。嘉庆甲子七月十七日姬传鼐记。

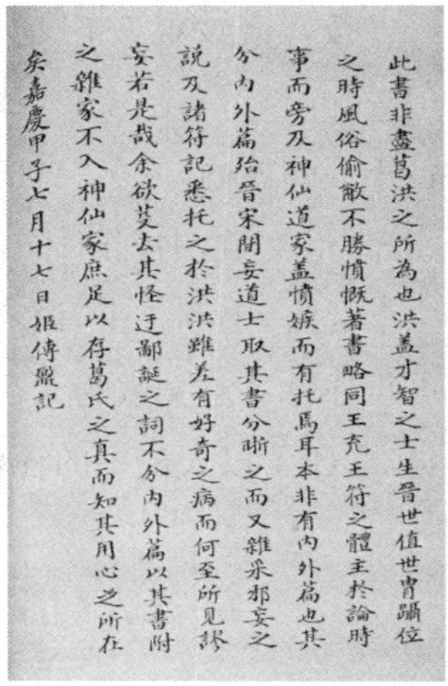
此書非盡葛洪之所為也洪蓋才智之士生晉世值世胄躡位之時風俗偷敝不勝憤慨著書略同王充王符之體主於論時事而旁及神仙道家蓋憤嫉而有托焉耳本非有內外篇也其分內外篇殆晉宋閒妄道士取其書分晰之而又雜采邪妄之說及諸符記悉托之於洪洪雖差有好奇之病而何至所見謬妄若是哉余欲芟去其怪迂鄙誕之詞不分內外篇以其書附之雜家不入神仙家庶足以存葛氏之真而知其用心之所在矣嘉慶甲子七月十七日姬傳鼐記

按，葛洪（284—364），字稚川，东晋道学家、医学家，著有《肘后方》《抱朴子》。葛洪学识博杂，思想融合儒道，历代对《抱朴子》作者并无疑议。《抱朴子》共有 8 卷，其中内篇 20 篇、外篇 50 篇，内篇论炼丹、符箓等事，外篇论时政、人事、文学等。姚鼐为醇儒，宗程朱，对炼丹、升仙、符箓等事皆视为妄诞。今人将《抱朴子》列入子部道家，而此书若去除神仙之术，入杂家为宜。姚鼐存世著作中并无论葛洪之言，此跋之论概见姚鼐崇儒辟道倾向。

二、 赵文敏书《玄妙观三门记》

牟巘，字献之，宋大理少卿，入元不出。此记有“维皇建极”，亦泛语耳。赵文敏遽为提行，非其意也。吾独爱其额书八篆，字殊妙耳。凡学书者，功力至子昂，蔑以进矣。自是以上，盖天授非人力也。文敏姿媚之中，殊存厚重。效之者，乃愈佻愈滞，是两失之道也。

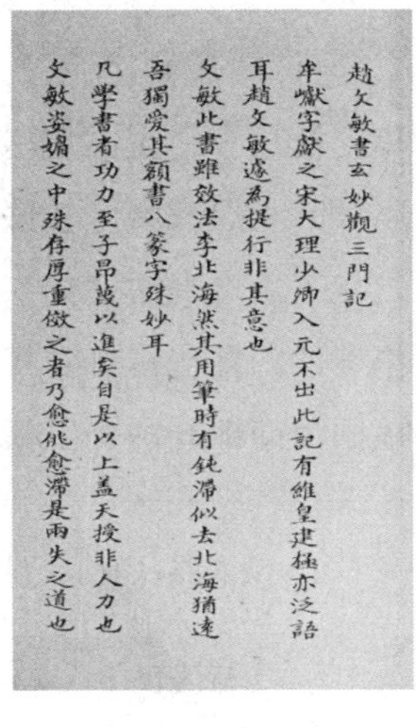
趙文敏書玄妙觀三門記

牟巘字獻之宋大理少卿入元不出此記有維皇建極亦泛語耳趙文敏遽為提行非其意也

文敏此書雖效法李北海然其用筆時有鈍滯似去北海猶遠

吾獨愛其額書八篆字殊妙耳

凡學書者功力至子昂蔑以進矣自是以上蓋天授非人力也

文敏姿媚之中殊存厚重傚之者乃愈佻愈滯是兩失之道也

按,《玄妙观三门记》即《玄妙观重修三门记》,此文作者为牟巘(1227—1311),赵孟頫(1254—1322)书并篆额。玄妙观创建于西晋年间,位于苏州城内,原名"真庆道院",元贞元年(1295)改称"玄妙观"。孟頫字子昂,谥文敏,书创赵体,因圆熟遒媚而受指责,如清代刘人熙称:"子昂书宗李北海,上溯二王,诚亦人间尤物。惜姿致太妩媚,为世所诃。"①清初冯班亦称:"赵文敏为人少骨力,故字无雄浑之力。"②姚鼐此评可谓有独见,摆脱了以人论书的桎梏。

三、《郁冈斋帖》第一钟繇《贺捷表》

《戎路表》诚有笔意,然恐止是唐以后人,书成或递传临摹。微存仿佛,则不可知魏人古厚之韵。岂第如此,其唐人列衔,则必是伪作。凡尚书省行文书,卑官在尊官前者,卑官先阅案也。若馆中藏古帖刊刻,宰相本不应列衔。即诏使列衔,必宜在前。如《圣教序》之例,安得如行下告身例乎?此作伪者,欲以售其欺而反露罅隙耳。

参字作叅。唐人固已有俗体,然未有从心者。

按,《贺捷表》即《戎路表》,又名《戎辂表》,为东汉钟繇所写贺捷表奏。《郁冈斋帖》系明代精刻之帖,十卷,皆初拓本。北宋《淳化阁帖》亦刻此书。《郁冈斋帖》此帖列衔为"魏钟太傅贺捷表　唐本"。北宋《宣和书谱》称:"楷法今之正书也,钟繇《贺克捷表》备尽法度,为正书之祖。"③《圣教序》即《大唐三藏圣教序》,为唐太宗李世民撰文,有褚遂良所书及沙门怀仁从王羲之书法中集字两种,皆刻成碑。集字碑"太宗文皇帝制"后有"弘福寺沙门怀仁集晋右将军王羲之书",褚碑列衔于正文末:"尚书右仆射上柱国河南郡开国公臣褚遂良书"。《惜抱轩诗文集》文集后集卷二有姚鼐

① 刘人熙:《刘人熙集》,湖南人民出版社2009年版,第300页。
② 冯班:《钝吟书要》,《历代书法论文选》,上海书画出版社1979年版,第555页。
③ 王群栗校注:《宣和书谱》,浙江人民美术出版社2012年版,第23页。

《跋褚书圣教序》，易检获，此不录。

四、《乐毅论》第一本

此卷或疑是王著书，然无确据。大约不出宋后人，无唐贤气韵也。此本是昔人临书，盖本无临者姓名。其褚遂良记，乃俗人伪作，以求售耳。董香光①知伪记之陋劣，为冯氏②刻《快雪帖》，将此书分疏字行，又伪作褚跋于其后，以作狡猾欺人。视此记固为雅矣，然其不足以为褚书，则亦同焉耳。

按，《乐毅论》为三国魏夏侯玄撰，相传为王羲之书付王献之，然自梁武帝起，梁武帝与陶弘景皆疑其为摹。唐初褚遂良列此书为王羲之正书第一，并作《搨本〈乐毅论〉记》。王著为宋代书法家，元末明初陶宗仪《书史会要》称："王著笔法圆劲，不减徐浩，少令韵胜，其所书《乐毅论》学虞永兴（世南），可抗行也。"③此跋与康熙间书法家杨宾（1650—1720）所论"《乐毅论》，王著伪书"亦同④。

五、《乐毅论》第二本

"以礼终始"，脱"礼"字。"遇也"下脱"夫千载一遇之世"七字，盖右军元本然耳。举国不谋其功，"谍"即是"谋"字破体。唐讳世，世多

---

① 董香光即董其昌。董其昌（1555—1636），字玄宰，号思白、香光居士等，华亭（今上海松江）人，明代著名书画家，存世作品有《明董其昌秋兴八景图册》等，又著有《画禅室随笔》等。

② 冯氏即冯铨。冯铨（1595—1672），字伯衡，又字振鹭，号鹿庵，顺天涿州（今河北涿州）人，明末清初著名的书画收藏家，著有《独鹿山房诗集》等。

③ 邵洛羊主编：《中国美术大辞典》，上海辞书出版社2002年版，第296页。

④ 杨宾：《大瓢偶笔》，《历代书法论文选续编》，上海书画出版社2012年版，第579页。

作**丗**。然后二字相混，此临书者，亦宋后人，遂误以**諜**为谍。“小字莫作痴冻蝇，《乐毅论》胜《遗教经》”①，此卷得其意。然此是涪翁②以后人闻涪翁之语而为之者也。此卷临本，胜前卷多矣。吴用卿余清斋刻不逮此刻，而末有“付官奴”三字。吾疑非王氏遗脱，乃吴故增，欲以相异耳。

按，吴用卿(1556—?)，名国廷，号余清斋主，徽州歙县(今黄山市徽州区)人。博古善书，收藏极丰。选二十六种历代书迹墨本，由歙县名刻工杨明时双钩勒上石，刻成于1614年，历经十八年，拓成《余清斋帖》，世人视为珍宝。姚鼐称余清斋帖不及此本，对此临本评价甚高，未知为宋以后何人临本。

六、《郁冈斋帖》第九晋右军将军羲之书

逸少③，系右将军，非右军将军。方庆以膏粱世胄，首为此误，信由不学也。左、右、前、后将军在杂号将军之上，左军、右军、前军、后军在杂号将军之下，六朝以授武人耳。《乐毅论》伪褚跋，宋人所为，固不知官制者。高宗时僧徒集《圣教》尚不误，况褚公乎？

按，方庆即王綝，唐武周时期宰相，为东晋王导之后。据《谭宾录》，高宗龙朔二年(662)王方庆献所藏历代祖先书法十卷：“臣十代再从伯祖羲之，先有四十余纸。贞观十二年，先臣进讫。有一卷，臣近已进讫。臣十一代祖导、十代祖洽、九代祖询、八代祖昙首、七代祖僧绰、六代祖仲宝、五

① 语出黄庭坚《以右军书数种赠丘十四》。

② 涪翁即黄庭坚。黄庭坚(1045—1105)，字鲁直，又号山谷，洪州分宁(今江西修水)人，宋代著名诗人。

③ 逸少即王羲之。王羲之(303—361，一作321—379)，字逸少，琅琊临沂(今山东临沂)人，东晋著名书法家。

代祖王骞、高祖规、曾祖褒，并九代三从伯祖晋中书令献之已下二十八人书，共十卷，见在。”[①]“高宗时僧徒集《圣教》尚不误”，指沙门怀仁集《圣教序》时题“右将军王羲之”，前文已论及。《惜抱轩笔记》卷五有姚鼐考王羲之官衔、事迹之论；《法帖题跋》卷二有姚鼐论王羲之书，易检获，此不录。

七、《淳化阁法帖》一

曹士冕[②]《法帖谱系》言绍兴中以御府所藏淳化旧帖刻板，置国子监，首尾与淳化阁本略无少异，字画精神，极有可观。碑工往往作蝉翼本，今此帖蝉翼摹拓甚精，疑即绍兴国子监本也。祖帖岂易可遇，若此盖祖帖仅次，殆可匹《潭》《绛》者，亦良可宝矣。嘉庆丙寅八月朔，惜翁。

顷得明吴之芳[③]茂倩所撰《释文考异》，所载泉本石裂损处，一一与此本符合，然则此为泉本无疑。但泉本有二：一洪武四年，泉州知府常性所摹刻，一曰《阁帖》，十卷，宋季南狩，遗于泉州石湮池中。久之，时出光怪，枥马惊怖，发之，得石帖，泉人名其帖《马蹄真迹》。此本未知是常性所摹耶？抑是宋摹，入明为《马蹄帖》耶？丁卯八月廿八日，惜翁。

按，曹士冕著《法帖谱系》二卷，上卷收录淳化法帖二十二种，下卷收录绛本旧帖一十四种。《潭》，即《潭帖》，北宋庆历间刘沆刻于潭州（即今长沙，《潭帖》又称《长沙帖》），以《淳化阁帖》为底本，增入若干名帖，与《绛帖》齐名。《绛》即《绛帖》，北宋潘师旦摹刻于绛州，以《淳化阁帖》为据而有所增删，与《淳化阁帖》齐名。周亮工《闽小纪》载：“泉州《淳化阁帖》十

① 冯梦龙评纂：《太平广记钞》下卷，团结出版社1996年版，第716页。

② 曹士冕（1184？—1254），字端可，号陶斋，都昌（今江西九江）人，著有《法帖谱系》二卷。

③ 吴之芳，生卒年不详，山阴人。

卷，相传宋季南狩，遗于泉州。已而石刻湮池中，久之，时出光怪，枥马惊怖，发之，即是帖也。故泉人名其帖曰《马蹄真迹》。”①

八、《淳化阁法帖》二

王允之父舒丧，除义兴太守，以忧哀不拜。从伯导劝之，允之固不肯就。今此卷内，王丞相前一帖，亦劝人夺情者，或即与允之耶？

按，王允之（303—342），字深猷，琅邪人，王会之孙，王导堂侄，官至江州刺史、卫将军，《晋书》卷七十六有传。王允之父王舒官湘州刺史、尚书仆射等，卒于333年。跋文所称王导之帖应为《省示帖》，帖文："省示，具卿辛酸之至，吾守忧劳。卿此事亦不暂忘。然书足下所欲致身处，尚在殿中，王制正自欲不得许，卿当如何？导亦天明往。"②姚鼐的推测可能性极大。

九、《淳化阁法帖》三

黄长睿③谓："此卷伪帖过半，自庾翼后一帖、沈嘉、杜预后一帖、王修、刘超、司马攸、刘牧之、刘环、王邵、纪瞻、王廞、张翼、陆云、山涛、卞壶，十五家皆一手伪书。余备员秘阁，见一书函中，尽此一手帖，以澄心堂纸写，每卷题云：仿书第若干。此卷伪帖及他卷所有伪帖，皆在焉。盖南唐人聊取古人词语自书之尔。王著辈不悟其非，但

① 张小庄：《清代笔记、日记中的书法史料整理与研究》上册，中国美术学院出版社2012年版，第166页。

② 顾音海：《法帖鉴要》，浙江摄影出版社2007年版，第123—124页。此帖释文有多种版本，取最常见的一种。

③ 黄长睿即黄伯思。黄伯思（1079—1118），字长睿，自号云林子，邵武人，精书法，著有《法帖刊误》《东观余论》。

采名杂载真帖间，可胜叹哉。”余按，长睿所嗤侍书之谬，诚当。但既云仿书，亦必是临摹，微有所本，非取古语书之也。

谢庄[①]，宋人，而列晋，《大观》已改正。其书末题左仆射，计希逸仕宋文帝、孝武帝之世。文帝时，王敬宏、孟觊、何尚之为左仆射，名辈甚前，希逸与书，不得自称弟也。孝武时，左仆射有建平王宏、刘遵考、褚湛之、刘延孙，推希逸之气类，此书其与褚湛之乎？

按，黄长睿著《法帖刊误》《东观余论》考证法帖真伪。《东观余论》中《跋秘阁第三卷法帖后》所论与此跋转引大致相同，又列十四家认为皆真帖[②]。除褚澄之（411—460）外，何尚之（382—460）生年也早于谢庄。

十、《淳化阁法帖》四

此卷首王筠[③]书，当是伪作。其云和南者，是与僧徒也。按，古人于时节哀思父母，故与弟族属述其哀慕，言两情略同也，岂所施于僧徒哉？此作伪者，见古帖多有是语，而移合于与二氏之书，则甚不通。正恐是李怀琳[④]所作《卫夫人书》之类耳。

按，卷首为王筠书《至节帖》，首句“筠和南至节过，念慕深”。和南，“佛门称稽首、敬礼为和南”[⑤]。李怀琳于唐太宗时曾待诏文林馆，“国初时好为伪迹”。黄伯思《法帖刊误》考《淳化阁帖》中《卫夫人书》为李怀琳

① 谢庄（421—466），字希逸，陈郡阳夏（今河南太康）人，善诗文，著有《谢光禄集》。

② 黄伯思：《东观余论》，见卢辅圣主编《中国书画全书》第一册，上海书画出版社 1996 年版，第 874 页。

③ 王筠（481—549），字无礼，又字德柔，琅琊临沂（今山东临沂）人，梁诗人，著有《王詹事集》。

④ 李怀琳，生卒年不详，洛阳人，唐初书法家，工临写，善草隶。

⑤ 《汉语大词典》，汉语大词典出版社 1986 年版，第 3675 页。

作伪，为“诸部中或伪迹甚著而不觉者”[1]。《卫夫人书》中也有和南一词：“仰凭至鉴，大不可言。弟子李氏卫和南。”今学者王瑛认为“和南”一词“在晋代已用作书信套语”[2]。那么以此词认为此帖作伪就难以成立。

十一、《淳化阁法帖》五

> 《阁帖》于右军名迹，如《兰亭》《乐毅》等，率不载者，谓所摹皆墨迹，不以拓帖转摹也。而此卷苍颉、禹书何为哉？以《裴公纪德颂》为籀、斯之迹，殆皆妄人为之，而侍书又为所欺耶？
>
> 首卷帝王帖，以其皆手诏也。此卷隋文帝与双林寺僧，不过当时书手之笔，殆非文帝所能作。列于此卷，谓之隋朝法帖最是。王箬林[3]乃谓应序入首卷。王著之失固多矣，至此处，箬林之识，更出王著下耳。

按，《裴公纪德颂》即阁帖所收《裴公纪德碣铭》，唐越州刺史王密撰，国子监丞李阳冰篆。裴公为裴儆，绛州闻喜人，时为明州刺史，学书于张旭。隋文帝杨坚所书《双林寺慧则法师帖》作于仁寿元年（601），对其宣扬妙典、利益群生表示赞赏和鼓励。此年敕建双林佛殿为婺州双林寺[4]。姚鼐认为此帖非杨坚之笔，并没有说明实际的证据。王箬林曾任五经篆文馆总裁官，著《淳化秘阁法帖考正》《古今法帖考》等书学著作。王著，字知微，成都人，北宋书法家，官著作佐郎、翰林侍书，奉敕编《淳化阁帖》。

---

① 黄伯思：《法帖刊误序》，见《影印文渊阁四库全书》，第681册，台湾商务印书馆1983年版，第378页下。

② 王锳：《〈汉语大词典〉商补》，黄山书社2006年版，第130页。

③ 王箬林即王澍。王澍（1668—1743），字若霖，又字箬林，号虚舟、竹云、二泉寓客等，著有《淳化秘阁法帖考正》《古今法帖考》。

④ 赵福莲：《傅大士评传》，上海人民出版社2012年版，第249页。

十二、《淳化阁法帖》六

此卷首十余行，米元章、姜白石①等俱斥其伪。殆是定论，无可夺之理。至《奄至帖》，乃许为真。而此帖末，“悲酸”下引笔作重字，其笔势犹可见。而明世摹阁帖者，不知是字，以为石裂痕而去之。

按：《奄至帖》五行三十六字，按《全上古三代秦汉三国六朝文》所录文字为：“奄至此祸，情愿不遂。缅然永绝，痛之深至。情不能已，况汝岂可胜任。奈何奈何！无由叙哀，悲酸。”②

十三、《淳化阁法帖》十

王氏世奉五斗米道，右军《官奴小女帖》所云“先生”，必是米道之师。大令《官前逼遣足下帖》疑与孙泰③，泰亦郎邪④人，与王氏乡里。时王珣奏徙之广州，而大令犹以旧交与通书耳。所云兄子者，殆即是孙恩耶。

按，《官奴小女帖》即《官奴帖》，王羲之行书，首句“官奴小女玉润病来十余日”，官奴为王献之字，玉润为献之之女。《官前逼遣足下帖》又名《省前书帖》，王献之所书。王献之曾为中书令，称大令以区别小令王珉。孙泰世奉五斗米道，继传杜子恭道法，东晋末欲起兵反，事泄被斩。孙恩为

① 姜白石即姜夔。姜夔(1155—1221)，字尧章，号白石道人，饶州鄱阳(今江西鄱阳)人，南宋文学家，著有《续书谱》《绛帖平》等。

② 严可均校辑：《全上古三代秦汉三国六朝文》第4册，河北教育出版社1997年版，第246页。此三十六字前还有“庚新妇入门未几，岂图”数字。

③ 孙泰(？—398)，字敬远，山东琅琊人。

④ 亦作“琅琊”。

其兄子。

十四、《圣母帖》

此不知何人之书，其前后文皆脱去，后人妄指为怀素耳。吾疑其题款"贞元九年云云"亦伪作也。贞元时，监军用宦官，而无监军使之名，此不知何时之制。据其文，似与节度使各一人，而伪作怀素者，抉去其名，盖以其称从叔父，就其名恐人易推知本作书之人耳。在书者，初非伪，而为作伪者掩其名，良为可恨。陈氏《玉烟堂帖》已不能辨以为怀素。余谓世有精鉴，必能知其非真，而宋以来未有为辨正者。

此文款识缺脱，何以知为藏真书，岂宋时尚见旧款识耶？吾谓此草书精热[①]，亦有笔力。然气韵近俗，非怀素笔。纵旧款以为怀素，亦必黄冠伪作。如《破邪论》，乃僧徒伪虞永兴耳。文寿承释《自叙》，不释此文，殆能辨其伪者。吾聊释之，而论其非真，以待精鉴。

按，此处未辑录释文，仅录其考证之跋。贞元为唐德宗李适年号，九年为793年，怀素(725—785)[②]已去世。《玉烟堂法帖》共24卷，为陈瓛撰写的书法作品。陈瓛，生卒年不详，初名祖夔，字元瑞，又字季常，号增城，明末清初书法家。《破邪论》为唐代释法琳(572—640)所著，驳斥诬佛之论以护法持教，由虞世南作序，题下署"太子中书舍人吴郡虞世南撰并书"。虞世南《破邪论序》帖为僧徒作伪，仅见姚鼐持此论，而明王世贞评价甚高："世南书迹本自稀，而楷法尤不易得，小者唯《破邪论序》，稍大者《孔子庙堂碑》而已，《破邪》积能之极，几夺天巧；所以不入二王之室，犹似

① "热"或为"熟"之笔误。

② 怀素生年有737年、725年两种说法，此处用725年，见白寿彝总主编，陈光崇主编：《中国通史·隋唐时期》下册，上海人民出版社2015年版，第1456页。

不能忘情于蹊迳耳。"[①]文寿承即文彭(1498—1573),文征明长子,明代书法家,工书画篆刻。

十五、三老诗

余少与方君天民[②]同学读书,其时里中方待庐[③]先生、张翙哀[④]先生皆号能诗。天民年少即工诗,两先生每呼令唱酬联句。其后两先生殁,天民老归故乡,年七十矣。而张君蓑园[⑤]及家叔落花翁在里,亦皆及七十,皆诗豪也。相从唱和甚数。天民作三老之诗,两翁继和,方其共饮酒,高咏之乐,浩乎茫乎,不知古三老俾人君执爵于席前之为尊,与今者木瓢瓦盆之为陋,亦不知岁月迁流而此身之已老也。以其卷示余,余读之,既取其趣,又快三老才力不啻少壮,益欣然以喜。顾念乡里近者才俊渐稀,意欲更求少俊俾从此三老共游,如天民畴昔少年之事,庶前后风流久而勿坠。不然,日月奄逾,后贤远隔,追想三老之清风高韵,邈不可寻,不亦惜乎? 嘉庆四年冬十二月十七日姚鼐跋尾。

按:方天民少与姚鼐同学,工诗,为文高洁,晚年卜居龙眠山中,与姚鼐多有唱和(详见徐璈《桐旧集》,民国十六年景印原刻本)。方待庐为乾隆间优贡生,曾孙方东树。《惜抱轩诗文集》卷十三收姚鼐为其所作《方待庐先生墓志铭》。张翙哀,乾隆三十五年(1770)举人,著有《瓶山集》《螺岑

① 转引自潜堂主编:《中华传世名帖》,印刷工业出版社 2011 年版,第 1 册第 53 页。

② 方天民,生卒年不详,名觉,号制荷,安徽桐城人。

③ 方待庐(1677—1747),又作方侍庐,名泽,字巨川、苧川。

④ 张翙哀,名辅赟,桐城人。

⑤ 张蓑园(1728—1817),名曾徽,字竹涒,安徽桐城人。

集》。张棣园为张若霖长子,“以弟曾枚贵,貤封文林郎、江苏震泽县知县”[1],为姚莹外伯祖,亦为业师。

十六、唐贤三昧集

云居道膺禅师云:“如人将三贯钱买一只猎犬,只解寻得有踪迹、有气息底。忽遇羚羊挂角,莫道踪迹,气息也无。”

阎百诗尝讥《三昧集》多误字,驳正数处。若“东南御亭上”“明当渡京水”是也。鼐复校改可七八字,然恐尚有讹舛不及正者。

按,《唐贤三昧集》共三卷,系清代王士祯(1634—1711)为倡导神韵说而选编的唐诗集。姚鼐批《唐贤三昧集》今藏国家图书馆。云居道膺禅师(853—902),唐代曹洞宗僧。初居三峰庵,后居云居山,因此又称“云居道膺”。上文语出《五灯会元·云居道膺禅师》。该跋借他说批评了渔洋“神韵说”的缺失。阎百诗(1638—1704),名若璩,号潜丘,清代著名学者,著有《尚书古文疏证》。赵执信《谈龙录》记阎若璩评:“《唐贤三昧集》初出,百诗谓余曰:‘是多舛错,或校者之失,然亦足为选者累。’”[2]“东南御亭上”出自王维《送元中丞转运江淮》(一作钱起诗)。“明当渡京水”出自王维《宿郑州》。

(原刊《文献》2017年第6期)

① 张开枚等修:(桐城)《张氏宗谱》卷七,民国二十二年(1933)铅印本,第56页。

② 张寅彭、黄刚编撰:《唐诗论评类编》下册,上海古籍出版社2015年版,第1530页。

姚鼐《惜抱轩题跋》考释(续)*

姚鼐(1731—1815),字姬传,因自名书斋"惜抱轩",世又称惜抱先生,安徽桐城人。乾隆二十八年(1763)进士,曾官任礼部主事、《四库全书》纂修官等,四十岁后辞官南归,主讲南京钟山、扬州梅花、安庆敬敷、歙县紫阳等书院。姚鼐学识渊博,在桐城派发展史上不仅起例发凡,与方苞、刘大櫆并誉为"桐城三祖",而且弟子与再传弟子遍及南北,影响深远。其留下的著作遍涉经史子集,现已被整理出版的有中国书店 1991 年影印出版的《惜抱轩全集》和上海古籍出版社 1992 年出版的《惜抱轩诗文集》等,其他数种已著录的可参见《续修四库全书》等。但因其一生游学任官范围甚广,著述规模宏大,仍有数种著作有待查访整理。

笔者近期发现安徽省图书馆现藏有姚鼐著、马其昶辑录的《惜抱轩题跋》抄本一册,并已撰文《姚鼐〈惜抱轩题跋〉考释》①,因该册作为佚文规模甚大,考释未及全部。今继续点校考释其余 52 则。

1. 梁中书令临汝安侯志《一日无申帖》

此帖余与方染露释其首行,久思未悟。染露归告其室张孺人,张释出之,此亦闺阏之佳话也。

* 基金项目:国家社会科学基金项目"桐城派经学与文学研究"(13BZW083)。

① 方盛良:《姚鼐〈惜抱轩题跋〉考释》,《文献》2017 年第 6 期。

按：方染露（1736—1794），名赐豪，字染露，安徽桐城人，乾隆三十年举人，“为人清介严冷，不可近以不义，少以能文称”①。

2. 唐虞世南《汝南公主墓志铭》

此真迹。明时藏常熟严相公家，今入大内矣。严氏刻石今尚存，然不及此刻。

按：严相公，严讷（1511—1584），常熟人，嘉靖进士，官至吏部尚书、武英殿大学士。

3. 西晋宣帝《之白帖》

残断文不可读，虚舟以首二字定为张芝书，岂信然乎？

按：《之白帖》又称《之白阿史帖》，魏正始八年（247）司马懿作，共17字。草圣张芝卒于192年，不可能为其所作。虚舟为王澍（1668—1743），江苏金坛人，书法名家，曾作《淳化阁帖考正》《古今法帖考》等。

4. 东晋简文帝《庆赐帖》

此当是升平元年，穆帝加元服之庆赐。时简文抚政，与朝贤书耳。

按：升平元年为357年，晋穆帝司马聃（343—361）于344年即位。晋简文帝司马昱，当时因穆帝年幼，与何充共同辅政。

5. 唐太宗《夜来胸气帖》

黄长睿云：“高宗永隆元年七月，江王元祥薨，即此帖江叔也，此正高宗书。”

按：黄长睿（1079—1118），名博斯，别字霄宾，自号云林子，邵武（今福

① 姚鼐：《方染露传》，《惜抱轩全集》（文集卷十），中国书店1991年版，第117页。

建邵武)人。著有《法帖刊误》《东观余论》等。高宗为李治,永隆元年为680年。江王李元祥为唐高祖李渊二十子,卒于永隆元年,《旧唐书》卷六十四有传。

6. 唐太宗《怀让帖》

翦林云:"怀让,豆卢宽之子,高祖女长汝公主之夫。"余按,此文皇行在途中书房遗爱,右卫将军宜从行。其妇高阳公主也,故报之。奴即高宗矣。

按:王澍(1668—1743),字若林,一作若霖、篛林,又字灵舟,号虚舟,自署二泉寓客,别号竹云,义号恭寿老人,良常山人,江苏金坛人。清代书法家,官至吏部员外郎。

7. 唐太宗《艺韫多材帖》

长睿云:"亦高宗书。"高祖第十九子鲁王灵夔,善草隶,帖所谓艺韫多材也。蔼,鲁王次子,范阳王也。

按:鲁王李灵夔,唐高祖李渊第十九子,垂拱四年起兵谋反,事泄,后自缢而死。《旧唐书》卷六十八有传。李蔼亦工书。

8. 唐太宗《枇杷帖》

长睿亦以为高宗书。翦林以为高宗与蒋王恽。

按:蒋王李恽,唐太宗七子,为高宗李治异母兄,674年自杀,《旧唐书》卷七十六有传。

9. 唐太宗《东都帖》

翦林云:"东都,隋置,武德四年废。高宗显庆二年曰'东都'。此帖定是高宗书。"

10. 陈长沙王陈叔怀《梅发帖》

长睿云:"陈长沙王叔坚,无叔怀,观帖作名处,疑是叔慎。叔慎,宣帝子,岳阳王也。"《宣和书谱》称:"梅发一帖,妩媚而藏劲气。"

按:长沙王陈叔坚,南陈高宗第四子,《陈书》卷二十八有传。陈叔慎,宣帝第十六子,《陈书》卷二十八有传。陈叔慎《梅发帖》收入《淳化阁帖》。

11. 张芝《今欲归帖》

首十一字自为一帖,余不可读。

按:张芝(?—约192),誉为草圣,善隶、行,与钟繇并称"钟张"。此帖收入《淳化阁帖》,前人疑为伪作,前十一字为"今欲归,复何适报之。遣不知"。

12. 张芝《八月九日帖》

"足下"下释"尔(摸失,大观正)为"。"平"下释"善广闲,弥迈想思无尽,前比得书不"。"西行"下释"望远悬想,何日不勤。捐弃湮没,不当"。"又去"下释"春送举丧到美阳,须待"。"故遂"下释"简绝,有缘复相闻"。米以为真。长睿云:"疑亦先贤模仿。"

按:《八月九日帖》又名《秋凉平善帖》,章草拓本,又传为唐代张旭所作。

13. 后汉崔子玉《贤女帖》

米以为齐梁人书。

按:崔瑗(77—142),字子玉,涿郡安平人,擅章草。《淳化阁帖》收《贤女帖》为今草,前人多以为非崔书。

14. 魏钟繇《得长风帖》

长睿云:"《得长风帖》,乃逸少早年书,未变钟体。米云齐梁人书。非也。”

按:长睿说亦小失。逸少此帖正与《兄灵柩垂至帖》《四月五日帖》同时。计王敦败籍之死,又三十年。大抵逸少官为会稽,时在官,故兄柩至不获临也。岂少时哉。郗还未卜。(此下当更是一帖,亦右军书。)

按:《法帖题跋》卷二有《兄灵柩垂至帖》,易检获,此不录。

15. 吴青州刺史皇象

吴安得有青州,张怀瓘《书断》云:“皇象,吴侍中。”

按:张怀瓘,海陵(今江苏泰州)人,唐代开元时书法家、书学理论家,著有《书议》《书断》《书估》等书学理论著作。《惜抱轩笔记》卷五有姚鼐考皇象官衔之论,易检获,此不录。

16. 皇象《文武帖》

长睿云:“皇象《文武帖》写高彪送幽州督军御史第五永箴。”下脱二十六字。张怀瓘目以沉着痛快,真得其笔势。

17. 皇象《顽闇帖》

“臣象言”下释“顽闇空薄”。“以”下释“年”。“凡百”下释“乖秽”。“无”下释“所”。“中”下释“宜特哀伤”。“殊”下释“异”。“之”下释“遇”。“安感”下释“骑乘”。“之”下释“欢游息”。“之燕”下释“淳和足使忘躯,命荣观足”。“心”下释“膂延望”。“翘翘”下释“念在效报”。“力以”下释“答”。“新”下释“恩”。长睿云:“皇象章草一表,唐人伪作,正与世传曹植书《鹞雀赋》同。”

18. 晋桓温《大事帖》

“之日”下释“仆”。“都”下释“谓”。“无所”下释“复见慰劳,又计时事也。逐节郎来,已具言意。余所慰劳诸都督,边将粗当尔耳。仆无所复须庶意”。

19. 晋王导《省示帖》

“省”下释“示具卿辛酸之至”。“吾”下释“守忧劳卿,此事亦不暂忘。然书足下亦欲致身处尚在毁”。“王”下释“制”。“正”下释“自欲不得讫卿”。“天明”下释“佳”。“导白”下释“改朔”。“增”下释“伤”。“感”下释“湿忝匈”。“何”下释“如颇”。“悬”下释“耿”。“连”下释“示劳懑闷”。

按:王导(267—330),字茂弘,琅琊人,官至丞相,封武冈侯,擅书,行草兼妙。此帖刻入《淳化阁帖》《大观帖》《宝贤堂集古法帖》等丛帖中。

20. 晋王敦《蜡节帖》

“敦忽过”下释“岁暮感”。“悼”下释“伤悲”。“如常”下释“比苦腰痛”。

21. 晋郗愔《九月七日帖》

“食”下释“进”。

按:郗愔(313—384),字方回,高平金乡(今山东省金乡)人,东晋太尉郗鉴长子,王羲之妻弟,善书法,擅长草隶体。

22. 郗愔《廿四日帖》

“悉下”释“达”。

23. 郗愔《想亲亲帖》

“亲亲”下释“悉如常”。“亲亲”犹言众亲,晋人语,亦见他帖。

24. 晋郗超《远近帖》

此帖米元章《书史》以为李怀琳伪作。

按:《书史》,宋米芾(1051—1107)著,又称《米海岳书史》。该书主要是米芾对平生所见闻的书法名迹考订真伪,并叙述其流传渊源。李怀琳,唐初书法家,工草隶,好制伪,有《绝交书帖》,收于《停云馆帖》。

25. 晋卫恒《一日为恨帖》

《书史》云:"刘泾倅郑,王贻永侍中孙为守,得摹帖一卷。乃胄曹参军李怀琳伪作《七贤帖》。又有《李氏卫帖》次《郗超帖》,亦摹在《阁帖》①中。次陆机、卫恒帖,卫亦摹入《阁帖》,皆贞观间一种伪好物。"

按:刘泾,北宋熙宁进士,善书画。王贻永(986—1056),并州祁县人,北宋书法家,官至中书门下平章事。尚书右仆射等,《宋史》卷四六四有传。

26. 晋谢安《六月帖》

米云:"前帖真,后《六月帖》伪书。"(前帖系《每念一旦帖》②)

谢朗等,谢万兄子也。万与书自称父,宋王球语兄子履曰:"阿父在,汝何忧?"③其称同此。

侍中,在唐宋为门下极贵之官,在魏晋南朝官非极贵,但亲近耳。正直四人,其公卿以之为加官,非正职也。王著以唐宋之制,类之于古人,是以与王廙、杜预等率题侍中,盖不达古今之制异耳。

按:万谢(321—361),字万石,东晋陈郡阳夏(今河南太康)人,与谢奕、谢安为胞兄弟。善书法,传世书迹有《七月帖》等。

27. 褚遂良《山河帖》

长睿云:"此后人集褚书《枯树赋》字。"

薄绍之与羊欣同时,《大观》固已改题宋给事中矣。本帖智果书,《书评》内即有之,不知何以犹误称唐人也。

---

① 即《淳化阁帖》。

② 即《每念帖》,今国家图书馆藏宋拓本。

③ 李延寿:《南史》列传第十三,中华书局1975年版,第631页。

按:薄绍之,生卒年不详,字敬叔,丹阳(今安徽当涂)人,南朝书法家。薄绍之擅长书法,尤工行、草,与羊欣并称"羊薄"。羊欣(359—432),字敬元,泰山郡南城(今山东费县)人,东晋书法家。师承王献之,尤善于隶书,传世书迹有《暮春帖》等。

28. 史籀书

楼钥云:"黄秘书谓李斯十八字,乃李阳冰篆。王密所撰《明州刺史河东裴公纪德碣》中字是已。此史籀书,即此碑额中字也。'觑'乃碧落碑'唐'字,阳冰最爱《碧落碑》,故用之。其余字皆在,但无'易'字,疑以'明'字迭成。秘书未举,岂未考此碑额耶?"

按:楼钥(1136—1213),字大防,又字启伯,号攻媿主人,明州鄞县(今浙江宁波)人。学宗朱熹,富藏书,著有《攻媿集》。

29. 秦程邈书

按,卫恒《四体书势》,或曰秦程邈以大篆为小篆,或曰邈所定,乃隶体也。然则邈所书体,尚未可定,况有其迹耶?以王著之谬采,而程迥据此,以今真楷体为出程邈,则可笑矣。

按:程邈,秦代书法家,字元岑,下杜人,一作下邳人。传其改篆为隶。

30. 卫夫人书

颜师古注《急就篇》序云:"旧得皇象、钟繇、卫夫人、王羲之所书篇本。"然则唐时有卫书存,而李怀琳因伪造此帖。

31. 日月如驰帖

"慕省"下释"□酸"。

32. 宰相安和帖

"兄怀恙时"两行前后误。

33. 行成旅帖

长睿云:"此贾曾《送张说赴朔方序》[①],当是后人集逸少书。"姜白石云:"此帖墨迹尚在秘省,乃流俗书,非集右军。"

按:姜白石此论在《绛帖平》卷六。

34. 阔别帖

山谷云:"此好事者戏为之耳。书未为甚恶,而以乱逸少,则不可。"

按:《山谷题跋》卷九:"阔别以下七行,当是永禅师得意书也。"

35. 建安灵柩帖

姜白石云:"此墨迹在王顺伯家。"

按:王厚之(1131—1204),南宋绍兴府诸暨人,祖籍江西抚州,字顺伯,号复斋,乾道间进士,官至江东提刑,富收藏,著《复斋金石录》。

36. 承足下还来帖

山谷云:"是永师书之不臧者。"邢子愿谓:"末三字是释智果。"

按:邢侗(1551—1612),字子愿,山东临清人,万历进士。工书法,与董其昌、米万钟、张瑞图并称邢张米董。

37. 荀侯帖

米元章以此帖为伪作,姜白石云:"书体不古,恐是唐人信手所临。"

按:姜白石之论见其《绛帖平》卷六。

---

① 即《全唐文》卷二七七《饯张尚书赴朔方序》,详见周绍良主编:《全唐文新编》,吉林文史出版社 2000 年版,第 3137 页。

38. 极知无可接将帖

《大观》于名上加一"王"字,必是误入帖内。明云诸兄弟,安得有王字耶?

按:《大观帖》为北宋徽宗大观初对《淳化阁帖》重新编次摹刻之本,改淳帖之误较多,十卷,现中国历史博物馆存卷七。此帖在卷七,又名《下家帖》,帖文为:"足下家极知无可将接,为雨,遂乃不复,更诸弟兄问,疾深护之。不具。羲之白耳。"

39. 近修小园帖

《仆近修小园帖》,元章以为是子敬书。黄长睿谓:"后十二行,乃子敬书。其首三行乃唐人书耳。"余谓长睿之鉴极当,王虚舟乃尽诋之,则所鉴大谬矣。惟以后十二行当分为两帖者,则其说自是。

按:子敬王献之。此帖真伪黄伯思(长睿)与王澍(虚舟)皆有考证。王澍《淳化秘阁法帖考正》认为书者为三人,但既非王羲之,也非王献之所作。

40. 得远嘉兴书帖

远乃王氏子之小名,此卷内三见,正是一人耳。《得远嘉兴书》《知远比当造江》《远妇疾犹尔》三帖是也。王虚舟以知远为弘远,误矣。又执弘远为王粹,则弥误也。

按:王粹(? —308),字弘远,平吴大将王濬之孙,娶武帝颍川公主,西晋时任北中郎将、魏郡太守。

41.《足下各如常帖》

长睿谓"淡"即俗用"痰"字,"乾"通作"干"。此帖明时在王凤洲家,不知今世尚存否。

按:原有释文,删去,存此跋。

42.《适欲遣书帖》

首行当是“遣书去”,四行当是“邑邑思面”。古帖墨昏,勾勒转失之耳。

按:原有释文,删去,存此跋。

43. 淳化阁法帖九

大令与郗氏离婚,尚主在简文之世。大令卒于孝武太元十二年,年四十五。逆计前十五年,当简文时。然此卷首一帖及后奉对帖皆年廿六七时书。

按:大令即王献之,曾为中书令,前妻郗道茂,为其表姐。

44. 思恋帖

“州将若比还京,必视之”,亦当是。言方回许州治,在京口也。

按:又名《余杭帖》《欲过余杭》。帖文有:“献之白:思恋触事弥至。献之既欲过余杭,州将若比还京,必视之。”

45. 令外甥帖

《令外甥帖》言郗新妇,当是离婚前书,子敬最少时之笔也。

46. 庙堂碑

前人固贱重刻本,然在今日如此本,已为难得。后人得者,尚宜宝爱之。虞世南男为匠,千古每同斯慨。临池之助,何必在吾子孙哉?

甲辰六月廿七日酷热中漫题

按:虞世南之子虞昶(600—674),字景明,号子艇,曾做将作监匠人,后为工部侍郎。

47. 笪江上书

昔闻王禹卿论书以笪重光为国朝第一，固未敢信其必然。要其超逸之气，实为可爱。此卷《乐志论》，尤其得意。书后临思翁小幅，便真是董书。是其后裔所宝藏百余年，乃为余得，殊以自喜。后百年不知当属何人？尚知贵也。嘉庆丁卯十一月八日惜翁。

按：笪重光（1623—1692），字在辛，号君宜，又号江上外史等，清著名书画家，著有《书筏》《画筌》等。

48. 五七言近体诗钞

批注圈点，照朱砂笔增入。增入之注，要双行。细看所应附之句，不可舛误、杂乱。其已钩删之诗，则并批注圈点，不入刻矣。题上有一圈、二圈、三圈，去之勿刻。本内无而需增者二诗，照抄本添入。

按：《五七言近体诗钞》为姚鼐所编唐宋律诗选集，共18卷。嘉庆三年（1798）付梓于金陵，自序之，后复加删定。《安徽省文物志稿》（中册）①载安徽省博物馆藏《五七言今体诗抄》十八卷，藏品号01067，第一册封面有姚鼐墨笔手批，所录正为此跋，并因残破，缺字甚多，此跋可补为完璧。

49. 赠潇洒翁

卜宅面清江，鸠杖春风长阅世；读书敦素业，蚌胎明月足传家。

潇洒翁少尝读书吾邑，尝为余言，其同笔研俦辈，皆余故知，然越今丧亡尽矣，独翁年逾七十，而体健如儿时。又有俊子，此必天所佑也。臂痛废书，为勉作此联赠之，乾隆甲辰十一月冬至日，桐城惜抱居士姚鼐题。

按：此联墨迹尚存，现为安徽省博物馆收藏。潇洒翁，姓名不详，

---

① 安徽省文物志编辑室编：《安徽省文物志稿》（中册），1988年，第137—138页。

待考。

50. 与人书

归熙甫之才气、笔力不能及唐宋韩欧诸贤,而以与之配者,得文家之真脉,不袭其貌,而神理上通周秦。故才不必大可贵,亦犹董思翁之于书,世或欲以子昂驾思白,夫何异宋金华之流驾于熙甫者乎!

按:题目为据姚永朴《文学研究法》加。姚永朴《文学研究法·雅俗》引"《惜翁〈与人书〉》"①。

欧阳率更书,其用笔似侧而正、似破而圆。其取势似背而向、似其用意,似厉而和。故昔人谓其书为险绝,譬如危严滑石、秋毫之径,措步如康庄。然非有伯昏无人之气,未有不碎首折臂者也。后之学率更者,如文侍诏,是粗能学步,拟之于康庄,终不敢履险者也。王篛林则强欲履险,而不免于碎首折臂矣。

51. 姚惜抱先生送刘孟涂之父联语

闾里健提携,每话旧游人大父;阶庭真植玉,勖欣新制已诸生。

按:刘孟涂(1784—1824),名开,字方来,又字明东,世居桐城孔城镇,著有《刘孟涂集》四十四卷,生平事迹见《清史稿》卷四八六等。

52. 庙堂碑

"玄览不极应物如"下补十七字:"响辩飞龟于石函验集隼于金楛触舟既晓。""敢陈舞咏乃作铭云"下补十字:"景纬成象川岳成形挺生。""邈焉高轨三"下补八字:"川削弱六国从衡鹑。""礼容斯盛"下补八字:"有晋崩离维倾柱折。""修文继绝期之会"下补八字:"昌大唐抚运率繇王道。""继圣崇儒"下补十字,缺损一字:"载修轮奂□堂弘敞

① 姚永朴撰,许振轩校点:《文学研究法》(卷三),黄山书社 2011 年版,第 179 页。

经肆。”“帝德”下补六字：“儒风永宣金石。”“节度使兴”字上补九字：“推诚奉义翊戴功臣永。”

按：《惜抱轩诗文集》卷五收《书夫子庙堂碑后》，与此书文字有异，易检获。本文未录碑文，存此跋。《庙堂碑》即《孔子庙堂碑》，立于唐贞观七年(633)，系虞世南撰文并书写，碑文记载唐武德九年封孔子二十三世孙孔德伦为“褒圣侯”及修葺孔庙等事。

（原刊《淮南学院学报》2017 年第 4 期）

姚莹集外书札四通考释[*]

姚莹(1785—1853),字石甫,号明叔,晚号展和,又因其斋名自称幸翁,安徽桐城人。其一生著述宏富,除游记散文《康辅纪行》十六卷、《东槎纪略》五卷外,还有作品集《东溟文集》《后湘诗集》等。迄今为止,姚莹著作收录最全的当属同治丁卯(1867)八月安福县署刻《中复堂全集》。但姚莹一生游学任官范围甚广,仍有集外作品散落待补。笔者今翻检黄爵滋《仙屏书屋初集年记》,发现其中录有姚莹书札四通并五言诗一首,是为佚文。今初加点校考释,移录如下:

一

树斋、海秋[①]先生,二君史席都门,游处之乐不减古人。别后瞻回,犹然神往。迩想起居清胜,著述日增。见邸抄未与校士,此亦寻常,想不介意。亨甫[②]文战利否?渠近益无聊,如不获隽,恐郁郁有

---

[*] 本文系国家社科基金一般项目“桐城派经学与文学研究”(13BZW083)阶段性成果。

[①] 汤鹏(1800—1844),字海秋,号浮邱子,为人狷介,不甘折腰屈节。与魏源、龚自珍、张际亮并称为“道光四子”。

[②] 张际亮(1799—1843),字亨甫,号华胥大夫、松寥山人,福建建宁人,位列“道光四子”之一,是鸦片战争时期享有盛誉的爱国诗人,与姚莹私交颇深。

伤生气,甚企念之。莹以八月二十九日至江宁,拜谒上官,具蒙青眼。制府令偕往清江,委司笔札。九月初六日复登舟北行,于役匆匆,未遑定处,俗吏可笑如此。然生平不习河工,藉此得以历览形势,不为无益。出都枉赐佳篇,途中亦作五言一首奉酬,录稿别呈,愧不能工,徒纪事实云尔。江南为诸省下游,诸省水灾洪流奔汇,江不能纳,是以漫溢。又有久雨腾蛟,故江扬被祸。而洪泽、高邮两湖并涨,马棚湾决口,水势横流,东趋下河之泰州、兴化、如皋、盐城诸州邑受淹尤众。崇明亦以海啸,城郭几没,诚数十年来之所未有。幸诸公抚恤之善,灾黎尚为安靖。独冒赈奸民与刁生、劣监包揽户口,阻挠地方官,不容稽查。胥役乡保,从而勾结分肥,实在穷黎十裁五六。稍欲认真,则鼓众肆哄。尤可恶者,中人之家本未受灾,奸民始而强索为之鱼肉,继更迫胁随众流徒,致青年妇女衣履完洁、灿然缠臂银环亦杂沓于中,莫能自拔。此与盗寇之驱掠何异?而首纠之人辄以"灾民"二字挟持,官长严察治之,则道路相传以为不恤灾民。此种情事,殊出意外。幸小山先生洞烛其奸于控诉之中,诘讯奸状,得实奏办数人,刁棍始知儆畏,然后户口可得而稽。可见天下鬼蜮甚多,如老生常言,徒为姑息,灾民受害反益甚耳。近闻道长陈言赈灾专属绅士,不假官吏之手,恐弊端仍复不少。何则?绅士公正者大抵长厚居多,不肯结怨,即明知冒滥,而无知何。其不肖者,则更从而侵蚀矣。方今帑项不足,筹款甚难,岂可更事虚糜乎?惟晓事者乃可办事,亦惟晓事者可以言事耳。昔之弊在上者,今反在下,弊一也。而示民以官不足任,益长其慢上之心,其为乱阶,岂小也哉?夫国家所与治民者,长吏也。刑赏,国之大柄也。出府藏百万以赈饥民,赏之尤巨者也。今示民曰:"吾所使治汝者不可倚,吾任汝自为之。"则赏之大柄去矣。民之幸赏也甚于畏刑,赏有不得,而刑可逃也。赏之大柄既去,而刑又可逃,欲长吏持空刑以治民,不玩则怨,是刑之大柄亦去也。刑赏两亡,民尚可得而治乎?腐儒不知大体,一以姑息为仁,阴解皇纲之纽,此其为害与贪污长吏无异,可为长太息者也。马棚湾决口在高邮运河北段,因洪湖上游水大,五坝全启,高邮湖不能受,是以漫决。今于决口外先筑月坝以拦水势,回空粮艘自上流出湖,绕行坝外,更从下流入运河。惟信坝尚未竣工,清水泄弱。今制府亲往督工,一面倒塘济运,似可无误回空耳。二君子留心时务,皆有忧天下之怀,故略论梗概如此,伏惟有以教之。

《南征纪事诗》奉酬沈饴原阁部、同年黄树斋编修、汤海秋礼部、潘四农解元、张亨甫学博、江龙门秀才:

下吏被王命,承乏之三吴。官符夜促迫,晨驾敢斯须。南方盛水潦,事与往岁殊。荆扬逮黔粤,郡邑百有余。鲸鲛鼓其浪,原陆成江湖。生民半鱼鳖,白日惨不舒。大吏急章奏,群公纷诹咨。日者勤西师,征调竭储胥。金钱累千万,元老犹边隅。前年畿辅震,民气未即苏。所赖财赋邦,东南实转输。今兹同告祲,何以济时需。圣心益轸念,太息明讦谟。吾民命方亟,拯济在须臾。没田赈尔粟,漂舍葺尔居。歉薄缓尔征,灾甚免尔租。流亡尔其归,病疾为尔扶。有司以时发,后者吾必诛。宪臣往持节,周历巡灾区。务使遂奠乂,罔或遗一夫。复念江淮间,河患久未纾。际此积潦后,秋汛宁无虞。河臣与督臣,仓卒恐有疏。恤灾与刺奸,筹计当何如。司空职水土,未可惜驰驱。往哉布王命,宵旰烦嗟吁。我行既云迈,星使亦载途。自惭位卑贱,奉檄惟承趋。平生好深念,所至多崎岖。抗言陈得失,辄已灾其躯。灰死今再然,欲进还趑趄。皇舆大无外,民生繁有徒。乐利二百年,数岂无乘除。方今上下困,所困在空虚。仰给惟县官,大用安能敷。水弱玩已久,宵小时伏狙。宽猛各有宜,操切非良图。闾阎待抚字,国用烦追呼。信义苟在民,人心或不愈。重承君子爱,赠我以琼琚。贱子亦有怀,临歧三踟蹰。献言匪云报,君当悯狂愚。遐哉颍川长,忧患无时无。(《仙屏书屋初集年记》卷十七)

按,黄爵滋《仙屏书屋初集年记》多录入其所书奏折及友人酬唱赠予之作,按年次编次,以作日记观。本文所用版本为藏于江西省图书馆的清道光二十九年(1849)刊本,全书共四册,分三十一卷。此书札收于《仙屏书屋初集年记》卷十七第6a至8b页,所编年次为道光十二年壬辰(1832)。

黄爵滋(1793—1853),字德成,号树斋,江西宜黄人。官至礼、刑二部侍郎。清代著名政治家、思想家、文学家,力倡经世之学,与林则徐、邓廷桢等同为清代禁烟名臣,《清史稿》言其"以直谏负时望,遇事锋发,无所回避,言屡被采纳"①。

书札言:"莹以八月二十九日至江宁,拜谒上官,具蒙青眼。制府令偕往清江,委司笔札。"据《大清宣宗成(道光)皇帝实录》记载,道光十一年七月,江宁水患颇为严重,"城中水深数尺,衙署亦多在水中,民居徙避城西,灾口嗷嗷"②。时林则徐被任命为江宁布政使前往应办赈灾抚恤之事,两江总督陶澍、江苏巡抚程祖洛奏请拣发知县六人供调用,姚莹便在其列,即刻奉旨前往江宁,与信中所言在时间上吻合。姚莹此前多于地方上任职,政绩卓著,有经世之才。故其初至江宁,林则徐便邀其入幕襄助,但遭到了姚莹的婉拒。其在道光十一年十二月《复程中丞言庄午可事书》中称"今年初至江宁,却林藩司入幕襄事之召"③,与"拜谒上官,具蒙青眼",皆指此事。另其是年所作《复程中丞书》亦言及治理水患之策及服官之道,可与此札文献互补。

书札之后附五言长诗一首,皆言江南遭遇水灾、赈灾弊端及其对策之事。诗文互参,其体恤生民,怒斥刁民横行、主事者无责、无为或无策,皆有体现。五言诗叙事完整,其中论说点面结合、有的放矢,具有史诗意味,亦见出桐城派名家在"文"之外擅于诗歌创作的传统。

二

久不奉书,甚念。伏惟起居万福,建树益隆。今当圣主孜孜求

① 赵尔巽等:《清史稿》第38册,第11587页。

② 《清实录》第35册,中华书局1986年版,第1032页。

③ 姚莹:《中复堂全集》,台湾文海出版社1974年版,第670页。

贤，侧席有心者无不争先建言，欲效刍荛之献。然求其切当尽实者少矣，至识时务、知大体者更少。阁下独能广求博咨而慎取之，以此应圣主之求，其所宏益，岂浅鲜哉？为天下幸甚，吾辈幸甚。莹再权运篆，当多事之后，抚疲敝之商，酌盈剂虚，心力不为不瘁，幸乃无误。所征课入较前人为多且倍，而商情无怨。以此差免愆，尤早释仔肩，则更大幸。（《仙屏书屋初集年记》卷二十一）

按，此书札收于《仙屏书屋初集年记》卷二十一，第 37a 至 37b 页，所编年次为道光十六年丙申（1836）。

道光十五年（1835），黄爵滋奉旨授鸿胪寺卿，遵道光帝训示，谏言治弊，是年上奏折言国之“六弊”，其一便是言科举、保举之弊，倡导不拘一格广纳人才，“自古人才之敝有二。一在于学非所用，用非所学。夫学非所用、用非所学者，此科举之敝也。科举敝，则科举中之人才已莫能见，况科举以外者乎？一在于名不副实，实不副名。夫名不副实、实不副名者，此保举之敝也。保举敝，则保举所可及之人才已莫能见，况保举所不能及者乎？是故求之不严，则冒滥之人众，而患莫大焉。求之不广，则将就之人多，而患亦莫大焉。道在试之有用之学，非文士所得滥竽。录其有用之才，虽布衣，犹当推毂，伏求皇上推广用人之法，以收得人之效。”①当即道光帝便下令命中外大臣各举所知，“孜孜求贤”，以备试用。故此札中，姚莹颇为赞赏黄爵滋之议。称其“独能广求博咨而慎取之，以此应圣主之求”。道光十五年（1835），姚莹任淮南监掣。是年十一月（1836 年 1 月），“两淮盐运使俞德渊请病假两个月，姚莹被委派代理其职”②，即其信中所言“抚疲敝之商，酌盈剂虚”之事。张际亮《扬州明月好七首·序》云：“道光丙申正月，石甫三丈权扬州盐运使……乃赋此诗。盖迩年鹾政疲弊，官

① 黄爵滋：《仙屏书屋初集年记》卷二十，清道光二十九年苏州刻本，第 2a—3b 页。

② 施立业：《姚莹年谱》，黄山书社 2004 年版，第 140 页。

商大非昔比。故诗此于七,取来复之义也。”①可互参。

三

莹再权运篆,弥切冰兢,黾勉六月于兹,督课疏销,殊多棘手。大要在酌盈剂虚,以为抚疲振困之计。至于安上全下、排难解纷,则尤所用心者。盖近今事势,到处皆受病之人,元气阴亏已极。峻剂固不能投,即补剂亦难卒下,惟疏导和解为宜。而所最难者,患切脉之未真。阴阳虚实之间小有未确,则失之毫厘,差以千里,病未除而命益危。即切脉真矣,而投方未善,犹可虑也。庸医之误,或杀一人。医国有误,则害及千里,流及数世。此自古以来怀济世之心者常多,而有济世之绩者常少也。每念及此,不敢妄有言动。孜孜求之,汲汲为之,幸乃无误。今数月中,课入倍于前人,而众商无掊克之怨,而有抚恤之感,以此为国家稍培元气,或可藉慰诸大贤夙昔相爱之深乎。龙门顷来此小作盘桓,乐甚。每与海内人士言,未尝不念阁下,今乘便略敷消息。(《仙屏书屋初集年记》卷二十二)

按,此书札收于《仙屏书屋初集年记》卷二十二,第4b至5a页,所编年次为道光十七年丁酉(1837)。

是年二月,“两淮盐运使刘万程以奏销缺额,忧极自尽。姚莹时为淮南监掣同知,陶澍奏请其护理运司职”②。当时情况危急,谣言并起,“方运司初亡,人情汹汹,讹言日闻,众商莫知所措,势将涣散”③。姚莹接手整顿盐务后,殚精竭虑,先后书《上陶制府淮北溢课融销南引议》《再上陶制府淮北融销南引议》《复陶制君言盐务书》《请买补盐义仓谷状》,接办奏

① 张际亮:《张亨甫全集》卷二十二,清同治六年福州刻本。

② 施立业:《姚莹年谱》,黄山书社2004年版,第147页。

③ 姚莹:《中复堂全集》,台湾文海出版社1974年版,第508页。

销终改善了淮南盐商困顿之状。故此通书札为姚莹陈述近况所作，并示其在政务上的勤谨之心。

四

去岁得书，远承注问，并以亨甫、龙门①二君见询。适地方多盗，将为不靖，先事筹防，收养游民，联庄相保。亲赴北路，督捕匪逆。又亨甫来书，云将渡海，意欲候之。遂尔稽覆，嗣奉行知。上谕严办鸦片，议加吸食者，罪名拟死。得见阁下原奏，卓识伟论，洵为当今第一要务。吸食者限以一年戒断，逾限不戒者，论死。可谓片言扼要，法莫良于此矣。督抚饬议到台，此即如尊议详覆，且缕陈近日夷人以鸦片收回洋银，闽、广、江、浙洋银之价日昂，民间缺用，皆由于此。不拔其本，而重吸食之罪，徒事禁洋无益。惟台地隔海，文书迟滞，议未至而省中已先覆奏。及后见少穆先生奏议，反覆推详于阁下之说，发明畅透，果合天心，法从近始。圣谕前后十数下，中外臣民乃憬然梦觉，各省遵行。台湾向为红夷之所尝据，尤为紧要。因时方不靖，此事办理，未可太急。是以于全台平靖，各股逆首皆已就擒之后，方始行之。现在民间戒断者十已七八，督饬各属查拏，一面设局使绅士、郊商劝谕收缴烟土、烟具，恩威并济，大约一年之后，可以净绝矣。莹至台已一年，未能于地方大有所济，特为救时之计，不过除暴弭乱，修养凋敝之民，培养元气而已。亨甫竟未南来，莫知踪迹所在，想与龙门皆至京都以待春闱也。二人皆不凡材，使其得志，必有树立。第恐豪气未除，干济有余，安全难必耳。夫利济天下，仁也。气足以振强力，不回勇也。而时势异宜，强弱异体，刚柔异用。危者安之，莠者锄之。参术、硝黄相为表里，使吾志行物济而无所害者，智也。二君能进于此，

① 江开(1801—1863)，字千里，号龙门，安徽庐江人，道光十五年(1835)中举，曾任陕西咸阳知县，著有《浩然堂诗集》。

其庶几乎？（《仙屏书屋初集年记》卷二十四）

按，此书札收于《仙屏书屋初集年记》卷二十四，第 9a 至 10a 页，所编年次为道光十九年己亥(1839)。

道光十八年(1838)，白银流入外邦情况愈加严重，加之夷人借鸦片买卖多于港口滋扰生事，动摇国本，故黄爵滋上书力谏以重刑来抑制国民吸食鸦片："然则鸦片之害其终不能禁乎？臣谓非不能禁，实未知其所以禁也。夫耗银之多由于贩烟之盛，贩烟之盛由于食烟之众。无吸食，自无兴贩。无兴贩，则外夷之烟自不来矣。今欲加重罪名，必先重治吸食。臣请皇上严降谕旨，自今年某月日起至明年某月日止，准给一年期限戒烟。虽至大之瘾，未有不能断绝。若一年以后，仍然吸食，是不奉法之乱民，置之重刑，无不平允。查旧例吸食鸦片者，罪仅枷杖。其不指出兴贩者，罪至杖一百，徒三年。然皆系活罪。断瘾之苦甚于枷杖与徒，故甘犯明刑，不肯断绝。若罪以死论，是临刑之惨急更苦于断瘾之苟延。臣知其情愿断瘾而死于家，必不愿受刑而死于市。惟皇上明慎用刑之急，诚恐立法稍严，互相告讦，必至波及无辜。然吸食鸦片者是否有瘾，无瘾到官熬审，立刻可辨。如非吸食之人，虽大怨深仇，不能诬枉良善。果系吸食，究亦无从掩饰。故虽用重刑，并无流弊。"①黄爵滋此论一出，立即在朝堂引起轩然大波。由书札内容我们可知，此消息较晚方传至台湾，但姚莹"反覆推详于阁下之说，发明畅透，果合天心，法从近始"，并通过书信表明了对黄爵滋提议的强烈支持。其次，黄爵滋曾作《戊戌长夏怀人诗二十四首》，其中一首题《姚石甫观察莹》，云："故人七千里，南望海云飞。番种无生熟，民情有是非。旧游狎蛟鳄，新句拾珠玑。消息参应透，天风清四围。"②当为怀念姚莹所作。且戊戌年即道光十八年(1838)，此诗作于姚莹撰第三

① 黄爵滋：《仙屏书屋初集年记》卷二十三，道光二十九年苏州刻本，第 2b—3a 页。

② 黄爵滋：《仙屏书屋初集》，《续修四库全书》集部第 1521 册，上海古籍出版社 2005 年版，第 264 页。

通与第四通书札时间之间，可证其二人在此期间确有往来。再者，黄爵滋于道光十八年(1838)四月奏请禁烟，并提倡以重刑论罪，但遭到朝中妥协派官员反对。黄爵滋在深感孤立无援的情况下作此组诗，未尝不是怀念盟友之慨。加之二人皆倡经世之学，在政事看法上多有不谋而合之处，故可见他们不仅在文学创作上互引为知己，在政事上亦是坚定的盟友。

以上四通书札的发现除了可补文献之阙外，亦有重要的学术价值。首先，它为我们更加全面地了解姚莹的交游圈提供了新的材料。此前学界研究其交游多着于与张际亮、汤鹏、方东树等人的往来，甚少关注到姚莹与黄爵滋之间的一些交流。其次，上述材料进一步反映了姚莹杰出的政治才能，如在治水、整顿盐务、处理地方民变等事务上，都显得颇有见地。同时，姚莹在为政理论与具体实践中都主张刑赏并用，特重民事，这与道光帝当时整顿吏治的想法十分一致，“察吏安民，是其专责，非徒洁己奉公，遂云称职也”①。这或许是姚莹此后被重用的一个重要原因。再次，我们可发现，在道光中后期，以姚莹、黄爵滋为代表的一众官员，他们不仅于文事上切磋、赠和酬唱，更是政治上的盟友，其后更成为支持禁烟抗夷的强硬派，所谓“自来处士横议，不独战国为然，道光十五六年后，都门以诗文提倡者陈石士、程春海、姚伯昂三侍郎；谏垣中则徐廉峰、黄树斋、朱伯韩、苏赓堂、陈颂南；翰林则何子贞、吴子序；中书则梅伯言、宗涤楼；公车中则孔宥涵、潘四农、臧牧庵、江龙门、张亨甫，一时文章议论，掉鞅京洛，宰执亦畏其锋”②。姚莹在出任地方官员时仍与京中重要官员保持着较为密切的联络，时刻关注朝中风气的变化。第四，姚莹师从姚鼐，为“姚门四杰”之一，是桐城派中期重要传人，今新发现的书札和诗作也在某种程度上折射出桐城派一脉相承之经世致用的儒家思想。

（原刊《文献》2014 年第 6 期）

① 《清实录》第 37 册，中华书局 1986 年版，第 8 页。

② 欧阳兆熊、金安清：《水窗春呓》，中华书局 1997 年版，第 62 页。

“扬州二马”与“扬州八怪”交游考略

清康乾年间，伴随着交通的发达和商业的繁荣，扬州的文化也极为荣盛，并呈现出多元发展、兼容并包的态势。身份差异较大的“扬州二马”和“扬州八怪”都应时而生，他们之间的交往推动并见证了当时扬州文化发展的丰富和繁荣。

“扬州八怪”，指以郑燮、金农和汪士慎为代表，在行为和艺术两方面都带有“离经叛道”意味的一群革新派画家，而在具体人员构成上并无确指。这一时期，他们都曾在扬州鬻画，以诗画会友，成为我国绘画史上，也是扬州文化史上一道独特的景观。

被时人敬称为“扬州二马”的马曰琯（1688—1755）、马曰璐（1695—1769）兄弟，祖籍徽州祁门，承祖业业鹾于扬。马曰琯，字秋玉，号嶰谷、沙河逸老。马曰璐，字佩兮，号半查、半槎、南斋。他们研习文史，旁逮金石字画，俱以诗名。又筑“小玲珑山馆”，丰富藏书，礼遇寒士，慷慨于组织参加诗社等多种文化活动，在扬州的文化圈中位居中心。

“扬州八怪”与“扬州二马”在扬时间交叠，依照他们的生活实际状况，“扬州二马”与“扬州八怪”诸人都该有或多或少的交往，惜没能逐一落实。以下，我们仅就目前所掌握的文献①，以“扬州二马”为中心，从“扬州八怪”诸人中选取与其交游事迹可征者若干人，加以考述。

① 未及“扬州八怪”诸画题跋。

华　嵒

华嵒(1682—1756),字秋岳,德嵩,号新罗山人,福建长汀籍,雍正初年始来扬州鬻画,往返频年,晚终老杭州。《清史稿》卷五四〇有传。有诗集《离垢集》和《离垢集补钞》存世。

华嵒于马曰璐五十寿辰时,写像赋诗。《离垢集》①卷三《马半查五十初度拟其逸致优容写之扇头并制诗为祝》,曰:“方水怀良玉,幽折韫清辉。蓄宝希声起,犹复世弥知。君子懿文学,精理彻慧思。申言吐芳气,写物人遐微。川涌赴诸海,修鲸翻澜飞。郁云丽舒卷,飘色而赋奇。日华金照耀,月露香流离。山筑玲珑馆,萝薜绿纷披。孝友敦昆弟,斑白款慇依。青松倚茂竹,微雨新晴时。寿觞一以荐,慈颜启和怡。荣爵靡足好,欢乐诚如斯。鄙子拂枯翰,倾想幽人姿。唯惶厚秽累,且是复疑非。”该诗编入甲子年(1744),以此推知马曰璐当生于康熙三十四年(1695),《明清江苏文人年表》据此。

高凤翰

高凤翰(1683—1749),字西园,号南村、南阜等,山东胶州人。生平事迹见《清史稿》卷五〇四。著有《南阜山人诗集》七卷,《四库全书总目提要》卷一百八十五别集类存目。

马曰琯《沙河逸老小稿》②卷一《题高南阜折柳图》曰:“煮药频量董子泉,虚窗短榻又秋天。三年官罢厨难米,五月台深径有钱。剩藉古书招旧侣,剧怜衰鬓赋归田。不知得与高詹事,剪烛联吟更几篇。”

马曰璐《南斋集》③卷一《题高南阜醉禅图》曰:“扫除烦恼安心后,养

① 华嵒:《离垢集》,清道光乙未华时中刊本。

② 马曰琯:《沙河逸老小稿》,清乾隆二十三年刻本。

③ 马曰璐:《南斋集》,清乾隆二十六年刻本。

就阳和闭目中。兀兀腾腾真活计，海天空阔一冥鸿。”

卢见曾编《国朝山左诗钞》①卷五十四《高凤翰诗》中，有《寄怀马嶰谷家凤冈》云：“云外啼霜到耳惊，秋风迢遞下邗城。相思但看飞鸿阵，是我挥弦送目情。”凤冈，即高翔。高翔此时似居住在“扬州二马”家中。

边寿民

边寿民(1684—1752)，原名维祺，字寿民，号颐公、苇间居士等，江苏山阳人，一生隐居不仕，与官场绝。工诗书画，人称三绝。著有《苇间书屋词稿》《苇间老人题画集》，并留下不少书画作品。

《沙河逸老小稿》卷四《题边颐公苇间图》曰：“栽芦当修竹，诗人寄幽赏。轩槛俯澄流，潇潇影交漾。苍寒祛尘氛，高枕恣偃仰。水云忽聚赏，沙鸟时还往。风清见雪飞，月明闻雨响。大厦非所安，春花易飘荡。何如苇间屋，别有一天壤。今年秋潦多，柴门水应长。想象隔烟波，何时理孤榜。”雍正十三年(1735)边寿民始就“城畔荒原，宅边余地，周遭一望蒹葭”处建成“苇间书屋”。自填词《凤凰台上忆吹箫将营苇间书屋作》，程嗣立为之绘《苇间书屋第一图》，后卢见曾等人有诗画和之②。其后，马曰琯亦以此诗和之。

陈　撰

陈撰(1678—1758)，字楞山，号玉几山人，浙江鄞县人。因长期客居扬州和仪征，被列为“扬州八怪”之一。著有《玉几山房吟卷》。《清史稿》卷七十一有传。

金楷正跋《巢林集》③曰：“(汪士慎)与厉太鸿、高西唐、陈玉几诸名辈

① 卢见曾编：《国朝山左诗钞》，清乾隆雅雨堂刊本。

② 参见《扬州八怪年谱》，江苏美术出版社1993年版，第145页。

③ 汪士慎：《巢林集》，清道光十三年刻本。

酬唱于马氏玲珑山馆,极一时人文之盛。"

《嶰谷词》[①]之《谒金门·楝花和玉几》曰:"残红扫,风信这番吹了。紫雾濛濛香穗小,春余无限好。　　檐外绿荫黄鸟,剩得茶烟轻袅。不暖不寒庭院悄,看花人欲老。"

《嶰谷词》之《四字令》中,有《秋雨初凉同西唐玉井坐山馆紫薇花下》,曰:"浓云半封,疏花小红,良朋几个过从,怯阑干晚风。　　西窗暗蛩,南楼暮钟,吹来都入帘栊,看茶烟袅空。"

《南斋集》卷五《画鹤为陈玉几作》:"陈君山泽腴,与鹤一标格。本此尘外心,写出云中翮。天机妙以元,窗户虚而白。当其下笔时,沧海与宽窄。惟愁老丘樊,飞鸣俱寂寂。磊落青田真,何人知爱惜。"

汪士慎

汪士慎(1686—1759),字近人,号巢林,别号溪东外史、野春老人等,皖歙县人,与马氏同籍徽州,长期流寓扬州。性格孤傲,不事逢迎,安贫乐道,但与"扬州二马"交情尤深,著有《巢林集》七卷。汪士慎又别号"七峰居士",据说与马家小玲珑山馆十二景之一"七峰草堂"名有关。

《巢林集》最初由马氏资助付梓。钱塘金世禄为《巢林集》跋曰:"《巢林集》七卷,富溪汪近人先生侨寓邗江时所著者,其槧板旧为玲珑山馆马氏藏本……"

金楷正跋《巢林集》曰:"(汪士慎)与厉太鸿、高西唐、陈玉几诸名辈酬唱于马氏玲珑山馆,极一时人文之盛。"汪与"扬州二马"诗文往来颇多,知见的有:

《巢林集》卷二《读马嶰谷真州看桃花诗因次原韵》诗三首,《咏两明轩盆荷呈嶰谷半查主人》诗四首,《山馆蓼花和嶰谷》;卷三《嶰谷有烘梅诗余众继作》;卷四《正月廿三日嶰谷昆季招游梅花书院因雨留饮山馆分得才

① 马曰琯:《沙河逸老小稿》,清乾隆二十三年刻本。

字》。

《巢林集》卷四《试灯前一日集小玲珑山馆听西唐诵雨中集字怀人诗》，曰："细听子吟诵，浪浪山馆清。所怀多旧识，入耳是新声。春雨得奇句，东风寄远情。今宵作良会，花径已灯明。"《南斋集》卷一《试灯前一日听西唐怀人诸作》，曰："春尘动晴陌，冷趣落烟萝。离绪谁能遣，清吟可奈何？以君新句好，感我故情多。却喜灯明夕，同心一处过。"

《巢林集》卷五《嶰谷半查招饮行庵》："结茅佳处无喧哗，千年树底开窗纱。韩江诗人觞咏地，吟笺五色鲜如花。林光射酒好风日，老桂香幽时一袭。夜凉客散露华浥，满地秋声鸣蟋蟀。"行庵为"扬州二马"家庵，亦马氏与同好雅集之所。

乾隆八年(1743)冬天，于马氏小玲珑山馆同高翔合作，为马曰琯绘十幅梅花帐巨制，称胜于时。《沙河逸老小稿》卷二《梅花纸帐歌》有曰："巢林古干淡着色，高子补足花缤纷。"

《沙河逸老小稿》卷二《秋日柬汪近人》："交深卅载意绸缪，移居城隅小屋幽。风里寒蛩怜静夜，灯前白苧耐新秋。嗜茶定有茶经都，能画羞来画直酬。清骨向人殊落落，懒将岩电闪双眸。"更见交往时间之长，感情之深。

金　农

金农(1687—1764)，字寿门，又字司农，号冬心先生。著有《冬心先生集》四卷、《续集》一卷、《拾遗》一卷。《清史稿》卷五〇四有传，《清史列传》卷七十一有传。

《冬心先生集》①卷二《忆康山旧游寄怀余元甲高翔马曰楚曰琯曰璐汪士慎》："曩哲风流地，朋游数往还。饮盟无算爵，花社一家山。谈艺挥犀柄，填词按翠鬟。相思渺天末，肠断茱萸湾。"卷四《马曰琯兄弟招同王

① 金农：《冬心先生集》，清雍正刻本。

歧余元甲汪埙厉鹗闵华汪沆陈皋集小玲珑山馆》:“少游兄弟性相仍,石屋宜招世外朋。万翠竹深非俗籁,一圭山远见孤棱。酒阑遽作将归雁,月好争如无尽灯。尚与梅花有良约,香黏瑶席嚼春冰。”

乾隆八年(1743)暮春,邗上马氏昆季文宴小玲珑山馆。金农为之诗,其序云:“乾隆癸亥春之初,马氏昆季宴友于小玲珑山馆。秋宇(引者按:即秋玉,马曰琯字)主人出前朝马四娘画眉螺黛,太子坊纸、宋元古砚,将意友人。余得秋宇案头巨砚,质虽稍粗,然临池用之,大可快意。老年得此,又得一良友矣。”诗云:“修禊玲珑馆七人,主人昆季宴嘉宾。豪吟堇浦髯撚手,觅句句山笔点唇。樊榭抚琴神入定,板桥画竹目生瞋。他年此会仍如许,快杀稽留一老民。”①

《冬心先生集·冬心斋研铭》之《马嶰谷蕉叶研铭》曰:“夜含露,朝吐云,讵遭修竹,有弹文七聘,堂窗洞开,仙客马明生作,书无点埃落,笔声认雨来。”

《冬心先生集·冬心斋研铭》之《透风透月两明轩重莲研铭》曰:“液生华合丹,只用清莲花,七宝池头是尔家。”“透风透月两明轩”为小玲珑山馆十二景之一。

《南斋集》卷一《春日送金寿门之河东》:“敲门摘摘当日斜,故人持赠青兰花。深杯满注醉复醉,无计为君重柅车。太行此去三千里,梦里应思浙江水。春衫挽住四分春,珍重刘郎莫先起。”

高　翔

高翔(1688—1753),字凤冈,号西唐、樨唐等,江苏甘泉县人。《沙河逸老小稿》卷一《寿高西唐五十》有曰:“十五论交今五十,与君同调复同庚。”卷六《哭高西唐》有曰:“同调同庚留我在,临风那得不潸然。”由此可推知:一、高翔与马曰琯生于同年,即康熙二十七年(1688),《明清江苏文

① 参见卞孝萱:《扬州八怪年谱》,江苏美术出版社1993年版,第145页。

人年表》用此说；二、高翔与马曰琯初交于康熙四十一年(1702)。

《寿高西唐五十》曰："十五论交今五十，与君同调复同庚。琴书偃仰堪晨夕，风雨过从直弟兄。贫里能忘三径隘，秋来多感二毛生。频年踪迹相追忆，酒绿灯红倍有情。""掩却书关昼懒开，更教插棘护苍苔。卷帘或有鸟窥席，抬眼惟邀月入杯。未许人来怜遁迹，几曾天不厚清才。松筠健质婴儿性，日日斑衣戏老莱。"

马曰璐亦以诗贺高翔五十寿，《南斋集》卷一《高西唐五十》："君当弱冠余龆龀，转眼看君半百人。须鬓共惊成老大，衣冠不解逐时新。闲窗坐雨冬经夏，木榻论文暮及晨。岂独杯深欣对把，笑谈随处见天真。""常愧诗歌得报迟，棱棱鹤骨总清羸。身殊金石交偏久，年到苍华喜可知。与西唐常有不能永年之忧。湖海声名非所慕，烟云翰墨亦吾师。祝君惟愿长相见，会待良规最后期。"

乾隆七年(1742)试灯前一日，集小玲珑山馆，高翔诵怀人诗，详见汪士慎目下。

《沙河逸老小稿》卷二《雨后南庄和西唐韵》，曰："携手石桥去，同看春水生。我缘耽野趣，君亦赏幽情。"

《沙河逸老小稿》卷四《月夜南庄看桂同西唐茶坞弟半查》曰："却值花开候，更逢天晚晴。冷香凝露湿，明月逐潮生。境以移时换，心能永夜清。人生几回遇，相赏莫相轻。"

《嶰谷词》之《四字令》中，有《秋雨初凉同西唐玉井坐山馆紫薇花下》，详见陈撰目下。

《南斋集》卷一《己未祀灶日有感橘堂先兄次西唐韵》曰："酒阑灯炧序频更，十五年前此日情。依旧黄羊祭司命，重来白社访袁生。风琴罢弄闻三叹，西唐先有诗来。断雁离行隔几程。让美分甘两瘦弟，至今赢得泪河倾。"可见高翔有诗寄马曰璐，惜未见。

《南斋集》卷三《偕西唐过青畬书室》曰："水竹南村好，欣兹素友俱。麦晴衣觉冷，沙断路疑无。劚笋开园锁，看潮对酒壶。非君机事泯，谁狎野鸥孤。"卷四《问西唐疾》记录了马曰璐对高翔染疾的挂念，诗云："念切平身友，敲门问讯频。窗虚通药气，秋冷怯吟身。以我霜加鬓，怜君病损神。何时杯酒共，把臂复相亲。”

《南斋词》[1]卷二《南庄月夜西唐家兄嶰谷同作》曰：“暗露滴涓涓，月明人未眠。夜深开水棚，潮满步秋田。语寂鹤飞过，梦凉鸥占先。宵来好光景，并在桂香前。”

高翔病逝后，二马以诗哭之。《沙河逸老小稿》卷六《哭高西唐》曰：“垂髫交契失高贤，傲岸夷犹七十年。白袷惯顷花屿酒，青山只取研田钱。两家老屋常相望，一样华颠剧可怜。同调同庚留我在，临风哪得不潸然。”《南斋集》卷四《哭高西唐》：“忘物兼忘我，如君古亦稀。忽随清气化，空见野云飞。有句留苔壁，无人叩竹扉。平生知己泪，一想一沾衣。狷洁不可浼，高风人共尊。烟云托性命，枯菀付乾坤。以我平生久，重君交谊存。深情难尽述，痛哭返柴门。”卷四续载《又廿四韵》表达对老友的敬仰和怀念。

郑　燮

郑燮(1693—1765)，字克柔，行一，号板桥居士等，江苏兴化人。诗文书画在“扬州八怪”中皆突出，著有《板桥集》等，生平事迹详见《清史稿》卷五〇四，《清史列传》卷七十二。

寓扬时，郑燮曾与马氏为邻，曾为马曰琯画扇并题诗《为马秋玉画扇》，曰：“缩写修篁小扇中，一般落落有清风。墙东便是行庵竹，长向君家学化工。”诗后附道：“时余客枝上村，隔壁即马氏行庵也。”[2]

乾隆八年(1743)暮春，与金农、杭世骏等宴集于小玲珑山馆，并为马氏画竹。详见金农目下。

《沙河逸老小稿》卷三《秋日题郑板桥墨竹画幅》，曰：“如君落落似辰

[1] 马曰璐：《南斋词》，清乾隆二十六年刻本。

[2] 郑燮：《郑板桥集》，中华书局上海编辑所 1962 年版，第 164 页。

星，相见时当清露零。赠我修篁何限意，两竿秋节一窗青。”

郑燮《跋西畴诗稿》曰：“其气深矣，其养邃矣。以香山温逸之笔，烹炼而入于王孟。观其柬马半槎及崇川诸作，皆布帛菽粟之文，自然高淡，读之反覆想见其人。板桥弟郑燮拜手。”[①]西畴，即方士庑，江都人，多次参加“二马”文宴。

（原刊《文献》2003 年第 4 期）

① 郑燮：《郑板桥集》，中华书局上海编辑所 1962 年版，第 192 页。

清代士商互动之文化原生态个案考论

——厉鹗与“小玲珑山馆”

一

在中国文学史上，商业文化与文学的关系并不完全是一个边缘性的话题。发展到清代前期，这一关系呈现出崭新的特点，那就是随着经济的空前繁荣，一批具有文化修养、人文情怀的商贾以前所未有的热情和力度介入并影响着文化、学术领域，士商互动蔚为大观。这突出表现在当时的经济、文化和交通重镇——扬州，几乎主宰整个国家经济命脉的徽商同以东南地区为主要的文史大家之间的交往，对文学的面貌影响更为直接全面、更为深刻持久。这是一个可以引发多重思考的史实，更是清代文学史的一段特殊历程。然而，长期以来它几乎被所谓的文学发展主流所淹没，成为文学史中一个有意或无意的蔽障。考察清代士商互动之文化原生态，去除这一蔽障，澄清历史面目，对于我们今天重新思考清代文学的命运及其结构，无疑具有重要意义。本文对厉鹗与“小玲珑山馆”个案的考论，即以此为出发点。

“小玲珑山馆”系雍乾年间扬州杰出的园林建筑之一，其主人为徽商马曰琯、马曰璐昆仲。马氏兄弟研习经史，俱以诗名，又致力于刻书、藏书等文化事业，且广纳宾朋，“以道义相劘切，以文章相期许，风雨明晦，始终无间”[①]，被时人敬称“扬州二马”[②]。“小玲珑山馆”为“扬州二马”的人文情怀所笼罩，深深吸引着扬州及周边地区的文人士子，一时间文士趋之若鹜，厉鹗、全祖望、杭世骏、郑燮、陈章、卢见曾、符曾等才彦硕学更是频繁出入，所谓“方闻有道之士过邗沟者，以不踏其户限为阙事”[③]，他们以此为中心雅集唱和，切磋诗艺，研究学术，彼此激发，相互扶持，从而形成以“小玲珑山馆”为中心的诗人群体[④]，该诗群活动时间前后长达半个世纪，符曾所言“心死便为大自在，魂归仍返小玲珑”[⑤]，可谓这一诗群体之于“小玲珑山馆”的心声共鸣。

若就与“扬州二马”的交游及其文化学术地位和影响来看，厉鹗堪称“小玲珑山馆”诗群中最为重要的一位。厉鹗（1692—1752），字太鸿、雄飞，号樊榭、南湖花隐，世称樊榭先生，浙江钱塘人。其性情孤峭不苟合，毕生嗜学，“少孤贫，僦居杭城东园，敝屋数椽，读书不辍，声隽一时”[⑥]。曾为康熙五十九年举人，“内阁学士李祓典浙江试，闱中得鹗卷，阅其谢表，曰：‘此必诗人也。’亟录之。计偕至京，尤以诗见赏于侍郎汤右曾。试礼部报罢，右曾欲止而授之馆，比遣迎之，则已襥被出都矣”[⑦]。乾隆元年（1736），应博学鸿词科，“将入京，道经天津，查莲坡先生留之水西庄，觞咏数月，同撰周密《绝妙好词笺》，遂不就选而归”[⑧]，自此，他绝意仕进，杭世骏感叹：“屈而与今之仕宦者相，譬之方柄圆凿，龃龉而不相入。”[⑨]就是这

① 陈章：《沙河逸老小稿·序》，见马曰琯《沙河逸老小稿》，清乾隆刻本。

② “扬州二马”行迹详参拙文《马曰琯、马曰璐年谱》，《徽学》2004年第3卷。

③ 杭世骏：《道古堂文集》卷四十六，见《续修四库全书》编纂委员会编《续修四库全书》第1426册，上海古籍出版社1995年版。

④ 参拙文《“小玲珑山馆”诗群考论》，《安庆师范学院学报》2005年第1期。

⑤ 转引自袁枚《哭扬州马秋玉》，《随园诗话》卷五，清刻本。

⑥ 厉鹗：《樊榭山房集》下册，附录一，上海古籍出版社1993年版，第1728页。

⑦ 王钟翰校点：《清史列传》卷七十一，中华书局1987年版，第5833页。

⑧ 王昶：《湖海诗传》卷二，民国二十五年，国学基本丛书本。

⑨ 杭世骏：《厉母何孺人寿序》，《道古堂文集》卷十七，见《续修四库全书》编纂委员会编：《续修四库全书》第1426册，上海古籍出版社1995年版。

位“平生爱寻先隐，冷襟怀、要与俗人疏”[1]的狷介布衣却对“小玲珑山馆”情有独钟，并因此在学术、创作之途取得了丰硕的成就。《清史列传》卷七十一《文苑传》云：“鹗搜奇嗜博，馆于扬州马曰琯小玲珑山馆数年，肆意探讨，所见宋人集最多，而又求之诗话、说部、山经、地志，为《宋诗纪事》一百卷、《南宋院画录》八卷。又著《辽史拾遗》《东城杂记》《湖船录》诸书，皆博洽详赡。……所著《樊榭山房集》二十卷，幽新隽妙，刻琢研炼。尤工五言，取法陶、谢及王、孟、韦、柳，而别有自得之趣。兼长诗余，擅南宋诸家之胜。”

二

在“小玲珑山馆”诗群中，厉鹗不仅是与“扬州二马”交游最早者之一，也是寓馆时间最长的一位。根据现有的载籍，厉鹗与“扬州二马”的最初交往应该是在雍正三年(1725)[2]，以厉鹗词作《菩萨蛮·马佩兮梅花卷子寓骑省之戚征予赋此》[3]为标志。自此以下，厉氏绝大部分时间都寄寓在“小玲珑山馆”，直到他过世的前一年冬，也就是乾隆十六年(1751)十一月仍与马曰璐、全祖望在“小玲珑山馆”怀念北上京都的马曰琯[4]。在长达近三十年的岁月里，厉鹗与“扬州二马”冷暖相知，结下了生死之交，为了

① 厉鹗：《木兰花慢》，《樊榭山房集》中册卷十，上海古籍出版社1992年版，第681页。

② 陆谦祉以为厉鹗与“扬州二马”初交在康熙五十八年(1719)，曰：“三四月间，出游苏锡淮扬间，到广陵时，即寓马氏。”(陆谦祉：《厉樊榭年谱》，台湾商务印书馆1985年版)下引《樊榭山房集》卷九《词甲》之《扬州慢·广陵芍药》，似证据不足，但《樊榭山房集》卷二《诗乙》之《广陵寓楼雪中感怀》编入己亥(1719)年，表明厉鹗该年的确在扬，待考。

③ 《樊榭山房集》卷十，该诗编入乙巳年，又，陆谦祉在《厉樊榭年谱》中记曰：“(厉鹗)到广陵，仍留马氏，时嶰谷新赋悼亡，故先生为题梅花巷子词。”“巷”当为“卷”之误。

④ 马曰璐：《辛未冬樊榭至自钱湖谢山至自甬上雨中招集山馆有怀家兄嶰谷暨于湘北上》，《南斋集》卷四，清乾隆刻本。

更准确地说明这点，我们钩稽厉鹗在雍正年间与“扬州二马”的交往如下：

雍正三年(1725)：厉鹗为马曰琯赋词《菩萨蛮·马佩兮梅花卷子寓骑省之戚征予赋此》。

雍正五年(1727)：春，马曰璐游湖上，厉鹗喜与之游。厉鹗赋诗两首《暮春马佩兮来游湖上用去年泊垂虹桥谒三高祠韵》《和佩兮游冷泉》(《樊榭山房集》卷五)，前一首曰：“多君济胜情，重迭如襞积。昨来勇渡江，稳泛春水宅。谁为释幽忧，达生寄浪迹。”马曰璐有《冷泉亭》[①]。

雍正六年(1728)：厉鹗有《秋夜有怀葭白袚江秋玉佩兮》，曰：“淮南三载住，追忆忽今宵。旧句开还掩，秋灯短更挑。烟明念佛巷，叶下捣衣桥。多少闲踪迹，相思逐暗潮。”(《樊榭山房集》卷五)。

雍正七年(1729)：马曰璐为厉鹗《湖船录》作序(《厉樊榭先生年谱》，《樊榭山房集》附录五)。三月，厉鹗借抄小玲珑山馆珍藏本史弥宁的《友林集》(《友林乙稿跋》，《樊榭山房集·文集》卷八)。“扬州二马”向厉鹗等出示元人顾安墨竹画(《马秋玉佩兮招饮出观顾定之墨竹》，《樊榭山房集》卷六)。厉鹗为“扬州二马”题街南书屋(《题秋玉佩兮街南书屋十二首》，《樊榭山房集》卷六)。

雍正八年(1730)：春，厉鹗于“小玲珑山馆”校元本《草堂诗余》[②]。冬，“扬州二马”与厉鹗等游焦山(《同秋玉佩兮西颢江皋自京口放船至焦山》，《樊榭山房集·诗词集》卷六)。

雍正九年(1731)：九月，厉鹗与“扬州二马”等同游真州吴氏园(《辛亥九月十日同厉樊榭……》，《南斋集》卷一)。

雍正十年(1732)：春，“扬州二马”与金农、郑燮、杭世骏、厉鹗集于“小玲珑山馆”[③]冬，厉鹗与马曰璐等集于“南斋”，樊榭应之填词一阙，次日，书之并装成小轴，高翔复篆书“甜香新唱”于其首(《国香慢·序》，《樊榭山房集》卷十)。厉鹗有《朱碧山银槎歌为秋玉赋》(《樊榭山房集》卷七)。

---

① 马曰璐：《南斋集》卷一，乾隆刻本。

② 参拙作《樊榭山房集拾遗》，《古籍研究》2004 年卷下。

③ 金农：《冬心集拾遗》，《续四库全书》本。

冬,“扬州二马”集厉鹗等于“小玲珑山馆”唱酬。厉鹗赋诗两首,即《冬日马秋玉佩兮招同葭白祓江寿门廉风西颢江皋集小玲珑山馆限韵时予与西颢江皋将还武林》《丁未暮春佩兮来游湖上曾作五字诗奉赠壬子秋仆至邗留寓小玲珑山馆岁晚将归复次前韵志别兼呈令兄秋玉》(《樊榭山房集》卷七),第二首曰:“书至约已频,别来思易积。梦想蜀冈青,中有春明宅。一舸秋雨余,又逐闲鸥迹。相见寻古欢,前尘空役役。君家山馆幽,短榻对虚白。名谈开襟宽,积卷堆坐窄。琴清共低徊,酒酽小浮拍。残年逼归心,弥复惜离拆。今夕首扁舟,始觉身为客。眷眷隔烟江,戍楼闻远笛。”(《樊榭山房集》卷七)

雍正十一年(1733):冬,“扬州二马”新购元本《草堂诗余》三卷,厉鹗据此校补①。十一月,“扬州二马”葬先兄马曰楚于安徽天长县乡沟桥。厉鹗为“扬州二马”之父马谦、兄马曰楚撰墓志铭(《樊榭山房集·文集》卷七《朝议大夫候选主事马公暨元配洪恭人墓志铭》《候选儒学教谕马君墓志铭》)。

雍正十二年(1734):“扬州二马”于扬州独建“梅花书院”②。厉鹗为之赋诗二十韵(《扬州新构梅花书院纪事二十韵为秋玉赋》,《樊榭山房集》卷七)。冬,“扬州二马”于“小玲珑山馆”集同人送厉鹗等归里。《冬日马秋玉佩兮招同葭白祓江寿门廉风西颢江皋集小玲珑山馆限韵时予与西颢江皋将还武林》曰:“谁道天涯乐饮仍,清冬无事集吟朋。留欢短日侵帘额,隔坐疏枝并石棱。乡思酒边怀越酒,旧闻灯下话包灯。物华两地牵人梦,多愧离骚语斫冰。明季广陵包壮行制灯有名号包灯。”(《樊榭山房集》卷七)

不难看出,雍正一朝除了有三年不能确定外,厉鹗与“扬州二马”交游频繁。厉鹗为“扬州二马”之先父、先兄作墓志铭,先后为马氏新构“南斋”“小玲珑山馆”赋诗以志,参加马氏组织的一些重要雅集活动,利用山馆资

① 参拙作《樊榭山房集拾遗》,《古籍研究》,2004年卷下。

② 阿克当阿修,姚文田、江藩等纂:《重修扬州府志》卷十九“学校”,清嘉庆十五年刻本。

源校勘重要词选《草堂诗余》，与其他文人寒士雅集赏画和诗，请马曰璐为其早期著作《湖船录》作序。举凡涉及生活、创作、学术等各个方面，厉鹗与“扬州二马”亲密无间的情谊已跃然纸上“多君济胜情，重迭如襞积”“物华两地牵人梦，多愧离骚语斫冰”“多少闲踪迹，相思逐暗潮”是彼此之间深情厚意的勾勒，而“君家山馆幽，短榻对虚白。名谈开襟宽，积卷堆坐窄。琴清共低徊，酒酽小浮拍，残年逼归心，弥复惜离坼。今夕首扁舟，始觉身为客。眷眷隔烟江，戍楼闻远笛”则描摹出清幽淡泊，潜心于学，开襟同志以至主客两忘的境界。如此情谊一以贯之于厉鹗后半生。

较其他文体而言，词对情感传达更为细腻和真实。马曰琯有词集《嶰谷词》一卷，共选录一生词作四十二首，其中就有三首与厉鹗直接相关，即《柳梢青·效许圭塘体与樊榭渔川弟半查同作》《忆故人·樊榭归里啸斋买舟偕往作西湖之游相隔弥月怅然有怀》和《齐天乐·送樊榭归湖上》。后一首作于乾隆十五年(1750)，其时，年迈体衰的厉鹗辞别“小玲珑山馆”，还归故里，“扬州二马”集友好为之送行，马曰琯曰：“廉纤细雨侵衣袂，梅天最难调摄。苦笋过墙，青苔上砌，客里光阴飘忽。怀归念切，拟暂沦茶铛，少留吟箧，只恐红衣，待君香散半湖月。　吹箫何处濯发？浸空明一片，消尽炎热。唤艇邀凉，凭栏觅句，沙际白鸥凝雪。哪堪闲阔，定幕忆山斋，几般萦结。莫负秋窗，满林蝉乱咽。”马曰璐也有同题之作：“片帆约共云阴远，相看已萦愁绪。淡景邀诗，遥情入画，绿暗前时来路。汀荷苑树，有花底鱼经，柳边萧谱。水梦山魂，朗吟飞向镜奁去。　湖头应忆旧侣。正疏篁露滴，如对幽语。病渴文园，耽佳饭颗，算是襟分几度，离杯漫举。待潮落江天，片时延伫、直到凉秋，翦灯同听雨。”①马氏兄弟心潮起伏，愁绪飘荡在相濡以沫“光阴飘忽”的过去、“满林蝉乱咽”的现在和期望“翦灯同听雨”的将来这三维时空中，两首词作皆词境清寒凄苦，词风幽冷凝练，将马氏昆仲送别厉鹗时伤悲难耐之情传达得淋漓尽致。

厉鹗以《齐天乐·庚午夏五将归湖上留别韩江吟社诸公》作答：“平生

---

① 马曰璐：《南斋词》卷一，清乾隆刻本。

惯向芜城客，吴丝暗斑双鬓。雪岭才高，青楼句好，那比前人疏俊，吟朋胜引。爱款竹寻题，占花分韵，忽觉归心，一灯摇梦野鸥近。　　湖山此时旧隐玉壶凉万斛，红腻莲晕。江雨鸣篷，林风解缆，离绪满于潮信，流连未尽。谢送我多情，熟梅芳酝。弹指秋清，重逢期定准。”[①]

同样是刻骨铭心的留恋，但厉鹗仍寄望于重归“小玲珑山馆”，所谓“重逢期定准”。于是，次年，老迈的厉鹗再次亲临“小玲珑山馆”，春天，他与马曰璐以散曲酬答[②]；重阳日，他与马氏兄弟于行庵分韵[③]；冬，他与马曰璐等人在“小玲珑山馆”同怀北上京都的马曰琯[④]。这也是厉鹗在“小玲珑山馆”近三十年音容的绝版，此后不到一年，就在乾隆十七年秋(1752)，厉鹗卒于故里[⑤]，马氏兄弟闻讯为其设灵位于“行庵”，并集同人哭之[⑥]。厉鹗生前，马氏因厉鹗丧妻无后，于“小玲珑山馆”辟室为之纳妾以延香火[⑦]，实谓一生一死见真情。

三

除“扬州二马”外，厉鹗与“小玲珑山馆”诗群中他者亦结交密切，心气相投，才学通融。以“小玲珑山馆”为中心的文学活动集中地说明了这一点。袁枚《随园诗话》云：“马氏玲珑山馆，一时名士如厉太鸿、陈授衣、汪

---

① 厉鹗：《樊榭山房集·续集·词甲》，上海古籍出版社 1993 年版，第 1656 页。

② 详见《曲旨》卷二，张慧剑：《明清江苏文人年表》，上海古籍出版社 1986 年版，第 1098 页。

③ 厉鹗：《满庭芳·辛未重午嶰谷半查招集行庵分韵》，《樊榭山房集·续集·词乙》，上海古籍出版社 1993 年版，第 1666 页。

④ 马曰璐：《辛未冬樊榭至自钱湖谢山至自甬上雨中招集山馆有怀家兄嶰谷暨于湘北上》，《南斋集》卷四，清乾隆刻本。

⑤ 朱文藻撰，缪荃孙重订：《厉樊榭先生年谱》，见厉鹗：《樊榭山房集》附录五，上海古籍出版社 1993 年版，第 1784 页。

⑥ 《哭樊榭八截句》注曰：“闻讣后，为位哭于行庵。”见马曰琯：《沙河逸老小稿》卷五，清乾隆刻本。

⑦ 马曰琯：《厉樊榭纳妾》，《沙河逸老小稿》卷五，清乾隆刻本。

玉枢、闵莲峰诸人争为诗会，分咏一题，裒然成集。”①马曰琯、厉鹗选编的乾隆年间刻本《韩江雅集》九卷选录692首诗歌，即58次诗会结晶。频繁的雅集唱和使得“小玲珑山馆”诗群充满着张性和活力，厉鹗曾在《樊榭山房集》卷六《九日行庵文燕图记》中，生动地描述了乾隆八年（1743）重阳日，行庵文宴雅集的盛况：“行庵在扬州北郭天宁寺西隅，马君嶰谷、半槎兄弟，购僧房隙地所筑，以为游息之处也。寺为晋谢太傅别墅，西隅饶古木，霾郁阴森，入林最僻，不知其近郛郭。庵居其中，无斫砻髹采之饰，惟轩庭多得清荫，来憩者每流连而不能去。乾隆癸亥九日，积雨既收，风日清美，遂约同人，咸集于斯，中悬仇英白描陶靖节像，采黄花，酌白醪为供，乃以‘尘世难，逢开口笑，菊花须插满头归’分韵赋诗，陶陶衎衎，觞咏竟日。既逾月，吴中写真叶君震初适来，群貌小像，合为一卷，方君环山补景，命曰：‘九日行庵文燕图。’装池成，将各书所作于后，而嘱鹗为之记。记按图中共坐短榻者二人：右箕踞者，为武陵胡复斋先生期恒；左抱膝者，为天门唐南轩先生建中也。坐交床者二人：中手笺者，歙方环山士庶；左仰首如欲语者，江都闵玉井华也。一人坐藤墪捻髭者，鄞全谢山祖望也。一人倚石坐若凝思者，临潼张渔川四科也。树下二人：离立把菊者，钱唐厉樊榭鹗；袖手者，钱唐陈竹町章也。一人凭石床坐抚琴者，江都程香溪先生梦星也。听者三人：一人垂袖立者，祁门马半槎曰璐；二人坐瓷墪，左倚树、右跂脚者，歙方西畴士捷、汪恬斋玉枢也。二人对坐展卷者，左祁门马嶰谷曰琯，右吴江王梅讲藻也。一人观者，负手立于右，江都陆南圻钟辉也。从后相倚观者一人，歙洪曲溪振珂也。童子种菊者三人：树闲侍立者一人，撰杖执卷者各一人。”

图记诸人皆属“小玲珑山馆”诗群，多为文坛显要，与厉鹗厚交，兹选三人论之。全祖望（1705—1755），字绍衣，号谢山，又号双韭，浙江鄞县人。少通经史子集，乾隆元年（1736）举博学鸿词，是年成进士，改庶吉士，已入词馆，不与试。散馆，以知县候选，不复出。为人耿直，穷不失节，深

① 袁枚：《咏农家乐》，《随园诗话》卷三，清刻本。

受士林敬佩。《清史列传》卷六十八《儒林传》称："祖望为学，渊博无涯矣，于书靡不贯串。"著有《鲒埼亭集》三十八卷、《外编》五十卷、《鲒埼亭诗集》十卷等，曾七校《水经注》，三校《困学纪闻》。长期出入于"小玲珑山馆"，或研读或唱和，自云："予南北往还，道出其间，苟有留宿，未尝不借其书。"[①]李慈铭《越缦堂诗话》云："先生诗为余事，而当日与杭堇浦、厉樊榭、赵谷林、意林、马嶰谷等唱和极多。"张四科，字喆士，号渔川，陕西临潼人，官候补员外郎。寓扬州，在天宁寺旁筑让圃，与马氏兄弟相邻。著有《响山词》四卷，价值甚高，谭献《箧中词》在选录雍乾时期的浙派词人作品时，唯厉鹗与张氏，并对张四科词有"火攻碧山"之褒奖。而此前，厉鹗早已心会有加："渔川词删削靡曼，归于骚雅，其研词炼意，以乐笑翁为法。读《响云》一编，觉《白云》未远也。"[②]又，胡期恒，字复斋，湖广武陵人，随父献征自幼居扬州，工诗文词，官至江苏布政使。复斋生长扬州，举顺天，由翰林仕至甘肃巡抚。其为人磊落刚直，罢官归里，与马氏兄弟、厉鹗、全祖望等结韩江雅集，称盛事[③]。此三诗人同程梦星、陆钟辉等人或罢官或弃官，图中他者或布衣陈章、闵华，或亦商亦儒者如马氏昆仲、方士庶、王藻。其时，皆离弃庙堂，在野扬州。在厉鹗细腻的笔端，陶渊明投身田园、杜牧放怀山水之情景得以再现，诗人们思接古今、物我两忘，达到诗意上的融通，表现出较高的人生境界和审美趣味，诚如沈德潜所言："今韩江诗人，不于朝而于野，不私两人而公乎同人，匪矜声益，匪竞豪华，而林园往复迭为，宾主寄兴咏吟，联结常课并异乎。兴高而集，兴尽而止。"[④]在这里，人生艺术化，艺术人生化，文学之审美意义得以高扬。这正是生命形态有着多样性选择的诗人能够齐集共处并使得"小玲珑山馆"诗群得以生成和运转的一个基本内核。换句话说，以"小玲珑山馆"为中心的文学活动所具有的诗性追求和诗意存在，正是厉鹗与其他诗人相互感召、彼此促

① 全祖望：《丛书楼记》，《鲒埼亭集外编》卷十七，《四部丛刊》本。

② 王昶：《国朝词综》卷三十张四科条，《四部备要》本。

③ 参见全祖望：《故甘抚复翁胡公墓碑铭》，《鲒埼亭集》卷十八，《四部丛刊》本。

④ 沈德：潜《韩江雅集·序》，见马曰琯：《韩江雅集》，乾隆十二年刻本。

进的重要内因。

这一点还可从诸诗人在厉鹗仙去后的追悼诗文中得到续证，马氏于行庵设灵祭奠厉鹗时，陆钟辉云："十年此地共论文，今日临风一奠君。"方士捷云："文章交谊友兼师，追忆平生剧可悲。十载共联诗酒社，一帆长系别离思。"闵华云："先生已是传千古，十卷诗词即子孙。"[①]全祖望当时于岭南主持书院，未能临马氏行庵，但有文追悼："予交樊榭三十年，祁门马嶰谷兄弟延樊榭于馆，予每数年必过之。嶰谷诗社以樊榭为职志，连床刻烛，未尝不相唱和。……今年予有粤游，槐塘以书告樊榭之病，不意其遽不起也。呜呼！风雅道散，方赖樊榭以主持之，今而后，江淮之吟事衰矣。"[②]这一切足见，痛悼之情中凝结着的更多是对厉鹗词心诗魂的体认，厉鹗与"小玲珑山馆"诗群他者的情谊当穿越时空. 在诗意中永恒。

"小玲珑山馆"重要诗人中，还有三位与厉鹗同为浙籍，值得重点提出来。杭世骏(1696—1773)，字大宗，号堇甫，晚号秦亭老民，仁和人，毕生以诗文出没于扬州。乾隆元年(1736)荐试博学鸿词，授编修，考编经史，未久，即以言事罢归。自此专事学业，著有《道古堂诗集》二十六卷、《文集》四十八卷等，以诗作和经史研究名震一方。王昶评曰："两浙文人自黄梨洲先生后，全谢山庶常及先生而已。"[③]就是这位"性简傲通脱，不事修饰"[④]的诗文大家，对厉鹗激赏不已，并引为知音云："樊榭中恰之契计，莫有先于余者，则知樊榭之深，又孰有过余者。"又云："吾有友三人，皆据天下之最，太鸿之诗，稚威之古文，绍衣之考证，穿穴求之，近代罕与伦比。"[⑤]又，金农(1687—1764)，字寿门、司农。号冬心先生、稽留山民等，为"扬州八怪"之一，是著名的画家诗人，著有《冬心先生集》等，与厉鹗同

---

① 厉鹗：《樊榭山房集》附录二，上海古籍出版社 1993 年版，第 1730 页。

② 全祖望：《厉樊榭墓碣铭》，《鲒埼亭集》卷二十，《四部丛刊》本。

③ 王昶：《湖海诗传》卷五，民国二十五年国学基本丛书本。

④ 蔡冠洛：《清代七百名人传·学术·朴学》，中国书店 1984 年版，第 1595 页。

⑤ 杭世骏序《樊榭山房集》。

籍并早岁订交，在乡里齐名，人称“髯金瘦厉”[①]，《樊榭山房集》卷一第一首诗即为《金寿门见示所藏唐景龙观钟铭拓本》（以下甲午），诗见两人切磋金石之学，亦见二人交往最迟在甲午年（1714），同卷中，相继数次提到金农。厉鹗序金农诗集《景申集》云：“寿门大布衣，位不致通显，赀不足结客，而取友不倦，若暍之求荫，渴之求饮，始终无间。”[②]足见他们彼此间君子之交，如前所言，雍正十年（1732），“扬州二马”招金农与厉鹗等集于“小玲珑山馆”诗酒唱和时，金农有“少游兄弟性相仍，石屋宜招世外朋”，正道出他们诗意的契合。又，汪沆，字西灏，号槐堂，钱塘人，自幼饱读诗书，享誉南北，乾隆十二年（1747）举博举鸿词，报罢，经天津，客查为仁水西庄诗酒唱和，名动一时，大学士史贻直将以经学荐，以母老辞。复游扬州，屡次参加扬州诗会。余生经历多似厉鹗。著有《小眠斋读书日札》《槐堂诗文集》。汪氏与厉鹗亦师亦友，其云：“忆康熙甲午（1714）至戊戌（1718）先生授予家听雨楼，兄浦偕沆朝夕承提命，去今五十年，先生之绪论犹在于耳。……（厉鹗）易箦前一日，诏沆而语之曰：‘子知我者，他日曷为我序而存之。’沆泣而受命。”[③]正道出师生之间的情谊和信任。厉鹗为汪沆诗序曰：“（汪沆诗）以坚瘦为其格，以华妙为其词，以清蓑为其思。……（汪沆）立阴教之大防，诛巨憝于既往，使西灏得行其志，有适时之用，当不作碌碌人，而年已逾状，奔走衣食，近又自津门归里，将为闵峤之游。岂天之穷其身，所以昌诗耶？”[④]这是对汪沆诗才和一生遭遇的心会与共鸣。

检点雍乾时期江浙名家，厉鹗交游之广、交情之深堪称当时东南文化原生态之要观，其中，以“小玲珑山馆”为依托的史实不能不发人深省。就

① 蔡朗余云：“厉微君之诗词，与金农冬心书画，乡里齐名，人称髯金瘦厉。”《轶事》，见厉鹗：《樊榭山房集》附录四，上海古籍出版社 1993 年版。

② 厉鹗：《樊榭山房集》文集卷三，上海古籍出版社 1992 年版，第 732 页。

③ 汪沆：《樊榭山房集・文集・序》，见厉鹗：《樊榭山房集》，上海古籍出版社 1992 年版，第 704 页。

④ 厉鹗：《盘西纪游集・序》，《樊榭山房集》文集卷三，上海古籍出版社 1992 年版，第 751 页。

此而言，厉鹗的这种交游可视为对“小玲珑山馆”诗性存在的一种建构或曰一种演绎。

四

众所周知，厉鹗为一代诗词作手、学术大家，而这两个方面都与“小玲珑山馆”有着重要的联系。

厉鹗是浙西词派中坚，亦为清词复兴的津梁。谢章铤云：“雍正乾隆问，词学奉樊榭为赤帜，家白石而户梅溪矣。”①汪沆亦云：“（厉鹗）尤工长短句，瓣香玉田，白石。习倚声者供奉先生为圭臬。忆前此十余年，大江南北，所至多设坛坫，皆以先生为主盟。”②在词派林立、词家如云的格局中，厉鹗受此推尊自然有着多方面的原因，但有“小玲珑山馆”诸同仁的唱和和拥戴实为一重要因素。严迪昌先生曾在《清词史》中专列“扬州地区浙派词群”言：“在乾隆前期，活跃于扬州地区的浙派词人，其成就和影响都要比浙江本籍的群体要大得多。”③并将江昱、马曰琯、马曰璐、张四科等列入浙派。不言自明，严氏此所言“扬州地区浙派词群”的重要人物皆隶属“小玲珑山馆”诗群。那么厉鹗又是怎样的呢？陈章言：“邗江诗社迭为宾，凭仗君扤大雅轮。”④其仍然是以“小玲珑山馆”诗群为主体的所谓“扬州浙派词人”的头领。作为诗家，在清代前期整个诗坛为王士禛、朱彝尊两家所牢笼的形势下，“樊榭之诗，能于渔洋、竹垞两家外，独辟蹊径，自成一派”⑤。成为清代一重要诗派——浙派之开山。其诗作所凸现的也是使后人荡心震目的清寒孤淡诗风的形成，除身世遭遇等原因外，实得益

① 谢章铤：《赌棋山庄词话》，清光绪甲申刻本。

② 汪沆：《樊榭山房集·文集·序》，见厉鹗：《樊榭山房集》，上海古籍出版社1992年版，第703页。

③ 严迪昌：《清诗史》，江苏古籍出版社2001年版，第358页。

④ 陈章：《孟晋斋诗集》卷十六，清乾隆刻本。

⑤ 李既汸：《答沈大宗伯论诗书》，见《袁枚全集·小仓山房文集》卷十七，江苏古籍出版社1993年版，第283—284页。

于他的博览群书，诚如其夫子自道："少陵之自述曰：'读书破万卷，下笔如有神。'诗至少陵止矣。而其得力处，乃在读万卷书且读而能破致之。盖即陆天随所云：'辏轹波涛，穿穴险固，囚锁怪异，破碎阵敌，卒造平澹而后已者。'前后作者若出一揆，故有读书而不能诗，未有能诗而不读书。……夫粘，屋材也；书，诗材也。屋材富，而杗瘤桴桷施之无所不宜：诗材富，而意以为匠神以为斤，则大篇短章，均擅其胜。"[①]如前所述，"小玲珑山馆"正是厉鹗披览渔猎的重要场所，"（厉鹗）游扬州，有马氏藏书最富，延至其家，遗文秘牒无所不窥，故其发为诗文削肤存液，辞必己出，以清和为声响，以恬淡为神味"[②]，可谓的评。

"小玲珑山馆"藏书极为丰富，其时苏州藏书名家姚世钰《孱守斋遗稿・丛书楼铭》称赞曰："广陵二马君秋玉、佩兮筑别墅街南，有丛书楼焉。楼若干楹，书若千万卷，其著录之富，丹铅点勘之勤，规唐宋藏书家如邺侯李氏、宣献宋氏、庐山李氏、石林叶氏，未知孰为后先？若近代所称天一阁、旷园、绛云楼、千顷斋以及倦圃、传是楼、曝书亭，正恐无所不及也。"[③]视马氏藏书比肩唐宋名家、超迈明清前贤，姚氏此言不虚，因为四库开馆征书时，马家位居私家献书之首，达 776 种[④]。马氏又选刻各类珍贵文献，凡涉经史子集四部，其雕刻因精审被誉为"马版"。"小玲珑山馆"诗群充分利用马氏藏刻进行学术研究，从而融入并有力地推动了东南朴学的发展。如，《困学纪闻》系宋代王应麟的扛鼎之作，其卓越的考据成就，深得清初朴学家们的青睐，一代经师阎若璩、何焯先后为之笺注，马氏及时雕刻阎若璩笺本并加以收藏。全祖望就是在马氏"畬经堂"利用其雕刻本并参何本三笺《困学纪闻》，取得重要的学术成就。李元度赞曰："（全祖

① 厉鹗：《绿杉野屋集・序》，《樊榭山房集・文集》卷三，上海古籍出版社 1992 年版，第 742 页。

② 《杭州府志・文苑传》，见厉鹗：《樊榭山房集》附录一，上海古籍出版社 1992 年版，第 1723 页。

③ 姚世钰：《孱守斋遗稿》，清刻本。

④ 《清史列传》卷七十一《马曰琯》目下云："'四库'开馆，进书七百七十六种。"

望)经扬州,居马氏畲经堂,成《困学纪闻》三笺,论者谓在百诗、义门二家之上。"①卢见曾追述在扬州搜罗雕刻大量文献秘籍时,自称:"借观藏书,在京则黄昆圃夫子,在扬州则马秋玉员外曰琯及其弟半槎曰璐也。"②且专诗赠马氏:"玲珑山馆僻疆俦,求索搜罗苦未休。数卷论衡藏秘籍,多君慷慨借荆州。"③可见,全祖望、卢见曾等于"小玲珑山馆"皆有创获。但若论成就,还是以厉鹗为最高,这突出的表现在《宋诗纪事》中,四库馆臣以为:"鹗此书裒辑诗话,亦以纪事为名,而多收无事之诗,全如总集。……考有宋一代诗话者,终以是书为渊海,非胡仔诸家所能比较长短也。"④评价着实甚高,事实上,《宋诗纪事》成为后来研究宋诗的经典文献。厉鹗追述自己编辑《宋诗纪事》缘起道:"宋承五季衰敝后,大兴文教,雅道克振。其诗与唐在合离间,而诗人之盛,视唐且过之。前明诸公剽拟唐人太盛,凡遇宋人集,概置不问,迄今流传者,仅数百家。即名公钜手,亦多散逸无存,江湖林薮之士,谁复发其幽光者,良可叹也!"⑤于是承接计有功《唐诗记事》之传统,利用马氏"小玲珑山馆"藏书,从宋人各类文集、诗话、笔记以至山经、地志等各种珍秘典籍中辑撰成书。作者"访求积卷,兼之阅市借人,历二十年之久。披览既多,颇加汰择。计所抄撮,凡三千八百一十二家,略具出处大概,缀以评论,本事咸著于编"⑥,钩沉发微、求其完备可谓耗费心力。厉鹗与"小玲珑山馆"诸同仁的学术和情感交流,在这部著作中同样得到体认,"扬州二马"同辑前二十卷并对所收的一些作品进行了版本等考证,并加有"按语",如在卷二"李九龄"下,曰琯按:"洪迈《万首绝句》误作唐人。"卷八"范仲淹""怀庆塑堂"目下,曰琯按:"《绕州府志》:堂在旧州治内,公谪守时建。"在卷十"石延年"目下,曰琯引《诗林广记》

① 李元度:《全谢山先生事略》,见全祖望:《全祖望集汇校集注》,上海古籍出版社 2000 年版,第 2715 页。

② 卢见曾:《国朝山左诗抄·凡例》,清乾隆雅雨堂刊本。

③ 李斗:《扬州画舫录》卷十,中华书局 1997 年版。

④ 《四库全书总目提要》集部卷一百九十六。

⑤⑥ 厉鹗《宋诗纪事·序》,上海古籍出版社 1983 年版。

《隐君诗话》《桐江诗话》《鸡肋集》《文献通考》来评石氏其人其诗，真可谓相关材料搜罗齐备，文献玩熟于心中。在卷十一“余良肱”目下，马曰璐以其所掌握文献置疑道：“《汴京遗迹志》载《宋登科记》，天圣三年、四年停贡举，而余良肱史作四年进士，未知孰是。”可谓心细如发。所以作者在记述经历时言：“幸马君嶰谷、半槎兄弟，相与商榷……念与二君用力之勤，不忍弃去。”没有“小玲珑山馆”馆藏和“扬州二马”的相助，厉鹗此愿断难实现。除马氏昆仲外，“小玲珑山馆”诗群中还有多人参加，厉鹗序中所言“庶几后之君子，有以益我纰漏云”，即正文各卷中所记同为“勘定”的方士杰、赵昱、陆钟辉、陈章、张四科、金农、闵华、丁敬、王藻等人。所以，《宋诗纪事》的学术文化意义已经超出它作为宋诗学经典而存在的本身，它不仅为我们提供了考察厉鹗与“小玲珑山馆”因缘的一条线索，也是东南地区文化生态环境的一个标本。

五

厉鹗是一个纯粹的、成就杰出的布衣文人，这一典型的存在，离开“扬州二马”的人文情怀关照，离开“小玲珑山馆”诗群的活动，都是难以想象的。反之，缺失厉鹗，“小玲珑山馆”存在的意义也必然大打折扣。需要进一步指出的是，其时，活跃在扬州的其他徽商也大都与出没于扬州的文士保持着密切的交往。如，江春（1721—1789）字颖长，号鹤亭，祖籍安徽歙县，祖徙居扬州，其以五经应试，未第，遂治盐业，檄为总商，好研读，多接纳，戴震、杭世骏、郑燮、金农等皆与之过从往来，《扬州画舫录》卷十二云：“（江春）建‘随月读书楼’，选时文付梓行世。……奇才之士，座中常满，亦一时之盛也。”又如，程晋芳（1718—1784）字鱼门，号蕺园，安徽歙县籍，承祖业业鹾于扬州，曾与袁枚、赵翼、蒋士铨等唱和，昭梿《啸亭杂录》卷九云：“先生独愔愔好儒，罄其赀购书万卷，招致多闻博学之士，与其讨论。"[1]可见,以徽商为中心集结东南地区文人士子在当时当地实为一个普遍现象。因此,厉鹗与"小玲珑山馆"的关系亦可视为新时空下士商结合的缩影。这不仅是我国商业文化与文学关系史上的一个极为重要的现象,也是东南地区乃至有清一代文化、学术史上的一道独特景观。廓清这段史实并加以审视,也许能够为我们探讨清代前期文史大家的学术历程、创作心路,理解清代文学发展的特殊性和丰富性等方面,带来一些新的启发。

（原刊《文学评论》2007 年第 4 期）

---

① 昭梿:《啸亭杂录》,清刻本。

融通：从思想到文学

——以方以智《和水中雁字诗》为中心

一

《和水中雁字诗》(以下简称"和诗")系明遗民方以智在流离岭南七年后，于顺治九年(1652)随施闰章由梧州云盖寺返归故乡桐城途中，暂栖于庐山时所作组诗，共十五首，皆为七律。

"和诗"原题为《和先外祖吴观我太史公水中雁字诗》，被收在《浮山后集》①卷三《鸟道吟》中。诗后方氏自跋云："昔余外祖，亦和斯篇。"又同收在《鸟道吟》中的另一首诗《又和》题注有云："先祖观我吴公言，水中雁字，有三空两互之妙，五老峰头，曾描邈之，归读老父所题，又变一格，洗壁更书，终不可及。"这些表明方以智外祖吴观我、父亲方孔炤对"水中雁字"多有推重和心会，方以智对此甚是认同景仰，这十五首诗即其追慕先人的结晶。

近人柴萼在《梵天庐丛录》②中所录的《方密之水中雁字诗文卷》包括十五首和诗及诗后方以智自跋、方向堃等七人跋文跋诗两个部分。其中跋语部分可使我们大致了解"和诗"流传的过程。从柴萼语"桐城方密之

① 方以智：《浮山后集》，"此藏轩"刊本。

② 柴萼：《梵天庐丛录》卷二十二，民国十五年石印本。

以智水中雁字诗文卷，世所罕见，近得其裔孙为之勒石，于是始昭于世”，方以智裔孙方向堃跋语“近从里人处觅得公所书横绢一帧，不禁狂喜过望……然三百年吾家故物，流传未灭，吉光片羽，亦足为希世之珍矣。装潢成帙，以贻后人。倘荷有道君子慨文献之漂零，念胜朝之遗老，锡之题咏，以为斯幅增重……”以及陈豪跋后志“光绪丙午八月既望”、黄嗣东跋后识“光绪丙午仲冬”、刘宝森跋记“光绪三十有二年冬十月朔”等，我们大抵可推知：方以智曾手书“和诗”于一帧横绢上，不知何时何故，横绢散失流落世间，直到光绪末年被其后裔发现，遂据横绢本连同跋语石印，更名为《方密之水中雁字诗文卷》。

二

为更好地理解“和诗”，我们不妨简略地回顾一下方以智的诗歌创作历程。从现存的一千多首诗的内容和风格来看，方以智的诗歌创作大致可分三个阶段，取崇祯末年(1644)和顺治九年(1652)为两点，可分前、中、后三个时期。

前期的诗歌创作以诗集《博依集》和《流寓草》代表，同他积极向学，以逐渐成熟的眼光观察社会、理解人生密切相关。诗风虽不乏浪漫的夸张，但总体上显得纯朴厚实、豪迈慷慨，诚如陈子龙所言：“其气昂壮而沉实。”①中期，明末农民起义军占领北京，方以智先于北京为崇祯哭灵被农民军所执，后脱身逃至南京，为弘光朝的党阀所不容，复亡命岭南并为清兵追杀，出入僧俗间。代表诗作有《赠吴麟长》《中秋》《谢吴公饷墨》等，记载了这十年国破家亡，流落他乡，欲死不甘，欲生不能的惨痛经历。诗风由痛心激愤渐趋沉郁苍凉。

到了后期，以“和诗”的创作为起点、为代表，方以智的诗风为之一变，显示出不同既往的特征，这主要表现在两个方面。首先是三教合一之思

---

① 方以智：《流寓草·序》。

想成为贯穿十五首诗的主脉,这差不多使得每一首诗都承载有丰厚的内涵。“和诗”其二云:“河洛疑传绿字差,阎浮满树鸟官衙。凤翔玉籍风皇帝,龙藏函归海世家。鬼哭寒潭添血雨,人看彼岸似云车。天渊拈出鸿濛界,南北翻飞莫眼花。”诗中“彼岸”是佛家用语,意谓超脱生死的涅槃境界,“鸿濛界”是宇宙未开前的混沌状态,为老庄所乐道。方以智要说的是,与其残守儒宗,在现实的苦难之海中无望挣扎,倒不如在佛道的世界里去平衡、去轮回。尽管这多少带有无奈的成分,但绝非积极或消极所能概括。方以智活在现实的世界中,亡国之痛令他憎恨明朝众多文武要臣的懦弱和失节,但他的思想不止于此。于是,他很自然地写出“秋英飞传骚客心,洞庭传写刺人针。三闾水底惊天问,七序飘来系石沉。玄章投江招鬼笑,斑林反照落魂深。衡蜂见鹏回鹦鹉,黄鹤楼头许再吟”(其八)。其十四云:“印水连空印破新,镜湖错判与波臣。骑鲸问鼎何时醒,放鹤衔书不借邻。且待复舟难下语,岂缘睹影浪传真。谁行鸟道随流见,首尾拖泥看转身。”语似参禅,但了解他的经历,便不难发现其中暗含着儒家情怀。其十五:“难逃文字海中翻,翻出牢笼许寓言。飞此两间原不落,偶然一过复何论。交芦割水吹光后,入草求人满口吞。白浪黑风无半点,苍苍扫却十花门。”这里构造的是一种变幻莫测的意境,无所谓现实或虚幻,无所谓喜或忧,也离析不出归属儒释道的绝对编排。其次是诗风的流动性,这种诗风主要是由意象的活动性和思维的跳跃性共同构建的。流水、飞雁、飘芦、漾波、航船、浮木等具体存在,各自独立又相互串联,组合出一幅幅活生生的流动画面,使组诗飘逸灵动;翔凤、惊龙、彩蝶、龙女等虚幻的意象则扑朔迷离,似生仙气鼓荡在组诗的字里行间,使读者的想象摇曳多姿。至于作者思维的跳跃性主要表现在常奔突于现实和虚幻之间,它与作者的思想体系紧密关联。这两方面的结合使得“和诗”显得通脱超逸。

或许意识到“和诗”的内容和风格不同寻常,应该有所注释,作者在“和诗”后又撰一长跋,云:“雁过长空,水无留迹。玄虚写照,真假俱非……三遮窄口依稀,一句通身分付。无非妙谛,触处会心。上下天渊,被化蝶之漆园，激翻背负；潜飞卦画，搅毒龙之华藏，现示毫端。妙在空行，休分影事。高深点点，来去如如。历千差后之文字波旬，即众艺场之声音般若。题目为咏物，眉毛各剔其人。……镜中印破，象外凌虚。……在空烧空，以海洗海。……”方以智不惜笔墨，竟为自己的十五首七律诗作六百多字的长跋，又亲自手书全部诗作于一帧横绢上，这在其诗歌创作生涯中极为少见，由此可见“和诗”在其心中的分量。

“和诗”在方以智诗歌创作史上所呈现的独特性，略如上述，然而，“和诗”的价值并不只限于这一点。

三

历史已经告诉我们，思想史上任何一位大家，其思想体系的形成，虽然经历的复杂性不同，但在发展过程中经由积累到定型都如出一辙。思想发展的轨迹是由众多不同的点串连而成，如果说积累就是一种串连，那么定型则是一个标志性的点，它对我们探讨思想体系的形成，理解思想家生活创作都具有座标指南的意义。可是，这一标志性的点往往并不因其重要性就明亮醒目，反而因其也只是轨迹上的点，极易为众多点所淹没。因此，发掘这一点，使其由隐而显，对我们的研究尤为重要。方以智作为明清之际重要的思想家，其三教合一的思想体系早已为学界所认识，但人们研究这一思想体系的发展形成时，几乎都单一地依据他的哲学著作《东西均》《一惯问答》等，对这一思想体系确立的时间似乎并没有明确的界定。从这个角度看“和诗”，它之所以为方以智本人和后人所重，其中原因何在？对研究方以智三教合一的思想体系又具有怎样的意义？

在《和水中雁字诗》出现的前一年，方以智还创作了一组《和陶饮酒》诗，这组诗也是以多首诗作咏叹一个主题，且与《和水中雁字诗》的创作时间紧密，我们不妨就思想方面对它们加以比较。《和陶饮酒》共二十首，收在《浮山后集》卷一中，自注为“辛卯梧州冰舍作”，“冰舍”是方以智出家迁居梧州云盖寺后的居舍名。其时，方以智避世逃禅，对陶渊明的世界心向往之。陶渊明以其脱俗的人格和冲淡闲远的诗风为后人,尤其是饱经沧桑的文人所追慕,王绩、王维、孟浩然等接传了其精神,杜甫以自己独特的气质和经历丰富了其内涵,拓宽了其外延,白居易则结合唐代特定的社会状况,作出了符合时代的发挥。但直到宋代,陶渊明的思想和文学价值才得到全面的体认,陶渊明在人格修养和作品创制中所表现出的儒释道兼蓄的消息,为大力提倡三教合一的宋人所推崇不已。陶诗在人格和文学两个方面所开创的空间,成为众多文人解脱焦灼煎熬、栖息苦痛疲惫的精神家园,陶潜的饮酒诗似乎是通向这一家园的一杆路标,导引后人争相唱和。宋代苏轼首开和陶之风,即《和陶饮酒二十首》,金人赵秉文、元人戴良等相继有同题之作①。方以智承接这一传统,并以其非常经历赋予和陶饮酒诗全新的内涵。一般说来,当一个人感性与理性的经历都已穷途末路时,皈依佛门,以宗教的情怀平息芜杂多创的心灵,从而再生出一超然平静的心,并以此面对纷乱世事,往往是他延续生命的最佳选择。方以智则不然,出家直接动因是不仕清廷,于是诗中便有"岂少五斗米,乃公多一仕"的人格赞颂,有了自己满腹经纶空有抱负"忽忽四十余,努力何所得"之长叹;"修士多顾忌,吾宁率吾真"道出了他的真性情,"天地已倾覆,何论东南偏"表达了他的亡国之哀。这些几乎都暗合了儒家"穷则独善其身,达则兼济天下"的信条,虽然题注中也有"不饮非戒,亦非不戒,余当为渊明受双非之戒"之类的禅语出现,但《和陶饮酒》诗的精神表达更多属于现实世界,在他的思想中,儒家占有绝对压倒佛道的成分。

《和水中雁字诗》则不然,我们现在虽不能看到方以智外祖父的"和水中雁字诗",但有一点毫无疑问,那就是吴观我所作的和诗必然渗透其儒释道兼容思想,因为吴观我学问兼纳儒释道,马其昶称"其学则通儒释、贯天人,宗一为归"②。方以智诗作和其外祖,必定言及。事实上,在十五篇诗作中,方以智尽管念念不能忘怀现实的痛苦,但却已将自己诸如"况引

① 此处参见张宏生先生:《宋诗:融通与开拓》第二章,上海古籍出版社 2001 年版。

② 马其昶:《吴观我先生传》,《桐城耆旧传》卷四,黄山书社 1990 年版。

怨累骚水，积悲楚泽之秋”的屈子离骚之苦化成万端思绪，糅杂寄托于佛道之玄虚，于是便有了“雁过长空，水无留迹”，“避难衔芦还坠落，生涯水墨本空虚”之类的咏叹。儒释道在诗中已完全相济相融。

对比表明，方以智的思想表达，在《和陶饮酒》中更重儒家，在《和水中雁字诗》里，则儒释道兼容。两组和诗的创作时间仅有一年之隔，但已清晰地描绘出儒释道在方以智思想中消长的逻辑线条。线条的背景是，方以智从沦为流离他乡的遗民，到为清人追杀，再到屡拒南明朝庭相邀辅佐，历经坎坷，尤其是在这段时间内，他宁愿向刃，绝不折节仕清，从披缁为僧到离寺返俗，世事沧桑多变使他已积累了太多的人生体验，这种体验迫使他自觉或不自觉地驱动他思想中儒释道因子活动起来，并逐渐使三者由纷杂走向统一，由摇摆升降走向中融定格。

哲学名著《东西均》[①]同“和诗”写于同时同地，当组诗以文学的形式表现他思想上的这种变化时，《东西均》的哲学思考必然关涉这种变化。这部化名嗚嗚子的著作由《东西均开章》《东西均记》等共二十九篇[②]组成，每篇单独成文，虽论述角度不同，但三教贯一。方以智意识到传统文化遗产虽不尽相同，但都有其独特的价值，只有公允持平地面对，方可为我所用，“三教百家，有开必先，一切不相坏而大成集之。……吾则有此药笼耳”[③]，表达了他会通三教百家以图集大成之愿望。他认为万物轮回变化，一以贯之，大中见小，小中见大，对儒释道不可偏执一方，即“今而后儒之、释之、老之，皆不任受也，皆不闋受也”[④]。他说：“太极也，精一也，时中也，混成也，环中也，真如也，圆相也，皆一心也，皆一宗也，因时设施异耳。”[⑤]“太极”“精

① 方以智著，李学勤点校：《东西均》(附《象环寤记》)，中华书局 1962 年版。

② 篇数以蒋国保先生统计为准，见蒋国保：《方以智哲学思想研究》，安徽人民出版社 1987 年版，第 280 页。

③ 方以智著，李学勤点校：《颠倒》，《东西均》，中华书局 1962 年版。

④ 方以智著，李学勤点校：《神迹》，《东西均》，中华书局 1962 年版。

⑤ 方以智著，李学勤点校：《扩信》，《东西均》，中华书局 1962 年版。

一""时中"均出自儒家经典①;"真如""圆相"出自佛家②;"混成""环中"语出道家经典③。这三组概念分别源自儒佛道,本用来表达各自不同的思想,但在这里被方以智化合为一。惟恐他人不明白,他进一步生动形象地表述道:"孔子复生,必以老子之龙予佛,佛入中国,必喜读孔子之书,此吾之所信也。"④可以说,融通三教是《东西均》哲学思考的一个极为重要的内容,"和诗"正是这一哲学思考的文学传达。

思想支配着行为,换句话说,一个人的行为总是见证着他的思想。就富有个性的思想家来说,这点尤其突出。我们不妨以"和诗"为起点,对方以智后来的主要事迹略加考察,以求证他后来的思想。顺治九年除夕,他以俗人身份自庐山返回故乡桐城,在家短居后,再次出家闭关南京高座寺,托钵空门,洗心自洁,当闻其父离世,即破关返乡庐墓三年,尽儒家之孝道。后来在南京、青云山等地入主时,僧人顶礼膜拜,世俗竟相结交,尤其是在甲辰年入主青原法席后的前三年,方以智放浪山水间,结交非常繁杂,当时的大儒黄宗羲、王夫之与他皆有诗文往来。在他的朋友中,既有施闰章等清代官僚,又有以魏禧为代表的"易堂九子",还有一批佛门弟子,僧俗不辨,缙绅寒士无别,方以智似乎乐此不彼,以至于他的故交老友都惊谔担忧,先是同乡故友钱澄之两次寄诗,劝导方以智还俗返乡安度晚年,诗曰:"闻翁在药地,终日只读书。此事佛所禁,翁意哪得舒。"⑤"故乡

① 《尚书·大禹谟》曰:"人心惟危,道心惟微,惟精惟一,允执厥中。"孔安国传曰:"危则难安,微则难明,故戒以精一,信执其中。"《礼记·中庸》曰:"君子中庸,小人反中庸。君子之中庸也,君子而时中;小人之中庸也,小人而无忌惮也。"《周易·系辞上》曰:"是故易有太极,是生两仪。"

② 《成唯识论》卷九曰:"真,谓真实,显非虚妄;如,谓如常,表无变易;谓此真实,于一切位,常如其性,故曰真如。"《大正新修大藏经》卷三十。佛教徒参禅,在地上或空中划一圆圈,称圆相,如《景德传灯录》卷五曰:"师见僧来,以手作圆相,相中书日字,僧无对。"

③ 《老子》第二十五章"有物混成,先天地生"。《庄子·齐物论》曰:"枢始得其环中,以应无穷。"

④ 方以智著,李学勤点校:《扩信》,《东西均》,中华书局 1962 年版。

⑤ 朱彝尊:《静志居诗话》卷十四,人民文学出版社 1998 年版。

斟酌佳，浮度白云间。”[①]后有和他交情颇深的魏禧知他酒酬不已，力劝其顾全名节，魏禧言辞诚恳、语锋甚健：“迩者道誉日盛，内怀忧谗畏讥之心，外遭士大夫群衲之推奉，于是接纳不得不广，干谒不得不与，辞受不得不宽。形迹所居，志气渐移。夫观时以行权者，豪杰之事；全身任道，圣贤所不废。师之出此，识者犹将谅其所不得已，而今则既三年矣。禧粗览佛书，从来古德，于道行法明之日，往往挂鞋曳杖，灭影深山，后世莫不高其行，譬犹神龙云中，偶见爪甲。故曰：‘安知凤凰德，贵其来见稀。’若鳞鬣首尾，终日示现，则禹物画壁，孔庙雕柱之物耳。又况以师之人，处师之时，不得已而出诸此者，且师亦岂不欲后世之知其心也。诗曰：‘缔兮绤兮，凄其以风。我思古人，实获我心。’惟大师深观古人之迹，近察一之故，照濯既往，显示将来，以不虚二十年出妻屏子之素节。”[②]从维护他在僧俗间的名望出发，钱澄之以乡情友爱感召，魏禧极力批评指正，而方以智终置这些于不顾，儒释道在他思想中已是水乳交融，他的行为已无可避免地着上了儒释道兼容的色彩。

综上所述，“和诗”是方以智思想轨迹上的一个不容忽略的点，它以文学的样式不自觉地宣告了方以智儒释道三教合一思想体系的形成，它产生的时间也正是方以智三教合一思想体系建立的时间。

四

与其他几位颇有代表性的明代遗民诗家作品相比，“和诗”所呈现的风貌，也显得卓立不群。我们已经知道，顾炎武、王夫之、钱谦益虽然在诗歌理论上各有所重，如顾的破胸中块垒、不依傍古人之论，王的“以意为主”说，钱的“以诗为本”说，但因易代劫难而来的精神苦闷是殊途同归的，

① 钱澄之：《客隐集 · 寄无可师》，《田间诗集》卷十一，安徽黄山书社 1998 年版。

② 魏僖：《与木大师书》，《魏叔子文集》外编卷五，中华书局 2003 年版。

这使得他们后期诗作的内容和风格多有近似，如基调雄浑悲壮、诗风沉郁苍凉。如前所述，方以智中期的诗作也大致如此，不同的是方以智以“和诗”为标志，使自己的诗风由沉郁苍凉过渡到通脱超逸，个中原因实可追溯到他的融通的诗学观中。

方以智认为诗歌的发展不必拘于一格，应收取众长，因时而变：“各体虽异，蕴藉则同，起三百之人与今，安知其不七言而长律乎？声依永，律和声，以乐通诗，则近体之叶律定格，谓为补前人之未备也。可愚者曰：一菀一枯，一正一变，一约一放，天之寒暑也。过甚则偏，矫之又偏，‘神之听之，终和且平’，是其人，不欺其志，皆许之矣。‘穷则变，变则通，通则久’，使人继声、继其志也。诗不必尽论，论亦因时。”①在这里，方以智明确表达了自己的“诗不必尽论，论亦因时”的发展观，先后引《诗经》《周易》论之。“穷则变，变则通，通则久”出自《周易·系辞下》，正义曰：“此覆说上文‘通其变’之事，所以‘通其变’者，言《易》道若穷，则须随时改变。所以须变者，变则开通得长久，故云‘通则久’也。”方以智借《易》道论诗，即诗体的发展因时而变，只有如此，诗歌才能保持永久的生命力。要形成这一正确的诗歌批评观，对前人的诗学观不能持偏妄之态，必须具有“了解之同情”。即所谓“是其人，不欺其志，皆许之矣”。“神之听之，终和且平”语自《诗经·小雅·伐木》，郑玄笺云：“此言心诚求之，神若听之，使得如之，则友终相与和而齐功也。”孔颖达疏曰：“君子为此而求友也，既居高位而不忘故友，若神明之所听祐之，则朋友终久必志意和且功业平。”这里郑笺、孔疏皆承毛传，说的是：以伐木时惊鸟鸣声相求之事，兴君子间语求息通心融之益。很显然，方以智引经喻诗，取的是贴近前人，收取众长，求得诗评切实、公允。他在《与姜如须论诗》诗中直言博采众长的诗学观，所谓“骚雅汉魏合陶铸，协律唐宋穷乃工”。这种求变、求集众人所长的诗学观正切合他的融通三教之思想体系。

明代诗派纷呈，为反明初以来诗坛因“台阁体”雍容典雅粉饰太平而

① 方以智：《通雅》卷首三，影印文渊阁《四库全书》本。

了无生机的局面，“前、后七子”旗帜鲜明地倡导“文必秦汉，诗必盛唐”。当复古思潮弥漫诗坛，一味模拟甚至剽窃风起时，“公安派”针锋相对，力主“独抒性灵，不拘格套”。为矫正“公安派”末流率性而为过于俚俗之偏颇，“竟陵派”不遗余力推崇“深幽孤峭”的特定风格，以至于最后导致自我封闭。“前、后七子”“公安派”“竟陵派”站在复古和反复古的两面，各执一论，都有排斥他说的弊端，但凭心而论，他们在自己所执的一端，进行了专门而深入的研究，奋力爬梳清理、总结提高的结果也往往给人以新的启示。因此，论争层面下潜有互补性。对这种互补性的认识，只有超越流派之成见，以发展的眼光去分析归纳方可获得。方以智正是如此，所以他说：“近代学诗，非七子则竟陵耳。王李有见于宋、元之卑纤、凑弱，反之于高浑、悲壮。宏音亮节，铿锵乎盈耳哉！雷同既久，浮阔不情，能无厌乎？”①。这样，方以智的融通诗学观不仅把握了明代诗坛纷争的症结，而且也在方法论的意义上启发了清人的诗学。

长期以来，对方以智给予清人的学术启发，人们更为关注的是其在小学和自然科学方面的成就，也就是所谓有关“雅学”和“博物学”的考据实学。如四库馆臣曰：“明之中叶，以博洽著者称杨慎，而陈耀文起而与争。然慎好伪说以售欺，耀文好蔓引以求胜。次则焦竑，亦喜考证，而习与李贽游，动辄牵缀佛书，伤于芜杂。惟以智崛起崇祯中，考据精核，迥出其上。风气既开，国初顾炎武、阎若璩、朱彝尊等沿波而起，始一扫悬揣之空谈。虽其中千虑一失，或所不免，而穷源溯委，词必有征，在明代考证家中，可谓卓然独立矣。”②这一评述非常中肯，但我们不能因此而忽略他对清代诗学的影响。考据实学影响渗透到清代的各个层面，方以智颇有个性的诗学观也必然借助这一学术范式渗透到清代的诗学领域。另一方面，方以智以他特有的人格品质和学术魅力，使他融通的诗学观直接或间接影地响着清代诗家的创作和理论。方以智与王夫之庚寅年订交于桂

① 方以智：《通雅》卷首三，影印文渊阁《四库全书》本。

② 《四库全书总目》卷一百八十九《通雅五十二卷》提要。

林[①],双方政治倾向一致,为学互为推崇。就诗歌而论,王夫之总结有明一代的诗风,对“前、后七子”“竟陵派”等批评甚多,主张“以意为主”“神理相处”“曲写心灵”以及儒释道兼通等,和方以智的诗学主张极为相似。方以智去世后,王夫之撰诗悼念[②]。应该说方以智对王夫之的影响是存在的。而王对清代主要的诗说者都产生了程度不同的影响,清代许多重要诗论家的思想在王夫之诗论中已经有所表现,典型如他的“心之元声”之于袁枚的“性灵说”;他的“神韵”和以“神龙”喻诗之于王渔洋的“神韵说”;他的重诗歌内容蕴藉之于翁方纲的“肌理说”等。清代最有影响的诗论家叶燮的诗论也和方以智的诗说桴鼓相应,叶燮的《原诗》是一部专事探讨诗歌本原和诗学基础的理论著作,从纠正“前、后七子”与“公安派”这两种对立倾向出发,综论诗歌多个方面,反对模拟复古,主张革新,强调诗人应具备识、才、胆、力。他认为诗歌历史发展的根本在于变,在于创,云:“盖自有天地以来,古今世运气数,递变迁以相禅。古云‘天道十年而一变’,此理也,亦势也,无事无物不然,宁独诗之一道,胶固而不变乎?”[③]他反对片面取舍,曰:“夫自《三百篇》而下,三千余年之作者,其间节节相生,如环不断;如四时之序,衰旺相循而生物、而成物,息息不停,无可或间也……总之:后人无前人,何以有其端绪;前人无后人,何以竟其引伸乎。”[④]将万事万物看成一个有生命的整体,尽在“理、事、情”中。我们认为叶燮以上所言诗歌的包容性和可变性与方以智之融通的诗学观是非常相近的,叶燮的生年较方以智晚十六年、较王夫之晚八年,受到方以智的影响应该是情理中的事,虽然我们还没有文字上的依据来证明。

“和诗”正是方以智融通诗学观的体现,横绢本上所记录的跋语“雁群咄咄忽书空,况复虚明在水中”,“受而读之,寓言所在,泪继以血”,“蝉脱脉望精灵在,云礽千页珍此纸”,“迷离一片烟水思,戏鸿染翰影子诗”等,

---

① 蒋国保:《方以智哲学思想研究》,安徽人民出版社 1987 年版,第 298 页。

② 王夫之:《王船山诗文集》,中华书局 1962 年版,第 313 页。

③ 叶燮:《原诗·内篇上》,北京人民文学出版社 1979 年版,第 4 页。

④ 叶燮:《原诗·内篇下》,北京人民文学出版社 1979 年版。

不仅是晚清文人士子对"和诗"的直接体悟，也是方以智融通诗学观对后人影响的一个缩影。

五

施闰章感叹方以智"以为《易》理通乎佛氏，又通乎老庄"①。方以智曰："佛生西，孔生东，老生东而游西，而三姓为一人。……溯其原同，则归于《易》耳。"②这证明方以智确信，《易》不仅与三教相通，而且统领三教。方以智为何有这样的确信？这一确信与"和诗"有什么样的关系？我们有必要进一步探索。

众所周知，《周易》产生的时间大致在西周至战国这个时段内，其时，殷周之际的典制剧烈变动，春秋战国的思想文化更是多元动荡，这样的背景决定了《周易》反映时代通变之特征成为不可避免。"神农氏没，皇帝、尧、舜氏作，通其变，使民不倦；神而化之，使民宜之。《易》穷则变，变则通，通则久。是以自天佑之，吉无不利"③，"一阖一辟谓之变，往来不穷谓之通"④，即是对这种通变特征的典型表述。尽管后来的《易》学对《周易》的解读多变不一，但在认识其通变思想这一点上，是法一不二的。司马迁曰："《易》著天地、阴阳、四时、五行，故长于变。"⑤孔颖达曰："夫《易》者，变化之总名，改换之属殊称。"⑥方以智依法这一传统，并参以家传《易》学，赋予《易》学以新的诠释。

其曾祖方学渐，人称明善先生，为方家《易》学创始人，著有《易蠡》，方学渐少学有成，但屡试不第，遂一意问学，力主兼容儒释道三家，崇尚实

① 施闰章：《无可大师六十序》，《施愚山先生学余文集》卷九。

② 方以智著，李学勤点校：《东西均》附《象环寤记》题注，中华书局 1962 年版。

③ 周振甫译注：《系辞下传》，《周易》，中华书局 1991 年版，第 257—258 页。

④ 周振甫译注：《系辞上传》，《周易》，中华书局 1991 年版，第 247 页。

⑤ 司马迁：《太史公自序》，《史记》卷一百三十，中华书局 1959 年版。

⑥ 《同易正义·卷首》。

学，图以朱学补阳明心学的空幻，声震于皖江、东吴。朱彝尊云："方氏门才之盛，甲于皖口，明善先生实浚其源。东南学者，推为帜志焉。"[①]方以智祖父方大镇二十八岁进士及第，承传家学，著述颇丰，代表作即为《易意》四卷。方以智父亲方孔炤为万历四十四年进士，仕途坎坷，但著作等身，尤精《易》学，著有《周易时论》，后为方以智编成。时人谓："先生家屡世传《易》，《易蠡》《易意》《周易时论》《易余》，《诸书》盈尺，类皆发前人所未发。"[②]此外，方以智外祖吴观我（人称宗一先生）、老师王宣（号虚舟子）皆长于《易》学，他们都在一定程度上启发了方以智。方以智曾追述自己的学术渊源道："小子半生虚度，中年历诸患难，淬砺刀头，乃悟三世之《易》，虚舟子之《河》《洛》，宗一公之疑信。"[③]可见，家学、吴观我和王宣共同哺育了方以智三教合归于《易》的哲学思想。

诗的天地逾越不出"三教"的外延，"三教"通于《易》，诗自然与《易》通，诗法即《易》道，所以，方以智曰："易一艺也，禅一艺也，七曜、四时，天之艺也，成能皆艺。而所以能者，道也。"[④]在他眼里，诗歌创作自然属"能"的范畴，是合于《易》道的。将诗歌创作纳入《易》道源自于他的"《易》者，征天地之几也"[⑤]之论，既然《周易》是考索天地间万物发生发展规律的经典，也就理所应当对诗歌创作起到原生原发的指导意义。所以，刘宝森在"和诗"后跋中曰："先生读《易》究正变，冥冥早作惊鸿翔。"

就以上所论，"和诗"所体现的三教合一思想和融通诗学观的背后，还隐藏着方以智的《易》学思想，这种隐藏就是"和诗"创作的思想根源所在。

---

① 朱彝尊：《静志居诗话》卷十四，人民文学出版社 1998 年版。

② 方中通：《数度衍》胡宗正跋。

③ 方以智：《双选社传语》，《冬灰录》。

④ 方以智：《浮山此藏轩别集》卷二。

⑤ 方以智：《所以》，《东西均》。

六

一个时代的结束，并不意味着同时代文化的终结。但是，这种传统文化在改朝换代之际常显得极其脆弱，往往被推到几近毁灭的境地。远有秦火，近有“五四”，带给后来人的沉思总是无穷尽的。身临其境，面对天崩地裂所致的种种劫难和迷惑，理性地思索如何继承优秀的传统文化并加以创新，从而顺应社会和学术思想发展的内在逻辑，为新时代的文化建设提供一个参照、一种资源，尤显重要。从这个意义上来说，方以智“和诗”所体现出的思想和文学价值，如同他的考据实学一样，在明清之际具有开风气的意义。在社会运行机制激烈变革，传统文化不断面临新挑战的今天，“和诗”在思想和文化方面给予我们的启示也是显而易见的。

（本文刊发于《文学评论丛刊》第 6 卷第 1 期）

论《贯华堂选批唐才子诗》

一、问题的提出

明末清初才子金圣叹以选批古代文本名世，因“哭庙案”为清政府所残杀，他原计划选批的“六才子书”，最终只留下两部半，即《西厢记》《水浒传》和四卷《唱经堂杜诗解》。此外，他留下的主要批本有《才子古文》和《贯华堂选批唐才子诗》（以下简称《唐才子诗》）。至今，他选批的戏曲和小说得到广泛的认可和赞许，《才子古文》也被公认为是《古文观止》之蓝本，相对来说，《唐才子诗》的境遇要低迷得多①。发生在金圣叹身上的这种落差，是否就表明这一批本价值较低甚至毫无价值呢？值得重新思考。

《唐才子诗》共选批由唐初至唐末145位诗人的595首七律。金圣叹云：“顺治十七年（1660）春二月八之日，儿子雍强欲予粗说唐诗七言律体。予不能辞，既受其请矣。至夏四月望之日前后，通计所说过诗，可得满六

① 清人徐增《而庵诗话》及《而庵说唐诗》、赵臣瑗的《山满楼笺注唐诗七言律》、纪昀的《唐人试律说》等明显留有金圣叹《贯华堂选批唐才子诗》影响之痕迹，但这种影响日渐稀落，今据《人大复印资料索引总汇·语言文艺类（1978—2001年）》光盘系统检索，研究金圣叹的论文共327篇，而涉及该文本的仅有4篇，由此可见当今学界对该批本仍多有忽略。

百首。"①向我们交待了选批七律的直接动因。他又在临终前的《绝命词》中曰:"鼠肝虫臂久萧疏,只惜胸前几本书,虽喜唐诗略分解,庄骚马杜待何如?"②这显然是将《唐才子诗》与未竟的"庄骚马杜"对等同观。事实上,金圣叹在与友人的书信交往中,多次表达他对唐代律诗尤其是七律的推崇,如:"但今诗莫盛于唐,唐诗莫盛于律。"③主客观情况都表明,金圣叹对《唐才子诗》同样倾注了自己的才思和学力。当然,这并不意味着《唐才子诗》一定具有较高的价值。要较为公允地解决所提问题,我们还需要紧扣文本,细细考察选和批两个部分。

二、选录标准的确定

选本是我国古代文学批评的重要方法之一,选录标准体现着选家的眼光和价值尺度,蕴含着选家的批评态度,因此它直接决定着选本价值的高低。从《诗经》到多种唐人选唐诗,直至清人诸诗选,莫不如此。《唐才子诗》存在的首要意义就在于它是一种选本,一种专选唐人七律的选本。那么,它的选录标准又是怎样的呢?

作为一位身受传统儒家文化浸润的文人,金圣叹的诗学观是正统的。他在和友人的相关讨论中反复强调这一点,如:"诗者,圣人之遗教也。则有一字一句稍或诡于圣人也者,我当勿敢出也。诗者,天地之元声也,则有一句一字稍或违于天地也者,我勿敢出也。"④"弟比日随手钞得七言律体六百余篇,尽是温柔敦厚之言……"⑤将"圣人之遗教"等同于"天地之元声",强调"温柔敦厚",显然是合儒家关于诗歌"经夫妇,成孝敬,厚人

① 金人瑞选批:《贯华堂选批唐才子诗》卷之一《圣叹外书》,民国上海有正书局铅印本。

② 金人瑞:《沉吟楼诗选》,上海古籍出版社影印本1979年版。

③ 金人瑞:《与许无庵之溥》,《圣叹尺牍》,民国上海有正书局铅印本。

④ 金人瑞:《答沈允兼志斌》,《圣叹尺牍》,民国上海有正书局铅印本。

⑤ 金人瑞:《与许孝酌王俨》,《圣叹尺牍》,民国上海有正书局铅印本。

伦，美教化，移风俗”之旨的[1]。所以，他明确地表达了对唐律诗的总体之认识：“故夫唐之律诗，非独一时之佳构也，是固千古之绝唱也，吐言尽意之金科，观文成化之玉牒也。”[2]我们看到，选录的全部诗篇几乎没有一首出此左右，甚至艺术成就相对较低的应制颂圣之作，也得到金圣叹的青睐。如对王建《早春午门西望》中“百官朝下午门西，尘起春风满御堤。黄帕盖鞍呈过马，红罗缠项斗回鸡”评论道：“‘春风’之言光辉也。……马与鸡尚有遭时得君之日，则亦下午门，行御堤，光辉遍身，顾盼自豪，其春风也如此。”虽不乏艺术分析，但相对“春风”“光辉”的比重，已是退居其次了。正因为所选七律皆符合传统儒家诗教，“故后之人如欲豫悦以舒气，此可以当歌矣；如欲怆怏以疏悲，此可以当书矣；如欲婉曲以陈谏，此可以当讽矣；如欲愉扬以致美，此可以当颂矣；如欲辨雕以写物，此可以当赋矣；如欲折衷以谈道，此可以当经矣”[3]。

第二个标准是注重七律在唐代的发展沿革。律诗是我国诗歌史上一种特殊的文学样式，它的源头可追溯到南北朝间。这种诗体演进的速度是比较缓慢的，初唐四杰写了大量的五律，却未能在七律方面进行尝试。宋之问、杜审言及李峤等人开始尝试，但数量少，体制上尚未能像他们的五律那样成熟。发展到开元天宝时期，一些重要诗人均用心于七律并有佳作，特别是王维的精深华妙、李颀的清丽典则颇受后人推崇。但从总体上看，盛唐前期七律数量依然有限，风格变化不多，内容上与他们的古体诗和五律那种广阔丰富的程度相比，距离很远。直到杜甫的手上，七律才在内容和形式上得到多方面的开拓。杜甫漂泊西南以后，“以穷愁寂寞之身，借诗遣日，于是七律益尽其变，不惟写景，兼复言情；不惟言情，兼复使典。七律之蹊径，至是益大开”[4]，真正走向成熟。在此基础上，晚唐李商

① 《毛诗序》。

②③ 金人瑞选批：《圣叹外书》，《贯华堂选批唐才子诗》，民国上海有正书局铅印本。

④ 赵翼著，霍松林、胡主佑校点：《瓯北诗话》卷十三，人民文学出版社 1963 年版，第 175 页。

隐、韩偓等人相继有所创新，为七律的发展做出了贡献。可见，七律在唐代的发展情况是复杂的[①]。金圣叹在选录时，关注到这一点，他注重了有唐一代七律发展的连续性，“初唐、盛唐、中唐、晚唐，此等名目，皆是近日妄一先生之所杜撰。其言出入，初无准定。今后万不可又提置口颊，甚足以见其不知诗”[②]之说，体现了他的整体观。批本第一首即选杜审言的《春日京中有怀》，在该诗第一句批语里，金圣叹特别提到杜氏在七律童年时期的作用，说：“当时初有律诗，人都未知云何。看他为头先出好手，盘空发起，异样才思，浩浩荡荡，平开二解。”又说：“于是又遂为律诗后解之定式，斯真卓尔罩代之奇事也。”所言或许言过其实，但突出了杜审言在七律发展史上的地位，不无见地。许浑一生共创作七律 212 首，题材广泛，内容丰富。表现最为突出的是，与七律创作集大成者杜甫的拗体相比，他的拗体诗做到了有拗必救，皆合律声。田雯称：“许浑琢句之秀，拗字之工，亦称杰作。”[③]“予谓声律之熟，无如浑者。七言拗句，如‘岭猿群宿夜山静，沙鸟独飞秋水来’，‘孤舟移棹一江月，高阁卷帘千树风’，‘一声溪鸟暗云散，万片野花流水香’……拗字声律极自然可爱。”[④]这种拗峭又不失圆稳的风格，是对杜甫七律变化神理的继承，又具有某种发展，在七律发展史上有着独特的地位。也许，正是基于这一点，尽管许浑创作的七律，在总数上低于白居易的 589 首，但其入选《唐才子诗》者为 34 首，位居第一。

以上两条标准是显而易见的，除此之外，金圣叹在选诗时还有别的思考吗？明代诗坛纷争，“前后七子”“唐宋派”和“公安派”“竟陵派”论争的实质在于，诗歌创作究竟是以模仿硬搬为主还是注重创作主体的心理体验。金圣叹身历其间，对此必有所思所得。乍看起来，批选唐七律似乎倾向复古，实际上，他在注重继承诗歌发展史上不同时期优秀成果的同时，

---

① 参见余恕诚先生：《唐诗风貌》，安徽大学出版社 1997 年版，第 229—232 页。

② 金人瑞：《答敦厚法师》，《圣叹尺牍》，民国上海有正书局铅印本。

③ 田雯：《古欢堂集》杂著卷三，文渊阁《四库全书》本。

④ 田雯：《古欢堂集》杂著卷二，文渊阁《四库全书》本。

更多的认同"性灵"说，认为"诗非异物，只是人人心头舌尖所万不获已，必欲说出之一句真话耳。儒者则又特以生平烂读之万卷，因而与之裁之成章，润之成文者也。夫诗之有章有文也，此固儒者之所矜为独能也。若其原本，不过只是人人心头舌尖万不获已，而必欲说出之一句说话，则固非儒者之所得矜为独能也"①，因而将"人之心声"作为七律入选的又一条标准："诗者，人之心声也。……弟先私自作誓，苟有不本于心之所诚然者，我当悉择弃之。"②白居易创作的七律数量虽高居唐代第一，但只被金圣叹选录了九首，排除在前十名以外。这恐怕与他的七律诗风通晓明畅，更注重客观描摹，对心理层面的体验提炼不够有关。我们还注意到，金圣叹选录了不少僧人的作品，这类作品非常灵动通脱。除去王维诗佛一向结合密切等特殊情况外，金圣叹还选录了其他在家之人的援佛入诗之作，如李颀的《宿莹公禅房闻梵》、李商隐的《题白石莲花寄楚公》、皇甫曾的《秋夕寄怀素上人》、许浑的《南庭夜坐贻开元禅定二道者》等，这些作品都非常契合"诗者，人之心声也"的标准。

或许还有其他影响因素，但以上三条标准或明或暗，相互交织，成为金圣叹选录有唐一代七律的主要标尺当无异议。无疑，它们都是非常切合唐七律发展实际的。

三、"分解法"的创制

作为一部选批本，在五百九十五首七律选定后，金圣叹创造性地运用了律诗批评史上独一无二的"分解法"，即将每首律诗八句平均分为前后二解，指出它们起承转合的固定范式，并加以评论。"其四句之前开也，情之自然成文，一二如献岁发春，而三四如孟夏滔滔也；其四句之后合也，文

① 金人瑞：《与家伯长文昌》，《圣叹尺牍》，民国上海有正书局铅印本。
② 金人瑞：《与高元丹茂梓》，《圣叹尺牍》，民国上海有正书局铅印本。

之终依于情，五六如凉秋转杓，而七八如玄冬肃肃也”①。对此，金圣叹还有多种更为生动形象的解释，如以佛法解说：“法师常说比丘入定貌。弟子目今与唐诗分解，恰恰正如其事。盖比丘入定，必须奋迅而入，山则必须安详而出。今律诗之一二正是其奋迅；三四正是其深注定中；五六正是其安详求出；七八正是其已出定来也。”②或比喻成开弓放箭之技：“前解如弓来体，后解如弓往体。”③更结合日常生活经验，略谓：“弟因寻常世间会说话人，先必有话头，既必有话尾。……弟今所分唐律诗之前后二解，止即说话人之话头、话尾也。”④“昨正午，大雨时行。弟闲座无事，因审看其来势去势。其来也，正犹唐律诗之前解也；其去也，正犹后解也”⑤。“昨有针客至舍，偶然说及针法，云只用指项捻针，略作来去，便是病人周身补泻。弟闻而大乐之，天地间固有如此至理，因遂告以我分唐诗正犹是也。前解一补也，后解一泻也，只在指项略作来去，处不费力也。”⑥

金圣叹之所以不厌其烦地解释他的前后分解法，是因为他面对的是壁垒森严的七律。胡应麟说：“近体之难，莫难于七言律。五十六字之中，意若贯珠，言如合璧。其贯珠也，如夜光走盘，而不失回旋曲折之妙；其合璧也，如玉匣有盖，而绝无参差扭捏之痕。綦组锦绣，相鲜以为色；宫商角徵，互合以成声。思欲深厚有余，而不可失之晦；情欲缠绵不迫，而不可失之流。肉不可使胜骨，而骨又不可太露；词不可使胜气，而气又不可太扬。庄严，则清庙明堂；沈著，则万钧九鼎；高华，则朗月繁星；雄大，则泰山乔岳；园畅，则流水行云；变幻，则凄风急雨。一篇之中，必数者兼备，乃称全美。故名流哲匠，自古难之。”⑦要对此体进行细密分解几乎是不可思议

① 金人瑞选批：《圣叹外书》，《贯华堂选批唐才子诗》卷一，民国上海有正书局铅印本。

② 金人瑞：《答西堂总持法师》，《圣叹尺牍》，民国上海有正书局铅印本。

③ 金人瑞：《唱经堂东柱上》，《圣叹尺牍》，民国上海有正书局铅印本。

④ 金人瑞：《答韩贯华嗣昌》，《圣叹尺牍》，民国上海有正书局铅印本。

⑤ 金人瑞：《与王斫山瀚》，《圣叹尺牍》，民国上海有正书局铅印本。

⑥ 金人瑞：《与天在师》，《圣叹尺牍》，民国上海有正书局铅印本。

⑦ 胡应麟：《诗薮·内编》卷五，济南：齐鲁书社 1997 年版。

的。这也是长期以来，人们对金圣叹选批唐才子诗不以为然的主要原因之一。对此，金圣叹是早有觉察并有预见的，曾多次解释他使用此法的理由，强调分解只是手段方法，正确解读学习才是目的，它与七律的严密整体性并没有冲突。他说："弟念唐诗实本不宜分解，今弟万不获已而又必分之者，只为分得前解，便可仔细看唐人发端；分得后解，便可看唐人脱卸。自来文章家最贵是发端，又最难是脱卸。若不与分前后二解，直是急切一时指画不出。故弟亦勉强而故出于斯也。"①"分解而后知唐人律体之严，直是一字不可得添，一字不可得减也。如使不分，便可成句皆与改换，分解岂细事哉！"②所以，他以为分解是可行的，"解之为字，出《庄子·养生主》篇，所谓解牛者也。彼唐律诗者有间也，而弟之分之者无厚也。以弟之无厚，入唐律诗之有间，犹牛之谍然其已解也"③。掌握运用好分解法，就能够以七律来准确地表达丰富的精神世界。所谓"文人除不动笔即已耳，文人才动笔，便自眼底胸前平添无数高深曲折，此殆非数十百行之得以速了者也，而如之何乃以八句相限？今限以八句，而彼仍得极尽其眼底胸前之无数高深曲折者，只赖分前分后，则虽一寸之阔之纸，而实得以恣展其破空之行故也。如曰不分，则是令其眼底胸前所有高深曲折，悉不得以少伸也。不则是其眼底胸前，乃曾有无数高深曲折也"④。

金圣叹的以上陈述具有极强的针对性和事实上的可操作性，他将分解法看成是一座精致的桥梁，目的是为了渡引读者探索唐七律的奥妙，进而能够正确地理解和学习，因而便显得合理和富有创意。如果说我国古代诗学批评方法大致可分选本、论诗诗、诗格、诗话、评点和摘句这六种的话，那么《唐才子诗》除了具有选本的意义外，其分解的部分至少涵盖了诗话、评点和诗格三种。纵观我国诗学批评史，"诗无达诂"影响长远深刻，因之而来的诗意朦胧性，使得诗学批评更多带有主观感悟色彩，其结果虽

① 金人瑞：《答顾掌丸慈旭》，《圣叹尺牍》，民国上海有正书局铅印本。
② 金人瑞：《与顾掌丸》，《圣叹尺牍》，民国上海有正书局铅印本。
③ 金人瑞：《与徐子能增》，《圣叹尺牍》，民国上海有正书局铅印本。
④ 金人瑞：《与沈方思永启》，《圣叹尺牍》，民国上海有正书局铅印本。

构筑了具有民族特色的诗学批评理论体系，但客观上也使初学者对具体诗作的精妙之处难以体认，有些解读甚至有搪塞之嫌。对此，金圣叹有着清醒的洞察："弟自幼最苦冬烘先生辈辈相传诗妙处正在可解不可解之间一语。"[①]因此，我们认为，基于文本实际存在状态的"分解法"具有学理上的逻辑性，有别于既往重直觉感悟的传统，因而，它带着新创的活力成为我国古代诗学批评理论的有机补充。这些正是金圣叹"分解法"的理论价值所在。实际操作中，"分解法"的确能够使我们对作品的结构与表现技巧一目了然，如他关于李白的《登金陵凤凰台》、刘禹锡的《金陵怀古》等篇作的逐层解析，就让读者沉浸于诗境的同时，真切地领略到诗法的严密和诗技的高超。

四、 批评的两个重点

毛张健曰："古诗可以驰骋由我……至局变而为律体，则承应既难，又不可无承应；关锁费手，又不可废关锁。一句之离，则上下体势俱碍；一字之滞，则通篇神理不浃。求其前后联属，血脉贯通，盖难之矣。"[②]一方面说出了近体诗有着比古体诗更为严格的程式，另一方面也意味着对近体诗的批评更为复杂和艰难。金圣叹将他的"分解法"牢牢建立在对具体作品存在状态把握的基础之上，认为七律只有通过读者的积极参与，才能展现其内在的活力和创作的技法。读者只有认真仔细地咏诵体验作品，才能发掘隐藏在作品中的作者意图及其赋予作品的意义。"分解不是武断古人文字，务宜虚心平气，仰观俯察，待之以敬，行之以忠。设使有一丝毫不出于古人之心田者，矢死不可以搀入也。宜须如此用心，然窃恐时时与古尚隔一间道。"[③]便是他这一思想的准确写照。根据这一思路，他的七律批评主要围绕着以下两个方面来展开。

① 《与任升之》，《圣叹尺牍》，民国上海有正书局铅印本。

② 毛张健：《丹黄余论》，《唐体肤诠》。

③ 金人瑞：《与顾掌丸》，《圣叹尺牍》，民国上海有正书局铅印本。

首先是对作者创作规律的探索和总结。这涉及上下解的语义安排、意象的组合、每一句的写法乃至字句的锤炼等，无需赘述。我们要突出指出的是，金圣叹将“文气”置于七律创作中极为重要的地位。他在高标“分解法”的同时，不废文气的通贯，“承教律诗八句本是一首，如分解恐似两首，此语乃大错。今且如人有一口气，若问修禅定人，则必分之曰安那般那。安那般那者，言一出息，一入息也。分之为一出息、一入息者，彼正欲明此一口气有来处有出处，而欲调之至于适中，不欲如牛马之喘声沸也。而翁便谓一口气被人分作两口气，有是理乎？知翁之为诗，喘声沸然矣”[①]！无疑，这是非常有针对性的，因为律诗在顺帖地通过声律格套关卡之后，极易失去生机，要使这种二难选择优化成两全其美，达到“处处打得通，又处处跳得起，草蛇灰线，生龙活虎，两般能事，以一手兼之”[②]之目的，就必须高度重视文气的通贯流畅。文气作为我国古代文论中的一个重要概念，最早出现在汉魏时曹丕的笔下，提出“文以气为主”[③]，强调气于文的重要性。颜之推继续推演：“文章当以理致为心肾，气调为筋骨，事义为皮肤，华丽为冠冕。”[④]尽管历代文论中，对“文气”这一概念的解释各有侧重，但在认识到它是决定文章优劣的一个重要因素，几成共识。具体而言，文气具有两方面的内涵。就客体说，即文章有无生气；就主体说，即作者有无生气。作者只有凝聚强有力的生气，并将其贯穿于创作的始终，方可使作品充满生机和活力。七律的文体归属自然决定它与文气密切相关，但布满声律格套的关卡成了阻塞文气流通的强大障碍，优秀的诗作必须在起承转接方面作出极大的努力，使强有力的文气穿透极严的关卡流贯始终。为此，读者要正确学作七律，必须首先向古人、向经典学习，从而

---

① 金人瑞：《答人》，《圣叹尺牍》，民国上海有正书局铅印本。

② 刘熙载：《诗概》。

③ 萧统编，李善注：《魏文帝典论论文》，《文选》卷五十二，中华书局 1977 年版，第 720 页。

④ 颜之推著，夏家善主编：《文章》，《颜氏家训》卷四，天津古籍出版社 1995 年版，第 108 页。

培养自己的文气。所以，他说："唐人思厚力大，故律诗本前后分解，而彼字字悉以万卷之气行之，于是人之读之者，更不睹其有出入起伏之迹也。后之人先不会读万卷，及看唐律诗，又不见其有出入起伏之迹，于是诵其一句，误认一意，遂谓四句四意。甚至有诗，误谓其八句八意，因而又复矻矻然逐句作之。"[①]在评点崔颢《黄鹤楼》时说："凡古人有一言一行，一句一字足以独步一时，占据千载者，须要信其莫不皆从读书养气中来，即如此一解诗，须要信其的的读书，如一、二便是他读得庄子《天道》篇轮扁告桓公：古人之不可传者死矣，君之所读，乃古之人糟粕已夫。他便随手改削，用得恰好。三四便是他读得《史记・荆轲列传》易水一歌：'风萧萧兮易水寒，壮士一去兮不复还。'他便随手倒转，又用得恰好也。至于以人人共读之书，而独是他偏有本事对景便用，又连自家亦竟不知，此则的的要信其是养气之力不诬也。"

其次是对读者接受反应的阐释。如前所述，金圣叹选批七律的目的只有一个，即为读者的准确认读和创作提供资源与方法上的参照。当这个参照被树立后，读者如何面对以汲取营养便成为他思考的又一个重点。于是，"知人论世"和"以意逆志"这两个传统概念，成为他在具体评点过程中的中心话题之一。两个概念都语出《孟子》，"知人论世"就"尚友"而论，说的是要了解一个人，必须首先了解他所处的时代以及他同时代的关系；"以意逆志"是就先秦说诗"断章取义"的缺失而发，指出读者只有调动主观因素去追溯作者的思想，才能较为准确地解读作品[②]。孟子当初并未从诗歌批评的理论高度，直接倡导这两个概念，但却在具体的诗歌批评实践中将这两个概念结合运用起来，他对《诗经》中《小弁》《凯风》的解读充分体现出这一点[③]。此后，曹丕的《典论》、沈约的《宋书・谢灵运传论》、刘勰的《文心雕龙》等，都从读者的角度出发，强调在阅读作品的过程中，了解掌握作品、作者及其所处的时代三者之间关系的重要性。金圣叹承

① 金人瑞：《答闵康祉云祈》，《圣叹尺牍》，民国上海有正书局铅印本。

② 分别参见《孟子・万章下》《孟子・万章上》。

③ 参见《孟子・告子下》。

接了这一传统,在七律的评点中,引导读者直面作品、作者及其所处的时代。我们看到,在被选录的145位诗人中的141人名下,列有小传并涉及诗人生平主要事迹和生活环境等,它对读者在解读作品中所起的作用不言白明。最重要的是,金圣叹将"知人论世"和"以意逆志"出神入化地运用在具体作品评析中,如李商隐的《七夕》,杜牧的《九日齐山登高》《宣州送裴坦判官往舒州时牧欲赴官归京》韩偓的《过临淮故里》《伤乱》《禁中作》,以及陆龟蒙的《鸡鹄》《闲书》等,或由人及诗,或由诗知人,或言事及诗,或论才识,或论风格,都言之有据,妥贴公允。王国维的"由其诗以知其人,由其人以道其志,则古诗虽有不能解者寡矣"①,完全可移用到金圣叹的唐七律评点中。

五、余论

综上所述,无论从选本的角度,还是从批本的角度看,《唐才子诗》都体现出了较高的价值。这种价值还体现在后来者对唐律诗的批评上,如:清人徐增的《而庵诗话》及《而庵说唐诗》、赵臣瑗的《山满楼笺注唐诗七言律》、纪昀的《唐人试律说》等,或引金圣叹之评语,或借用金圣叹的分解批评法,皆留下金圣叹影响之痕迹。

无须讳言,金圣叹的分解批评属于首创,同样摆脱不了任何一种文学批评方法原创时期的稚嫩和不周。如他混淆了七律和八股文两种不同文体的特点,说:"诗与文虽是两样体,却是一样法。一样法者,起承转合也。除起承转合,更无文法,除起承转合,亦更无诗法也。"②便显得偏执和武断。这种混淆也许正是《唐才子诗》的价值没有得到应有体认的一条重要原因。在其选录的标准之下,缺选了诸如李商隐《锦瑟》一类的优秀诗作。在个别作品的分析中,也时有牵强附会。这些都是我们在研究中不可忽

① 王国维:《玉溪生诗年谱笺序》。

② 《示顾祖颂孙闻韩宝旭魏云》,《圣叹尺牍》,民国上海有正书局铅印本。

略的。需要特别指出的是，金圣叹的分解批评，应用到对杜甫的七律评点时，明察和卓见迭出，显得较为老道成熟，考虑本文的专题性，未作引论。

在明末清初雅俗文学进一步走向融合的背景之下，金圣叹通过选批，使更多的读者参与七律的解读和创作，让七律走下雅文学的殿堂，从而顺应并推动了文学大众化的潮流。同时，我们也认识到，小说和戏曲以其通俗易懂的属性和对诗词吸纳的包容性，拥有更多的读者群，《才子古文》批本则有《古文观止》接传，这些或许正是《唐才子诗》渐遭冷落的又一条主要原因。学术研究的惯性已经延续这种冷落长达三个多世纪，这与批本存在价值很不相称。我们今天重新审视，认为《唐才子诗》不仅在批评价值上可同他的《西厢记》《水浒传》批本等量齐观，而且在我国古代诗歌批评史上也有其独特的贡献，我们应该在这两个层面上还其应有的地位。

（原刊《江淮论坛》2003 年第 3 期）

樊榭词新论

樊榭词[1]是厉鹗人生经历和词学思想的结晶，在浙西词派和清代词学发展史上占有重要地位。因此，它自雕刻之日起就受到人们普遍的关注，从厉鹗的词友徐逢吉、吴焯到著名的词家陈廷焯、谭献，乃至近代词曲大师吴梅等，都有过相关评析[2]。近些年来，随着清词研究的进展，一些学者对樊榭词作出了进一步探讨，取得了一定的成就[3]。但我以为樊榭词的独特价值并没有得到充分揭示，本文试图就此继续探索。

一

对于樊榭词，清人多有总结。如全祖望云："最长于游山之什，冥搜象物，流连光景，清妙轶群。又深于言情。故其擅长尤在词，深入南宋诸家

---

① 樊榭词见于《樊榭山房集》(陈九思点校，上海古籍出版1992年版)，包括四个部分，即《诗词集》词二卷、《秋林琴雅》四卷、《续集词》二卷、《续集集外词》一卷。以下征引樊榭词分别标于文中。

② 分别见徐逢吉、吴焯《秋林琴雅·题辞》，陈廷焯《白雨斋词话》，谭献《箧中词》，吴梅《词学通论》。

③ 见于专著有：严迪昌《清词史》，江苏古籍出版社1990年版；邬国平、王镇远《清代文学批评史》，上海古籍出版社1995年版等。论文有：高建中《略论樊榭词》，《华东师范大学学报》1997年第2期；鲁竹《从厉鹗对周邦彦的接受看其词的创作》，《中国诗歌研究》2003年第2辑等。

之胜。”[①]吴允嘉云：“厉君太鸿于诗古文之外，刻意为长短句，拈题选调，与紫山相倡和，大约怀古咏物之作为多。”[②]“最长于游山之什”“深于言情”和“大约怀古咏物之作为多”虽各有强调，但将樊榭词分为山水之作、言情之作和咏物之作三类大体上是不差的。后人言及樊榭词的内容基本上是依此阐释[③]。笔者在此无意重复申说。需要进一步指出的有两点，一是在樊榭词中，咏物词并不是一种纯粹客观的写照，而是厉鹗人生经历、心理性格的意象化；二是咏物词中的题画词不仅是樊榭词中的一项重要内容，而且展现出清代学人词独特的一面。

咏物词伴随词体而生。由于历史经验的积累，咏物词做到穷形尽相对清代词客来说已不是一件难事。厉鹗并没停留在这一层次上，而是使其咏物词不露痕迹地着上了主观色彩。其写兰花从生于“幽崖冷谷”，幽香冷艳，到“已坠红尘”，“孤负空香”，“应诉悲凉”（《国香慢·素兰》，《诗词集·词甲》），简直就是其“少孤贫，僦居杭城东园，敝屋数椽，读书不辍，声隽一时”[④]的身世和“平生爱寻先隐，冷襟怀、要与俗人疏”（《木兰花慢》，《诗词集·词乙》）的胸襟的写照。与友人深秋出游湖山“人与黄花共一船”，“沿堤转尽垂杨路，水影桥边。山影樽前”，最后突出的还是悲秋情节“画出伤秋雨后天”（《采桑子·晚秋同程松门泛舟红桥登平山堂》，《诗词集·词甲》）。《水龙吟·雪中忆西溪》（《秋林雅集》卷二）是厉鹗记忆中的画，雪所特有的凄清和澄明最易颤动词人的心弦：“忆西溪、此中清绝。压芦浦冷，吹花桥断，玉山遥列。三两烟舠，捕鱼初罢，柴门如月。”这是作者饱含深情向人们推出的故乡的一个诗化景观。《天香》（《诗词集·词乙》）

① 全祖望：《厉樊榭墓碣铭》，《鲒埼亭集》卷二〇，《四部丛刊》本。

② 吴允嘉：《秋林琴雅·题辞》，见厉鹗：《樊榭山房集》，上海古籍出版社1992年版，第880页。

③ 如陈九思亦分“游览写景之作”“言情之作”“咏物之作”，《樊榭山房集·前言》，上海古籍出版社1992年版，第3页。

④ 《杭州府志·文苑传》，《樊榭山房集》，上海古籍出版社1992年版，第1728页。

一词或许境界不高，但作为咏物词，它不仅通过烟客的面貌和心态写出烟草的神奇，将咏物词的触角延伸到“菰材故实”，而且，“旅枕半攲熏透，梦阑人悄。几缕巫云尚在，溅唾袖、余花未忘了”，也正吐露厉鹗的生平嗜好[①]，是其生活习惯的一个特写。

捕捉自然界中转瞬即逝的刹那间存在，而且极为准确地将其表达出来，是体现优秀作家性情、学识和智慧的一个重要方面。就咏物词写秋声而言，宋蒋捷《声声慢·秋声》堪称较早出现的佳作，通篇共出现九个“声”字，以“声”为韵，属“福唐体”，但细细体味终有肤浅未入肌理之感[②]。而厉鹗则别具手眼，《齐天乐·秋声馆赋秋声》云：“簟凄灯暗眠还起，清商几处催发？碎竹虚廊，枯莲浅渚，不辨声来何叶？桐飙又接。尽吹入潘郎，一簪愁发。已是难听，中宵无用怨离别。　　阴虫还更切切。玉窗挑锦倦，惊响檐铁。漏断高城，钟疏野寺，遥送凉潮呜咽。微吟渐怯。讶篱豆花开，雨筛时节。独自开门，满庭都是月。”（《诗词集·词甲》）上片写一秋夜未眠人寻觅秋声，以“碎竹”“枯莲”随风响而不辨作答，再续写秋声，引出一丝离忧，自然贴切。下片复写秋声：阴虫声切切，檐铁惊响，野寺钟疏，凉潮呜咽，最后是随着“独自开门”声，未眠人连同离忧一并融进满庭月光中。通篇一片天籁，仅一“声”字，即细微逼真地将“秋声”渲染得淋漓尽致，如同徐徐展开一幅凄清、幽静的有声图画。此类意境还体现在后面分析的《沁园春·声》《沁园春·影》等作品中。

总之，樊榭词中的咏物词尽管五色斑斓，却几乎都程度不一地糅合了主观色彩，大都做到了形神兼备，皆可视为其生活阅历和人生体验的意象

---

① 吴衡照云：“樊榭生平有烟癖，类韩慕庐。尝谱《天香》词传诸好事，同时汪韩门、瞿晴江有诗，全谢山有赋，足备菰材故实。”（《莲子居词话》卷三，见唐圭璋：《词话丛编》，中华书局1986年版，第2459页）

② 词云：“黄花深巷，红叶低窗，凄凉一片秋声。豆雨声来，中间夹带风声。疏疏二十五点，丽谯门、不锁更声。故人远，问谁摇玉佩？檐底铃声。　　彩角声吹月堕，渐连营马动，四起笳声。闪烁邻灯，灯前尚有砧声。知他诉愁到晓，碎哝哝、多少蛩声。诉未了，把一半、雁分与雁声。”（蒋捷《竹山词》，文渊阁《四库全书》本）

化。在清代的咏物词中，如果说朱彝尊对咏物词作出了卓有成效的探索[①]，那么樊榭词所体现的这一意象化处理方法，完全可视为浙西词派对咏物词的又一新贡献。如果加以细分，题画词在厉鹗咏物词中比例较高，有大量名世佳作。其中，题写历史名画以《水龙吟·题董羽出水戏珠龙图上有御前之印并宣和御押》（《秋林琴雅》卷三）、《水龙吟·题吴东壁大洋泛月图》（《续集·词甲》）二首为佳。分别云：

> 千年纸上风云，弄珠飞出宣和殿。沧波涌雪，银鳞墨爪，腾空如练。闲却绡宫，橘花开尽，有何人见？只豢龙旧姓，毗陵哑子，吹腥雨，穿枯砚。　　回首天家顿远。尚尘中、匆匆流转。神湫易改，青灯素壁，锁痕休断。笛里吟残，梭边眠熟，不胜清怨。望冰帘影外，香销几缕，海山秋晚。
>
> 凭谁画就沧溟，影连南极摇空碧。茫茫何在，云帆吹送，高秋今夕。蛇种城遥，鳀人国杳，水天无迹。正银涛上涌，冰丸倒射，应笑岸临风帻。　　为问乘槎此客。挹长庚、几经沦谪？一官寄耳，乾坤奇处，肯教轻掷？身到清虚，胸吞云梦，旧闻嫌窄。看蛮童起舞，澄辉零乱，泻莲花白。

面对珍贵的艺术品，作者思接古今，情绪飞扬，描摹释解中夹以追问，充满着历史沧桑感。词中还呈现出在其他作品中较为少见的开阔气势，但落笔处仍幽情深深，杳缈无尽，不失樊榭词风。

题当世名画的有《玲珑四犯·恽正叔西湖泛月图为陈玉几赋》（《诗词集·词甲》）、《渡江云·题汪祓江红药桥边吟客图》（《秋林琴雅》卷三）、《声声慢·题符幼鲁风雪归舟图》（《诗词集·词甲》）、《点绛唇·题授衣读

① 张宏生先生认为："朱彝尊咏物词的创作摆脱《乐府补题》的格局，丰富了咏物词的内容和形式，有着鲜明的艺术追求，体现了他作为一个杰出作家所具有的开宗立派的气度。"（《咏物词之传承与开拓》，载《中国诗学考索》，江苏教育出版社 2006 年版，第 188 页）

书稻田隅图》(《诗词集·词乙》)、《清平乐·陈楞山松泉试茗图》(《秋林琴雅》卷一)、《霜天晓角·华秋岳松月图》(《秋林琴雅》卷三)等。《高阳台·题华秋岳横琴小像》云:“剑气横秋,诗肠涤雪,风尘湖海年年,三径归来,慵将身事笺天。草堂不着樱桃梦,寄疏狂、菊涧梅边。想清游,如此须眉,如此山川。　　枯桐在膝冰徽冷,纵一弦虽设,亦似无弦。世外音稀,更求何处成连。几时与子苏堤去,采蘋花、小艇冲烟。笑平生,忘了机心,合伴鸥眠。”(《诗词集·词甲》)华秋岳即华嵒,著名的“扬州八怪”之一。该词将“扬州八怪”才华横溢,一凭心性,笑傲江湖,狂放不羁的形态刻画得惟妙惟肖。它如《南楼令·醉仙图》(《秋林琴雅》卷三)、《折桂令·(双调)题殿画乞巧图》(《续集·词乙》)、《清平乐·题饮谷说剑图》(《诗词集·词乙》)都耐人品味。《河传·题顾升山蔬果画册》十五首(《续集集外词》)犹如作者临摹写生。

为何厉鹗如此倾心援画入词?表现如此突出?这实可追溯到他的人生经历和学养中去。首先,厉鹗友人中擅画者多,其与一些著名的画家交情深厚。尤其是在寓居扬州徽商马氏“小玲珑山馆”期间,与“扬州八怪”中的郑板桥、金农、汪士慎、高翔、陈撰、华嵒等频繁诗酒唱和,把玩名画①。其次,厉鹗精研画史,曾“考《梦粱录》《武林旧事》等书”,“据《图绘宝鉴》《画史会要》二书”,“遍搜名贤吟咏题跋,与夫收藏赏鉴语”,荟萃成《南宋院画录》八卷②。四库馆臣评曰:“首总述一卷,次自李唐以下凡九十六人,每人详其事迹,而以诸书所载真迹题咏之类附于其下,叙次颇为赅赡……其征引渊博,于遗闻佚事,殆已采摭无遗矣。”③这些足见厉鹗有关画学的修养和识见。其曾以画论词:“尝以词譬之画,画家以南宗胜北

① 详参拙作《厉鹗与小玲珑山馆》,2005年《文学评论》编辑部和上海财经大学主办“中国传统经济生活与文学研讨会”提交论文。

② 厉鹗:《南宋院画录序》,《樊榭山房集》,上海古籍出版社1992年版,第758页。

③ 永瑢等:《四库全书总目》卷一一三,中华书局1965年版。

宗。稼轩、后村诸人,词之北宗也;清真、白石诸人,词之南宗也。"[①]将南北画风的差异引入词学,批评豪放婉约两派,没有足够的画学功力、擅于考据的人是绝对不敢轻而言之的。所以,援画入词在厉鹗是再也正常不过的了。

清词一个重要特征是学人之词甚多,重要的词家往往亦为文史大家。陈维崧之词被蒋景祁赞为"以为《左》《国》《史》《汉》、唐、宋诸家之文亦可"[②];浙西词派前辈朱彝尊亦为经学大师,所著《经义考》一百三十卷成为古代第一部经学史;常州词派开山张惠言为易学大师,后劲周济则自幼研习经世之学,甚至兼通兵家;厉鹗"学问淹洽,尤熟精两宋典实,人无敢难者"[③],将文史识见灌注词作更是为后人屡屡提及。可见"以学问为词"风行当时。相对而言,拥有如此丰厚的画学积累,并以极大的热情将其融入词体中,创作出大量的题画词,在清代重要词家中绝无仅有。倘若我们名之为"以画为词",那么它在"以诗为词""以文为词"疆域之外别开一面,就显得富有突破创新。厉鹗的题画词不仅增大了清代学人词的容量,也丰富了清词的题材和品种。

二

樊榭词中涉笔女性的词二十余首,占词作总量百分之十左右。值得注意。

其直接以女子体貌和饰物为题的,共四首,即《露华·玉簪》(《秋林琴雅》卷四)、《皂罗特髻·赋包头》(《诗词集·词甲》)、《折桂令·低髻》(《续集·词乙》)和《沁园春·腕》(《续集·词甲》)。后一首云:"十二楼高,隐

① 厉鹗:《张今涪红螺词序》,《樊榭山房集》,上海古籍出版社 1992 年版,第753—754 页。

② 蒋景祁:《陈检讨词钞序》,陈乃乾辑《清名家词》之陈维崧《湖海楼词钞》,上海书店 1982 年版,第 2 册,第 7 页。

③ 沈德潜:《清诗别裁集》,上海古籍出版社 1984 年版,第 969 页。

约轻云，全遮玉容。正帘衣半卷，斜支雪藕。香罗一握，乍敛春葱。肤薄微揎，节圆渐露，独倚霞腮想象中。凉侵处，有退红衫袖，浅护西风。欠伸在画屏东。见背后、凝酥两欲融。更朱绳力怯，秋千齐挽。彩丝痕紧，端午深笼。对脉慵抬，伤心小搕，笑学簪花运未工。新来瘦，问那人知不，跳脱旋松？”上片先营造一个楼高隐约的意境，再通过“斜支”“一握”“独倚”“浅护”等饶有趣味的动词组建系列情境安置“腕”的形象和动态，尤以“独倚霞腮想象中”为佳，它较为传神地将“腕”之单个形体浑化到少女整体的神思之中，这就稀释了词的香粉气，扩大了词之气象格局。过片以“欠伸在画屏东”转换女子的位置，作者的描摹随之由正面转换到背面，集中以女子绾发突显女子运“腕”的生疏。结句诙谐反问，意犹未竟，让人由欣赏女子形体美引渡到对少女质朴自然美的赞叹。这就摆脱了历来一些香艳词胶着于女子体征，缺乏生机乃至低级趣味之俗习。很显然，这同清初词家曹溶《惜红衣・美人鼻》、俞汝言《沁园春・美人耳》、董以宁《沁园春・美人鼻》中出现的猥琐有很大的不同，甚至同他的前辈朱彝尊《茶烟阁体物集》中屡以女性额、鼻、耳、齿、背等身体部位为对象的一些露骨描写也不可同日而语。

以女子声影为描摹对象的，只两首，皆出色。《沁园春・声》云：“隔院飞来，巧啭如簧，初闻可怜。正金经学诵，生成柔软。珠歌教唱，分外清圆。花下泠泠，帘中呖呖，小玉频呼密意传。吟郎句，惯临流对月，韵更悠然。　道将双字联翩。比相见、春风一笑嫣。记𪇮桃幽思，咒余茸舌。折杨离恨，噎在香咽。细语欢浓，娇啼梦浅，时送吹兰到耳边。关情甚，听莺雏燕乳，仍是笄年。”（《续集・词甲》）这是写一位女子的歌唱，上片先交待声音源自隔墙庭院，闻声不见人，这就给读者留下一定的想象空间。接着写出歌喉的美妙，凡此三致其意：前是歌声嘹亮，或清圆或柔软；中是犹在花下帘内，窃窃私语传密意；后是吟郎句，情韵流长。这使得女子声音成为可以把握的对象。下片运用系列比喻再三渲染，声随情动，声情并茂。全词以推测语“听莺雏燕乳，仍是笄年”作结，呼应开首。另一首《沁园春・影》（《续集・词甲》）则依时间顺序，写一位女子与心上人由暂别到重逢的故事。先是款款步于花间柳边，所谓“恰花阴行过”“柳丝遮住”，后是独自“悄照春波，偷窥晓镜”“低鬟月底”“凝眸灯下”，最后是“共映屏帏”。整个故事以“影”牵线，所有的内容都浓缩在“影”中，女子丰富的情感心理由虚无缥缈的“影”涵括，尽显得灵动和纯净。

以画中女性为题材的有七首，这也是厉鹗题画词的一个方面。一些静态的仕女图在厉鹗的词笔之下，栩栩如生，风情万种：“欲就浓香一梦，翩翩蝴蝶飞来。”（《清平乐·春游仕女图》，《续集·词甲》）“爱香生弦外，韵在丝前。小立徘徊，肯教流响空烟？”（《声声慢·题停琴仕女图》，《续集·词甲》）“扇影似人人似月。”（《南乡子·题挥扇仕女图》，《诗词集·词乙》）“花寒人可怜，无言空拥袖。”（《菩萨蛮·题呵手梅妆图》，《诗词集·词甲》）有些还表现了作者对其中女性的同情和哀思，《卖花声·徐翩翩书扇自称金陵荡子妇》结句云：“句尾可怜书荡妇，似诉漂流。”（《诗词集·词甲》）《买陂塘·题洞庭龙女图隐括湘夫人辞》（《秋林琴雅》卷三）则借助典故向我们展示了洞庭思妇的形象和神态。

其他闺情之作如《西江月》（《诗词集·词甲》），通篇写一少女在初春季节春情萌动，但只能私自领略闺愁，所谓“夜月深屏无睡”“心倚红笺能说，情除青镜难知”。这类词再往下写极容易滑入香软裸露之陈套，毫无美感乃至庸俗不堪。但厉鹗只凭一句“试香天气惜香时”小结，便过渡到尾句“人静街痕如水”，在动静对比互补中使人领受到一派天机的清澈自然美。

直接融入自己情事的大约两首，一是《眼儿媚》，词云：“一寸横波惹春留。何止最宜秋？妆残粉薄，矜严消尽，只有温柔。　当时底事匆匆去？悔不载扁舟。分明记得，吹花小径，听雨高楼。”（《诗词集·词甲》）秋波盈盈、底色温婉的女子姓氏及其与作者的过从难以指实，但作者追忆与伊人迎风小径、听雨高楼的怅惘和“悔不载扁舟”的懊恼之情清晰可感。明确女子身份的是另一首，即屡为人称引的《清平乐·元夕悼亡姬》（《续集·词甲》），这是厉鹗悼念他一生最爱怜的一位女人——月上的词作，厉鹗的组诗对此已有详尽的介绍①，无需赘言。我们要指出的是，其亡姬在词中已经化成千个情感符号，承载着作者无限的哀愁和凄凉。

以上大略是厉鹗涉笔女性词作的几个方面。不难看出，这些作品尽管表现内容各有侧重，但与传统描写女性的词相比，都凸显了力避猥亵淫靡、追求清丽自然的特点。杭州、扬州地区是历代文人骚客的流连场所。流光溢彩、花柳成荫，歌儿舞女、软玉温香，最能引发艳词的制作，词客混迹其间实难写出铿锵清刚的作品来。远如周邦彦之于杭州，近如王士祯之于扬州，都留下许多充满脂粉气的艳丽柔婉词篇。厉鹗生长在杭州，自幼沐浴乡里风情，又寄寓扬州徽商富贵之马家前后近三十年，可谓阅尽二地风情。为何表现出这样的创作倾向？这除其本身清幽孤僻的气质外，可能要联系香艳词的传统以及清词中兴的背景加以考察。

众所周知，词的香艳传统由来已久，描摹揣测女性体态修饰、声貌心理成为历代词客欣赏把玩或比兴寄托的一项重要内容。乃至每每有人以为词之香艳风格为词之“本色”。第一部词选《花间集》所载十八家词五百首中，绝大部分都与女性密切相关。《花间集》收录温庭筠词六十六首，其中描写女性的就有五十二首。自此往下，历经元、明，香艳词风不绝如缕。即便在以词风豪放清刚见长的词家手中，香艳词也并不鲜见。衍至清初，词学面临重振，陈维崧、朱彝尊等针砭词体衰落的流弊，各自从不同的方面为此做出了重要的贡献，他们也因此开宗立派，各领一家。但我们注意到，他们尽管在理论上都极力鄙视并竭力扭转明末词坛多尚女性声色的淫靡流风，但在创作中都留下了一些夹杂声色的尘下之作。可见，即便在清初词学主张各有侧重的词派领袖那里，推尊词体的理论和当下创作也都不尽吻合，有些甚至背道而驰。这一普遍现象说明，香艳词的创作传统在清代前期仍然有着强大的惯性。只有到了常州词派的手中，香艳词才

① 厉鹗：《悼亡姬十二首》（并序），《樊榭山房集》，上海古籍出版社 1992 年版，第 1041—1050 页。

真正结束了香软猥亵的习气而走上健康的路途①。厉鹗虽强烈意识到“词之为体,委曲啴缓,非纬之以雅,鲜有不与波俱靡而失其正者矣”②,词体要获得新生必须一归醇雅。但他毕竟出现在陈维崧和朱彝尊之后,常州词派之前。他在当时选择尽可能回避香艳词的创作传统,应该是一个切合实际、有意为之的举动。这一词学实践体现了厉鹗的词学思考和良苦用心,当视为厉鹗推尊词体的一种策略。

三

注重声律是樊榭词一大特点。张其锦在《梅边吹笛谱跋》中云:“至厉太鸿出,而琢句炼字,含宫咀商……又必以律调为先,词藻次之。”③这表明,清代学人已将樊榭词置于词与音乐的进程中,加以体察并深有会心。

词是合乐的文学,具有一定的声调音律是词的重要特性。南宋以降,词体逐渐走向衰落,这其中自有文体代兴等多方面原因,但乐谱失传,词与音乐脱离不能不说是一个重要的因素。对此,眼光犀利的词家一直不乏反思④。衍至明清之际,词学面临重振,人们对词体兴亡反思更为广泛和深刻,对词的音乐特性尤为关注,而且注意与元明杂剧、南曲区分开来。实际情况却是“自明以来,词学道微,不独倚声无专家,即能分句读者亦

① 参见张宏生先生《艳情词之发展与新变》,载《中国诗学考索》,第196—212页。

② 厉鹗:《群雅词集序》,《樊榭山房集》,上海古籍出版社1992年版,第755页。

③ 凌廷堪:《梅边吹笛谱》,见陈乃乾辑:《清名家词》,上海书店1982年版,第6册,第3页。

④ 明代俞彦可谓代表,《爰园词话》云:“词全以调为主,调全以字之音为主。音有平仄,多必不可移者,间有可移者。仄有上去入,多可移者,间有必不可移者。倘必不可移者,任意出入,则歌时有棘喉涩舌之病。故宋时一调,作者多至数十人,如出一吻。今人既不解歌,而词家染指,不过小令中调,尚多以律诗手为之,不知孰为音,孰为调,何怪乎词之亡已。”(见唐圭璋编:《词话丛编》,中华书局1986年版,第400页)

少”①。亲身感受明末词坛淫哇一片、词乐尽失的混乱，浙西词派领袖朱彝尊祭出“雅正”之方，力图使词体一归正途。他在《群雅集序》中通检词史，以为词之雅正必须合乎声调音律。至于其或批明代词场“排之以硬语每与调乖，窜之以新腔难与谱合”②，或赞陈维崧弟纬云词“含宫咀商，骎骎乎，小弦大弦迭奏而不失其伦”③，都可视为其词体必须合乎声律理论的具体展开。这表明浙派从开始即注意词合乐的特性。厉鹗继承了这一理论，并将其作了深入的阐发。他在《论词绝句》之十二云：“去上双声仔细论，荆溪万树得专门。欲呼南渡诸公起，韵本重雕菉斐轩。”④万树《词律》是明清之际进行词谱词律反思的一个重要成果，明确针对清代词坛律韵之失，所以，厉鹗专门而具体地赞扬万树严声律重音韵。他对自己的词友守词之律韵更是大为揄扬，如夸奖吴尺凫词“掐谱寻声不失扐度，且兢兢于去上二字之分，若宋人鬲指正平诸调，遗论犹未坠者”⑤，称赞查为仁“于声律之微，必抉根溯源，究其旨奥”⑥。显而易见，和朱彝尊相比，在推重词严守音律之雅这方面，更偏重对清代词坛的批评和指正。最为可贵的是，厉鹗将其落实到自己的实际创作中。

《国香慢·素兰》(《诗词集·词甲》)是一首咏物词，作者从不同角度写出兰花的幽敛清淡和生新灵动，情思出人天上人间，清澈连绵。通篇双调，韵脚“湘”“房”“霜”“行”“裳”“香”“凉”“昌”“窗”皆为平声，吟诵起来，声调悠长，正合词情，可谓声情通融。陈廷焯因此赞其“声调清越，是其本

① 谢章铤：《赌棋山庄词话》卷六，见唐圭璋编：《词话丛编》，中华书局 1986 年版，第 3403 页。

② 朱彝尊：《水村琴趣序》，《曝书亭集》卷四〇，《四部丛刊》本。

③ 朱彝尊：《陈纬云红盐词序》，《曝书亭集》卷四〇，《四部丛刊》本。

④ 厉鹗：《论词绝句十二首》，《樊榭山房集》，上海古籍出版社 1992 年版，第 514 页。

⑤ 厉鹗：《吴尺凫玲珑帘词序》，《樊榭山房集》，上海古籍出版社 1992 年版，第 754 页。

⑥ 冯金伯：《词苑萃编》卷八，见唐圭璋编：《词话丛编》，中华书局 1986 年版，第 1951 页。

色，亦是其所长”[①]。又如《清平乐·宿符圣基秋声馆同幼鲁作》云：“酒香人定，冷落黄花径。吟到江枫寒未劲，雨人瓶笙堪听。　自饶宋玉才情，何妨榜以《秋声》？今夜秋声重做，断云新雁程程。”（《秋林琴雅》卷四）上片四句，二十二字，“定”“径”“劲”“听”皆人声字，四仄韵。下片四句则二十四字，换压三平声韵。可谓前急后缓。龙榆生曾以为《清平乐》“似宜‘怨而不怒’之情”[②]，我们以此观照，该词秋意萧瑟，人情梗塞，一片肃杀，但终导向宋玉，情赋秋声，正可谓“怨而不怒”，词情起伏与声调升降同步共振，美不胜收。此外，在《百字令·丁酉清明》《扬州慢·广陵芍药》《高阳台·题华秋岳横琴小像》《兰陵王·三高祠》《采桑子·晚秋同程松门泛舟红桥登平山堂》等作品中，无论是宫调还是平仄韵脚，厉鹗都作出了合乎词情词意的选择。

需要特别提出的是，厉鹗词宗南宋周邦彦、姜夔等大家，就多含有声韵音律的内容，樊榭词中一些用两位大家词韵的作品直接证明了这一点。“邦彦本通音律，下字用韵，皆有法度”[③]，又“好音乐，能自度曲，制乐府长短句，词韵清蔚”[④]，自然得到他的推崇。樊榭用清真词韵的两首作品，已引起了研究者的注意[⑤]。我们在此重点关注对姜夔的接受，樊榭词中用白石词韵的有两首，即《角招》和《念奴娇》。通检《四库全书》，填《角招》者仅四人，宋姜夔、赵以夫，清朱彝尊、厉鹗。这足以引起我们注意。

《角招》为“黄钟清角调”[⑥]，最初为姜夔所制。据词序所言，姜夔重游故地，睹物思人，触景生情，哀叹昔人远去，离忧顿生，孤独怆然，复作此曲

① 陈廷焯：《白雨斋词话》卷四，见屈兴国校注：《白雨斋词话足本校注》，齐鲁书社 1983 年版，第 369 页。

② 龙榆生：《龙榆生词学论文集》，上海古籍出版社 1997 年版，第 96 页。

③ 周邦彦：《片玉词》提要，《四库全书总目》卷一九八。

④ 《宋史·文苑传》。

⑤ 鲁竹：《从厉鹗对周邦彦的接受看其词的创作》，《中国诗歌研究》2003 年第 2 辑。

⑥ 夏承焘：《〈白石道人歌曲〉校律·角招》，载《夏承焘集》，浙江古籍出版社和浙江教育出版社 1997 年版，第 2 册，第 354 页。

寄往昔日琴瑟知音俞商卿。这无疑定下了该词的音调和情调。词云:"为春瘦。何堪更绕、西湖尽是垂柳。自看烟外岫。记得与君,湖上携手。君归未久。早乱落、香红千亩。一叶凌波缥缈,过三十六离宫,遣游人回首。

犹有。画船障袖,青楼倚扇,相映人争秀。翠翘光欲溜。爱着宫黄,而今时候。伤春似旧。荡一点、春心如酒。写入吴丝自奏。问谁识、曲中心,花前后。"①双调一百零七字,前段十一句八仄韵,后段十二句九仄韵。今对照词韵,除"缈"为第八部上声外,其余皆属第十二部或上声或去声,这样通篇韵脚细密,回环往复,读来余音袅袅,情深意长。尔后,赵以夫续填一首,"以《角招》赋梅"②,虽依姜夔,通篇押仄韵,但韵脚都属第十六部入声韵,入声短促,特别是下片皆用"药"韵。虽也触景生情,多离别之苦,但咏来终觉声调少有起伏,难以传达消沉的感情。自此以降,元明几成绝响,诚如夏承焘先生所言:"角调曲北宋乾兴以后即不用。"③

值得玩味的是,到了清代浙西词派那里,朱彝尊、厉鹗各填一首。朱彝尊的《角招》也是借景抒情,通篇押第十六部入声韵,虽只记"裂帛湖春游作"④,但无论从词的情境还是从词押韵的角度看,都明显有模范赵以夫词笔的痕迹。厉鹗则不然,他对《角招》正本清源,直接追溯到姜夔那里,明言"用白石老仙自度曲",词云:"话离索。相逢又是、江天雁影寥廓。近来偏忆着。并马去程,茅店山郭。情怀最恶。向旧日、淮南栖托。看尽人间迎送,似官道柳垂垂,任西风梳掠。　　休莫。琴移别调,尘销古怨,此意真如疟。梦归烟漠漠。题扇书裙,三年前约。吴船乍泊。早问取、疏梅池阁。为怕寒香瘦削。想翻笑、我归迟,延春酌。"(《诗词集·词乙》)也是和词友离别,声调韵律皆合姜夔原作。厉鹗瓣香白石,对白石创造的声韵自有深究,其舍弃赵以夫和其前辈朱彝尊所作,正反映出他对词之声律

① 姜夔:《白石道人诗集歌曲》卷四,《四部丛刊》本。

② 详见《御定词谱》卷三四,文渊阁《四库全书》本。

③ 夏承焘:《〈白石道人歌曲〉校律·角招》,载《夏承焘集》,浙江古籍出版社和浙江教育出版社1997年版,第2册,第354页。

④ 朱彝尊:《曝书亭集》卷二五,《四部丛刊》本。

沿革的熟悉和重视。正本清源始终是词体发展的基础，更是清词复兴的重要前提。

所以，樊榭词声谐律美，不仅体现了厉鹗在具体创作形式上的一种追求，而且见出厉鹗站在词史的高度洞悉词学兴衰的深邃眼光。

四

与注重词的音乐特性，回溯词乐源流并遵从南宋词学大家的声调韵律这一面相反，樊榭词所具有的清冷幽深风格又体现出厉鹗竭力创新，开辟新境的气度和实绩。

樊榭词属于婉约一路。厉鹗一生追踪周邦彦、姜夔。除上文其引画论词，以南宗喻婉约、北宗喻豪放，明言婉约胜豪放外，又在述论乡里词客传承时，直接将婉约词风推至周邦彦，其云："南宗词派，推吾乡周清真，婉约隐秀，律吕谐协，为倚声家所宗。自是，里中之贤若俞青松、翁五峰、张寄闲、胡苇航、范药庄、曹梅南、张玉田、仇山村诸人，皆分镳竞爽，为时所称。元时嗣响，则张贞居、凌柘轩。明瞿存斋稍为近雅，马鹤窗阑入俗调，一如市伶语，而清真之派微矣。本朝沈处士去矜号能词，未洗鹤窗余习，出其门者，波靡不返，赖龚侍御蘅圃起而矫之，尺凫《玲珑帘词》，盖继侍御而畅其旨者也。"[①]樊榭词直接追和婉约诸家的作品，除前文讨论的用白石韵外，用清真韵有《惜余春慢·戊戌三月二十二日泛湖用清真韵》(《诗词集·词甲》)、《丁香结·暮春初霁用清真韵》(《诗词集·词甲》)，用梦窗韵有《澡兰香·癸丑淮南重午用吴梦窗韵》(《诗词集·词乙》)、《霜叶飞·九日葛岭用梦窗词韵》(《秋林琴雅》卷二)，用草窗韵有《大圣乐·东园饯春追和草窗》(《诗词集·词甲》)，用梅溪韵有《步月·己未岁吴山灯市甚盛用史梅溪韵》(《诗词集·词甲》)。对此，清人已有足够的体认，或概言：

① 厉鹗：《吴尺凫玲珑帘词序》，《樊榭山房集》，上海古籍出版社 1992 年版，第754 页。

"瓣香乎玉田、白石。"[①]或演绎:"清真雅正,超然神解。如金石之有声,而玉之声清越;如草木之有花,而兰之味芬芳。登培塿以揽崇山,涉潢污以观大泽,致使白石诸君,如透水月华,波摇不散。"[②]

在清词复兴的关节,拉开与豪放一派的距离,远离词坛叫嚣粗豪的局面,以婉约一派为矢的,使词一归醇雅,应该是符合当时现实的词学选择。更为难能可贵的是,厉鹗并没有以周、姜为止境,"凌铄周、秦,颉颃姜、史,日进焉,而未有所止"[③],如同其别开胜境的词学宣言。樊榭词正是此一宣言的履行。《桃源忆故人·萤》云:"夜凉那更秋情独,冷焰雨余轻扑。坠处湿黏帘竹,瞥见因风逐。　　穿烟照水犹难足。小簟窥人新浴。残月刚移桐屋。一个墙阴绿。"(《诗词集·词甲》)从词题到词句,一片冷色,词境凄清幽冷,似在白石词清空之底色上涂抹阴深之颜料。《齐天乐·庚午夏五将归湖上留别韩江吟社诸公》(《续集·词甲》)是厉鹗谢世前一年和扬州诸词友唱和之作,可与"小玲珑山馆"主人马曰琯、马曰璐昆仲《齐天乐·送樊榭归西湖》两首对读[④],旧日雅集扬州,分韵赋诗,结下的浓情密意,终因时光流逝而趋消歇,"忽觉归心,一灯摇梦野鸥近"的宿命,将一切指向遥远幽深的神秘。《玉漏迟·永康病中夜雨感怀》(《诗词集·词甲》)一词"柔厚幽森"[⑤],陈廷焯云:"此词似草窗,而骚情雅意,更觉过之。"[⑥]也许正是洞察了樊榭词别于婉约一派的风格。至于《忆旧游·辛丑九月既望》中,"树约风来,山剪秋眉"的意境和"凭高一声弹指,天地人斜晖"的气象,相对白石诸人来说,真是高出一截,个中滋味"骚雅遒逸,读

① 汪沆:《文集·序》,见厉鹗:《樊榭山房集》,上海古籍出版社1992年版,第703页。

② 陈撰:《秋林琴雅·题辞》,见厉鹗:《樊榭山房集》,上海古籍出版社1992年版,第880页。

③ 厉鹗:《群雅词集序》,《樊榭山房集》,上海古籍出版社1992年版,第755页。

④ 详参拙文《厉鹗与小玲珑山馆》,《文学评论》2007年第4期。

⑤ 谭献:《箧中词》卷二,清光绪刻本。

⑥ 陈廷焯:《白雨斋词话》卷四,见屈兴国校注《白雨斋词话足本校注》,齐鲁书社1983年版,第371页。

之忘疲”[①]。谭献云:“白石却步。”[②]可谓明察秋毫。有学者已经意识到,厉鹗“虽然推崇周邦彦,创作上却较少受周邦彦的影响,在词的题材、结构、意向以及所传达的情绪体验方面都与周邦彦有一定的距离”[③],我以为,这正是厉鹗努力超越传统竭力创新的一个重要标志。所以,“真沐浴于白石、梅溪而出之者”[④]、“上下五百年,居然独树一标坛矣”[⑤],皆可视为对樊榭词新创清冷幽深风格的感发。陈廷焯论词力主“沉郁”,虽谓:“樊榭词笔幽艳,盖亦知陈、朱之悖乎古,而别出旗鼓以争胜。浅见者谓其从《风》《骚》中来,其实不过袭梅溪、梦窗、玉田面目,而运以幽冷之笔耳。”[⑥]但也不得不由衷感叹:“樊榭词杳然而深,悠然而远,能令动者静、躁者安、桀骜者顺,其词之可以化人气质者,其惟樊榭乎?”[⑦]

为达到别创胜境,形成清冷幽深词风之目的,厉鹗征典引文,锻字炼句,追求生新灵动,对此研究者已有抉发[⑧],不再阐释。值得补充的是,此一清幽冷艳的词风也深得佛禅之化育。厉鹗长期清游,投宿江浙名刹古寺,仅见于《秋林琴雅》卷二的作品就有四首:《燕山亭》《台城路·上虞百官江口舜庙》《满江红·曹娥庙》《兰陵王·三高祠》。前一首序云:“唐开成陀罗尼石幢在龙兴寺,幢为处士胡季良书,埋地中已久,下有舍利五十四粒,崇祯丙子忽放光,掘得之,都穆赵崡诸人所未见者也。”在一定程度

① 《续修四库全书·忆旧游提要》。

② 谭献:《箧中词》卷二,清光绪刻本。

③ 鲁竹:《从厉鹗对周邦彦的接受看其词的创作》,《中国诗歌研究》2003 年第 2 辑,第 256 页。

④ 徐逢吉:《秋林琴雅·题辞》,见厉鹗:《樊榭山房集》,上海古籍出版社 1992 年版,第 879 页。

⑤ 吴焯:《秋林琴雅·题辞》,见厉鹗:《樊榭山房集》,上海古籍出版社 1992 年版,第 881 页。

⑥ 陈廷焯:《白雨斋词话》卷八,见屈兴国校注:《白雨斋词话足本校注》,齐鲁书社 1983 年版,第 657 页。

⑦ 陈廷焯:《云韶集》卷一八,见屈兴国校注:《白雨斋词话足本校注》,齐鲁书社 1983 年版,第 367 页。

⑧ 如严迪昌先生《清词史》、高建中先生《略论樊榭词》皆有相关论述。

上说明厉鹗通于佛事掌故。后三首依次有云："重华不见苍梧远，西风忽吹入世。""收钓客归山色里，读碑人立暮烟中。""鹭入芦花，两明灭，枯沙抱断块，清绝。"皆语浸禅意，颇见化工。至于其所撰《五百罗汉记》(《文集》卷五)、《云林寺重建轮藏殿记》(《文集》卷五)、《佛日净慧寺游记》(《文集》卷六)、《古铜佛降生像记》(《续集集外文》)等文更见其较深的佛学造诣。可以说，佛禅机理中的清空澄明、物我同一屡见樊榭词中。所以，徐紫珊云："樊榭词生香异色，无半点烟火气，如入空山，如闻流泉。"[①]谭献甚至以"词禅"二字概括《齐天乐・秋声馆赋秋声》[②]，毫无疑问，佛性禅意大大强化了樊榭词清冷幽深的风格。

厉鹗的创新结出硕果，樊榭词向人们展示了词这一文体在豪放、婉约之外又一种风格及其魅力，在一定程度上意味着词体的新生。厉鹗也因此成为浙派的中坚，在清代词坛引领新潮，"一时靡然从之，奉为正鹄"[③]。吴锡麒云："吾杭言词者，莫不以樊榭为大宗，盖其幽深窈渺之思，洁静精微之旨，远绪相引，虚籁相生，秀水以来，厥风斯畅。"[④]

对清代中后期词坛之弊端，人们常引金应珪在《词选后序》中所言的"淫词""鄙词""游词"加以概括[⑤]。其实，这也正从一个方面道出了整个清代词学所面临的困境，词体发展到南宋，豪放、婉约二派各领风骚，出现词至极致、后难为继的局面。从这个角度看，恐怕没有哪位词客愿意写出弊端丛生的作品来，所谓"淫词""鄙词""游词"，正是清代词客企图突破这一困境时，力不从心、误入歧途的苦果。在词体生命已近垂暮的时刻，"质也灵虚，学也膏腴，才也佽飞"[⑥]的厉鹗简直就是应词运而生，其立于婉

① 徐紫珊：《艺蘅馆词选》，广东人民出版社1981年版，第208页。

② 谭献：《箧中词》卷二，清光绪刻本。

③ 丁绍仪：《听秋声馆》卷六，见唐圭璋编：《词话丛编》，中华书局1986年版，第2649页。

④ 吴锡麒：《詹石琴词序》，《有正味斋骈体文》，《续修四库全书》本，第1468册。

⑤ 金应珪所言详见唐圭璋编：《词话丛编》，中华书局1986年版，第1618—1619页。

⑥ 吴焯：《秋林琴雅》，见厉鹗：《樊榭山房集》，上海古籍出版社1992年版，第881页。

约，另辟新境，别创一格，于整个清词功莫大焉。吴梅评论："大抵其年、锡鬯、太鸿三人，负其才力，皆于宋贤之外，别树一帜；而窈曲幽深，当以樊榭为最。"①极是。

但是，文学史上任何一次艺术创新都有得失。樊榭词这一创新也使浙西词派付出了代价，当厉鹗后继者由于受自身条件限制外加世道时运的变化，出现了创作"专以饤饾挦扯为樊榭流派，失樊榭之真"②的局面时，浙西词派便作茧自缚，走向尽头，最后必然为纠偏补正、另开新路的常州词派所取代。这也从一个侧面说明，樊榭词在不经意间又成为常州词派的一个逻辑起点。

五

纵观樊榭词，我们不难发现，他的词很少触及社会政治尤其是底层生活。这就和现实生活发生了严重的偏离。在这一点上，他既没有明清之际因亲身体验故国沦亡之痛，而在词坛上掀起壮阔波澜的陈子龙、陈维崧之情不自禁，也没有后来常州词派张惠言、周济力主比兴寄托，而直接将词和社会现实连接起来之自觉追求。即便就浙派词学本身进程而论，前有朱彝尊携《乐府补题》进京，云集遗民共诉黍离之悲；后有郭麐适应时运世道的跌宕多变，阐发词于社会现实之功能。这是否意味着厉鹗对社会政治现实和底层生活的极端冷漠？樊榭词又是否绝对是"弱化生命的歌唱"③？值得分析。

文学创作经验表明，优秀作家总是善于以自己的心性来体验主客观世界，但具体到每一个体，因心思才力、生活经历和知识结构不同，体验和

① 吴梅：《词学通论》，上海古籍出版社 2006 年版，第 118 页。

② 沈德潜：《清诗别裁集》，上海古籍出版社 2013 年版，第 969 页。沈氏此言虽论浙派诗弊，实际上也正是浙派词弊。

③ 高建中先生以为樊榭词"总体上仍只能是一个有所弱化的生命的歌唱"（高建中：《略论樊榭词》，《华东师范大学学报》1992 年第 2 期，第 77 页）。

表达方式的选择都有很大的差别。这在词学发展史上也多有表现。柳三变为市井浪子，天性风流，成日出没歌场舞榭，词作一咏三叹，温婉流丽。辛稼轩为朝廷武将，刚烈耿直，一生金戈铁马，词风迅猛浩荡，豪迈横放。柳词更多的是蕴涵个体生命体验，词之覆盖面逼仄；辛词则偏重承载政治社会思想，词之外延相对宽阔。但他们的词作都是特定时代的生命结晶，并开启了词学发展的不同向度，同样在词史上占有重要的位置。所以，我们可以在言志载道、关注乃至干预当下社会政治的层面上进行词学批评，绝不能仅执此一端牢笼甚至评判所有的词家词作。源自自己的个性禀赋和独特的人生经历，相对而言，厉鹗并没有期望通过施展自己的才华学识来观察、揭示和改变当时的现实。他一生执着的是诗词创作和学术研究，词带给他的几乎是纯粹的审美体验。“无梦到槐柯，蓬山自踏歌”(《南楼令·醉仙图》,《秋林琴雅》卷三)，“枕琴眠，看云坐，采芝歌。老来苒苒奚事？图史日摩挲”(《水调歌头·访吴丈志上寄老庵》,《秋林琴雅》卷三)，诚为其夫子自道。依托词体，在追寻源头流变和开创新境中，传承文化命脉，体验生命的自适和惬意，未尝不是一种积极主动的生命方式。更何况在清词面临进一步走出困境的时刻，暂时忽略词的外在功能，重新发掘词的内在秉性及其艺术张力，不正是词学去除繁芜走上康庄大道所必须的吗？樊榭词正是厉鹗维系词之性命和表达自我生命体验的一种方式。

（原刊《文学遗产》2007年第3期）

扬州徽商与清代朴学述略

有清一代，以名物训诂、考实求真之法致力于古籍整理、经史研究，蔚成风气，形成中国学术发展史上的清代朴学①。同时期的扬州徽商倾力藏书、刻书，适应并呼应着这一风气，展现出这一群体于物质利益追求之外的精神境界。

一

明代末年，士林学风空疏，士子多束书不观，流弊无穷。有些读书人甚至随意改窜古书，致使古籍文献面目全非②。针对这一恶劣局面，以顾炎武为代表的一批学人，在明清之际提出经世致用和博学于文的思想，倡导并实践细密考订的治学方法，开清代朴学之先河。另一方面，清王朝在完成对中原的武力征服后，为寻求思想上的绝对控制，大兴古籍整理之风，使当时的文人学士毕生埋头于故纸旧典。朴学风气大开，学界对古籍

---

① 朴学亦称“汉学”“考据学”“清学”“乾嘉之学”等，参见漆永祥《乾嘉考据学研究・前言》，中国社会科学出版社 1998 年版，第 1 页。

② 黄宗羲尝谓“明人讲学，袭语录之糟粕，不以六经为根柢，束书而从事于游谈”，见《清史稿》本传，中华书局 1977 年版，第 13105 页。顾炎武则云：“万历间人，多好改窜古书，人心之邪，风气之变，自此而始。”见黄汝成《日知录集释》，岳麓书社 1994 年版，第 672 页。

出现了前所未有的倚重和需求，这直接导致并促使了清代江浙地区藏书刻书的兴盛。袁同礼《清代私家藏书概略》有云："有清一代藏书，几为江浙独占，考证之学盛于江南，盖以此也。"①扬州作为江浙乃至整个东南地区的经济、文化和交通重镇，其藏书、刻书更是首屈一指，具有雄厚经济实力和崇儒情怀的徽商在其中充当了重要角色。

就刻书而言，徽商曾资助官方雕刻《全唐诗》《钦定佩文斋咏物诗选》《御选历代诗余》《佩文斋书画谱》《御选宋金元明四朝诗》《渊鉴类函》《佩文韵府》《钦定全金诗》等。此外，徽商又多私家刻书，所刻遍及经史子集。祁门籍盐商马曰琯、马曰璐昆仲刻书在徽商中更是独领风骚，其雕刻因精审而被誉为"马版"②。如《宋本韩柳二先生年谱》《干禄字书》《五经文字》《九经字样》《班马字类》《困学纪闻》《说文解字》《玉篇》《广韵》《字鉴》《宋诗纪事》等，不一而足。清代朱彝尊所著《经义考》，论述先秦至明代的经学著作及其师承传接，可资经学研究者稽考其中事实和诸家学说的异同，文献价值极高，其后半部也全凭马氏资助得以付梓传世。

与刻书比较，徽商藏书也毫不逊色。其时，扬州规模较大的藏书家多属徽商，如，程晋芳，号鱼门，歙县人，治盐于淮。《清稗类钞·义侠类》言："时两淮殷富，程氏尤豪侈，多蓄声伎狗马。鱼门独愔愔好学，服行儒业，罄其资以购书，庋阁之富，至五六万卷，论一时藏书者莫不首屈一指。"③郑侠如之"丛桂堂"，藏书极富，黄宗羲晚年好聚书，搜抄稀有书籍，于鄞县范氏天一阁之外，多从郑氏"丛桂堂"借抄。江春的"随月读书楼"、江昉"紫玲珑山馆"也都藏有秘籍。但若论规模和影响，当首推马曰琯、马曰璐兄弟的"小玲珑山馆"所藏。这可从当时的藏书家言和地方志中得到说明，藏书家吴翌凤曰："乾隆初，扬州殷富……秋玉（曰琯）尤富藏书，有稀

---

① 李希泌编：《中国古代藏书与近代图书馆史料》，中华书局 1982 年版，第 420 页。

② 李斗：《扬州画舫录》，中华书局 1960 年版，第 88 页。

③ 张海鹏、王廷元主编：《明清徽商资料选编》，黄山书社 1985 年版，第 465 页。

见者，不惜千金购之。玲珑山馆中四部略备，与天一阁、传是楼相埒。”① 《甘泉县续志》曰：“（马氏兄弟）酷嗜古书，海内奇文秘简，不惜重价购求，所藏书画碑版，甲于江南北。”②扬州徽商为藏书付出了极大的努力，全祖望曾在《丛书楼记》中细数自己亲历马氏执着于藏书之实：“小玲珑山馆，园亭明瑟，而岿然高出者，丛书楼也，迸叠十万余卷。予南北往还，道出此间，苟有宿留，未尝不借其书。而嶰谷（曰琯）相见，寒暄之外，必问近来得未见之书几何，其有闻而未得者几何，随予所答，辄记其目，或借钞，或转购，穷年兀兀，不以为疲。”③六年后，全氏复为马氏编订的《丛书楼书目》作序，赞叹自明中叶以来，马氏兄弟储书之富在扬州已堪称第一④。可惜，《丛书楼书目》已经失传，经史子集的具体分布难以一一指认。但我们仍可通过对《四库全书总目》中收录的“两淮马裕家藏本”书目及存目的统计，来略窥马氏藏书之一隅。马裕即马曰璐之子、马曰琯养子。四库共收录马裕献书中的 372 种，其中经部 56 种、史部 121 种、子部 43 种、集部 152 种。这足见马氏藏书的规模和价值，而其时马氏兄弟已相继谢世，藏书也多有散失⑤。程晋芳的藏书也有名于时，《四库全书总目》中收录的“编修程晋芳家藏本”书目及存目共 182 种，其中经部 11 种、史部 50 种、子部 88 种、集部 33 种。

以上将徽商藏书和刻书分开复述，实际上二者互为一体，精善本的收藏通过雕刻得以流通，新刻的书籍又不断丰富着收藏。举凡经学、史学以及目录、校勘、版本、音韵、训诂等各门专学皆与朴学密切相关，扬州徽商这一文化行为的动因在相当程度上归于清代朴学的兴起。

---

① 吴翌凤：《逊志堂杂钞》，中华书局 1994 年版，第 39 页。

② 转引自厉鹗：《樊榭山房集》，上海古籍出版社 1992 年版，第 421 页。

③ 全祖望著，朱铸禹汇校集注：《全祖望集汇校集注》，上海古籍出版社 2000 年版，第 1065 页。

④ 全祖望著，朱铸禹汇校集注：《全祖望集汇校集注》，上海古籍出版社 2000 年版，第 610—611 页。

⑤ 参见拙作《马曰琯、马曰璐年谱》，载《徽学》2004 年第 4 卷，安徽大学出版社 2004 年版。

二

浸润朴学气息的徽商藏书、刻书业,为清代朴学的发扬光大提供了有力的支撑。陈登原所言“吾人敢为一言,即吾人欲明清学之盛者,虽知其由多端,要不能与藏书之盛莫无相关”①,完全可视为对扬州徽商藏书、刻书与清代朴学关系的一个总结。马氏、程氏凭借私家藏刻为清纂修《四库全书》提供了经史子集之大量精善本,这是对清代朴学的重大贡献。具体而论,马氏“小玲珑山馆”馆藏为当时学人的学术研究提供了宝贵的文献,《四库全书总目》对马氏所藏诸种珍贵典籍屡有称赞。下引史部、子部各一例:一为史部之《金石录》三十卷,系宋著名金石学家赵明诚所撰,赵以所藏三代彝器及汉唐以来石刻,仿欧阳修《集古录》例编排成帙,成就极高,但该书在锓板传抄过程中,多有讹误,虽经李清照、洪迈、焦竑、顾炎武等大家校雠考订,诸种版本仍存差异,四库馆臣以为:“今扬州刻本皆为采录,又于注中以《隶释》《隶续》诸书增附按语,较为详核。别有范氏天一阁、惠氏红豆山房诸校本,皆稍不及。”②可见马氏藏本具有极高的校勘价值。一为子部之《式古堂书画汇考》六十卷,为清卞永誉撰。卞氏精于字画收集鉴赏,王士禛《居易录》云:“卞中丞永誉贻《书画汇考》六十卷,凡诗文题跋悉载,上溯魏、晋,下迄元、明,所收最为详博。”③该著书、画各三十卷,先纲后目,先总后分,先本文而后题跋,先本卷题跋而后引据他书,条理秩然,征引特详。诸如此类的珍贵文献在其他旅扬徽商手中也不在少数,它们为一代学人的学术研究提供了巨大的便利。

事实上,当时众多文史大家在扬州正是利用徽商珍藏或刊刻的文献从事学术研究,取得了丰硕的成就。厉鹗、全祖望治学皆实事求是,他们广蒐善本,亲手校勘,著作等身,蜚声学林,主要得益于他们长期出入于马

① 转引自周少川:《藏书与文化》,北京师范大学出版社 1999 年版,第 350 页。
② 纪昀等:《四库全书总目》,中华书局 1965 年版,第 734 页。
③ 纪昀等:《四库全书总目》,中华书局 1965 年版,第 968 页。

氏“小玲珑山馆”。《清史稿·文苑传》云:“鹗搜奇嗜博,扬州马曰琯小玲珑山馆富藏书,鹗久客其所,多见宋人集,为《宋诗纪事》一百卷,又《南宋院画录》《辽史拾遗》《东城杂记》诸书,皆博洽详赡。”①此外,厉鹗曾于“小玲珑山馆”校勘一部重要词选《元凤林书院草堂诗余》。该著系无名氏所选,至元、大德间诸人所作,皆南宋遗民,词作多凄凉感伤,旨意幽深,不仅具有较高的艺术价值,而且也是研究南宋遗民的珍贵文献。厉鹗多次利用马氏藏书校订,终于使之成为善本,如其自云:“雍正癸丑中冬廿二日,在广陵小玲珑山馆得新购元刻《草堂诗余》三册,增入赵功可三首,李太古三首,复校定数十字,始称善本。”②

《困学纪闻》系宋代王应麟所著,皆札记、考证之文,包括说经八卷,天道、地理、诸子二卷,考史六卷,评诗文三卷,杂识一卷,属王氏扛鼎之作。其卓越的考据成就,曾深得清初朴学家的青睐,阎若璩、何焯曾先后为之笺注。马曰琯及时雕刻阎若璩笺本并加以收藏,全祖望就是在马氏“畬经堂”利用其刻本并参何本三笺《困学纪闻》,取得重要的学术成就。李元度《全谢山先生事略》赞云:“(全祖望)经扬州,居马氏畬经堂,成《困学纪闻》三笺,论者谓在百诗、义门二家之上。”③

值得进一步指出的是,利用徽商藏刻文献所取得的许多重要成果复为徽商藏刻,成为当时学术研究新的增长点。如,全祖望七校《水经注》的手批本大都为马氏“小玲珑山馆”所藏,在《鲒埼亭集·外编》卷三二中,全氏所作《柳氏水经校本跋》云:“今此本归于扬之马氏小玲珑山馆。”《清常道人赵琦美脉望馆三校本水经跋》云:“今归于扬之马氏小玲珑山馆。”《孙氏水经再校本跋》云:“今是本亦藏小玲珑山馆。”④可见,徽商藏书、刻书

---

① 《清史稿》,中华书局 1977 年版,第 13373 页。

② 厉鹗曾多次抄录校订《元凤林书院草堂诗余》,先后撰五则跋语,参见拙作《樊榭山房集拾遗》,载《古籍研究》2004 年第 2 期。

③ 全祖望著,朱铸禹汇校集注:《全祖望集汇校集注》,上海古籍出版社 2000 年版,第 2714 页。

④ 全祖望著,朱铸禹汇校集注:《全祖望集汇校集注》,上海古籍出版社 2000 年版,第 1396—1397 页。

与朴学家的研究始终处于一种良性互动状态。

三

藏书、刻书过程本身就带有鲜明的学术性，如书籍的搜寻、版本的选择、文字的校勘、目录的编排等：清代扬州徽商因藏、刻所需，遍涉辨伪、辑佚、训诂、考订等精审博证的朴学方法，所以，仅就参与藏书、刻书行为本身而论，众多扬州徽商自然也属于清代学术研究的参与者。为集中说明这一点，不妨仍以马氏、程氏为例。

全祖望曾评述马氏有云："聚书之难，莫如雠校。嶰谷于楼上两头各置一案，以丹铅为商榷，中宵风雨，互相引申，真如邢子才思误书为适者。珠帘十里，萧鼓不至夜分不息，而双灯炯炯，时闻雒诵，楼下过者多窃笑之，以故其书精核，更无伪本。"①全氏此言并非溢美，兹引两例。其一，马曰琯、马曰璐直接参与《宋诗纪事》编纂工作，厉鹗在该书刊行时即标题"马曰琯同辑""马曰璐同辑"。在前二十卷中，马氏还对所收的一些作品进行了版本考证等工作，并加有按语。如卷一一"余良肱"目下，曰璐以其所掌握文献质疑道："《汴京遗迹志》载《宋登科记》，天圣三年、四年停贡举，而余良肱史作四年进士，未知孰是？"马氏兄弟校雠功力由此可见一斑。所以，厉鹗述及编纂经历时感言："幸马君嶰谷、半槎兄弟，相与商榷……念与二君用力之勤，不忍弃去。"②其二，雍正七年（1729），有关韩愈、柳宗元生平的重要文献《韩柳年谱》仿宋本于"小玲珑山馆"开雕。陈景云跋曰："柳集久逸，年谱独存其序，广陵马君嶰谷涉江购韩谱后未久，复收宋椠版柳集残帙，其中年谱完好，乃诸本所无，因与韩谱同梓。"③马氏辑佚之勤，可谓有功学术。

① 全祖望著，朱铸禹汇校集注：《全祖望集汇校集注》，上海古籍出版社 2000 年版，第 1065—1066 页。

② 厉鹗：《宋诗纪事·序》，上海古籍出版社 1983 年版，第 1 页。

③ 马曰琯编：《韩柳年谱》，清雍正七年小玲珑山馆刻本。

至于徽商在藏、刻过程中，不断汲取学养，继而潜心朴学，卓然成家者也不乏其人。程晋芳即利用其藏书著《周易知旨》《尚书今文释义》《左传翼疏》《礼记集释》，以朴学成就显于学林，复因《四库全书》编纂之需，被选入号称“汉学大本营”的四库馆中。嘉庆十六年(1811)江藩撰成《国朝汉学师承记》，意图以师生或师友的关系为主线构建清代汉学谱系，这是公开对清代汉学家的一次门户检阅，其著作以传记的形式记录汉学家的生平资料和主要学术观点，被视为带有学术史性质的传记集成。而程晋芳赫然在编辑者之列，此亦从另一个侧面凸显出程晋芳的朴学地位与影响。

以马氏昆仲、程晋芳为代表的扬州徽商，是参与清代学术研究之一股不可忽略的力量。

四

围绕着徽商藏书、刻书，扬州地方学术气息日益浓郁，从而成为东南地区的文化学术重镇。被后世誉为“通学”的“扬州学派”的出现，为扬州地方历史文化画上了一个圆满的句号。张舜徽说：“余尝考清代学术，以为吴学最专，徽(皖)学最精，扬州之学最通。无吴皖之专精，则清学不能盛；无扬州之通学，则清学不能大……扬州诸儒，承二派以起，始由专精汇为通学。”①

治金石之学可资历史地理、典章制度、文字音韵等校勘辨伪，是清代朴学的一个重要组成部分。顾炎武即认为，金石之文可以“多与史书相证明，可以阐幽表微，补阙正误”②，他发掘、考证和收集碑文等石刻材料，先后编成《金石文字记》《求古录》《石经考》。“扬州学派”的中坚阮元，承接这一朴学传统，勤于金石之学，他在《金石十事记》将自己一生“于金石用力”之十事一一列举③。如其“事之三”即为撰录《积古斋钟鼎款识》，该书

① 张舜徽：《清代扬州学记》，上海人民出版社1962年版，第2页。

② 顾炎武：《顾亭林诗文集·亭林文集》卷二，中华书局1983年版，第29页。

③ 阮元：《研经室集三集》卷三，《四部丛刊》本。

所著录的各类拓本多达560件，其中“国邑、大夫之名，有可补经传所未备者；偏旁篆籀之字，有可补说文所未及者”①。这些拓本除部分取自友人所集外，大部分源自扬州徽商的收藏。阮元即江春的“甥孙”②，江氏三代业盐于扬州，江春本人不仅“治鹾业，上官知其能，檄为总商”，而且“喜吟咏，好藏书，广接纳，主持淮南风雅”③。

乾嘉时期，清代朴学全盛，在扬州还得到地方官员的积极推扬。卢见曾，字抱孙，号雅雨，山东德州人，康熙六十年(1721)进士，曾于乾隆元年(1736)、十九年(1754)两度任两淮盐运使，足智多才，尤笃于文化事业④。他与马氏昆仲、江春等徽商交往密切，并以“雅雨堂”之名整理刊刻精善书籍，其刻书经费或直接或间接来自徽商。仅得马曰琯资助雕刻的就有：王士禛《渔洋感旧集》十六卷⑤，朱彝尊《经义考》后一百三十卷⑥。在卢氏刊刻众多重要著作中，最值得称道的是他于乾隆二十一年(1756)，延吴派领袖惠栋校勘雕刻的《雅雨堂丛书》十余种，主要包括李鼎祚《易传》十七卷、郑玄《周易》三卷、《周易乾凿度》二卷、《尚书大全》四卷、高诱《战国策》三十三卷、卢辩《大戴礼记》十三卷、封演《封氏闻见记》十卷、王定保《唐摭言》十五卷、孙光宪《北梦琐言》二十卷、颜师古《匡谬正俗》八卷、庞元英《文昌杂录》六卷。此皆宋以前古籍，以经史为主，集释考订极为周全严密。法式善曾感其“皆世间罕见之本，卷帙宏富，楮墨精好，洵足珍秘”⑦。李详《论扬州学派》有云：“吾扬自卢雅雨先生为运使，延惠定宇修定《感旧

① 阮元：《研经室集三集》卷三，《四部丛刊》本。

② 李斗：《扬州画舫录》，中华书局1960年版，第277页。

③ 阮元：《歙县江鹤亭橙里二公传》，《研经室集再续集》卷二，《续修四库全书》本，第1479册，第589—590页。

④ 李斗：《扬州画舫录》，中华书局1960年版，第228—229页。

⑤ 详见《刻渔洋山人感旧集序》，卢见曾《雅雨堂诗文集》卷二，清道光刻本。

⑥ 卢见曾《雅雨堂诗文集》卷一《经义考序》曰：“《经义考》尚有十三类缺焉未睹……始得其未刻之本于先生之孙稻孙，乃与同志授之梓。”《扬州画舫录》卷四曰：“(马曰琯)曾为竹垞刻《经义考》。”

⑦ 法式善：《陶庐杂录》，中华书局1959年版，第127页。

集》及《山左诗钞》。华亭沈学子、青浦王述庵与惠同馆卢署，休宁戴东原往来其间。扬州是时已开小学校雠一派。”①沈华亭，即沈大成，江苏华亭人，经史之外尚通天文、地理、乐律、九章诸术，尝校订《十三经注疏》《通典》《说文》等。王述庵，即王昶，江苏青浦人，擅长金石考据，曾著《金石粹编》一百六十卷等。戴震，皖派领袖。显然，卢署集一时朴学之显要，校雠之学大兴，李详据此认为“扬州学派”始于卢见曾两淮盐运使任上，极中肯綮。可见，主要以扬州徽籍盐商为后盾的卢署雕刻，不仅为“扬州学派”朴学之兴导夫先路，而且对清代朴学发展大有推波助澜之功。

（原刊《文艺研究》2006 年第 8 期）

① 李详：《李审言文集》，江苏古籍出版社 1989 年版，第 656 页。

文化互动:“扬州二马”与“扬州八怪”

——考察清代文艺发展的一个视角

梁启超在总结清代文艺时说:“前清一代学风,与欧洲文艺复兴时代相类甚多。其最相异之一点,则美术文学不发达也。清之美术(画),虽不能谓甚劣于前代,然绝未尝向新方面有所发展……要而论之,清代学术,在中国学术史上,价值极大;清代文艺美术,在中国文艺史美术史上,价值极微,此吾敢昌言也。”[①]诚然,清代文艺美术无论是与同时期的学术相比,还是与欧洲文艺复兴时期的文艺相比,整体水平要低得多,梁氏所言甚是,但关键是这种比较就必然能够导出“清代文艺美术,在中国文艺史美术史上,价值极微”的结论吗?当我们将目光投向清代雍乾时期的扬州,审视发生在徽籍盐商和一群诗人画家之间的文化互动时,我们骤然发现梁氏的结论并不准确。无论从规模还是从影响来看,有着人文艺术修养的“扬州二马”和背离传统的“扬州八怪”之间的交往,不仅推动并见证了当时扬州商业文化发展和繁荣,而且在清代文艺美术整体低迷的态势下,更凸显了其生命力和开创性,因此,对“扬州二马”与“扬州八怪”文化互动的考察具有多重意味。

① 梁启超:《清代学术概论》,上海古籍出版社 1986 年版,第 101—102 页。

一、“扬州二马”与“扬州八怪”的文化交游

“扬州二马”指马曰琯(1688—1755)、马曰璐(1695—1769?)昆仲。兄曰琯,字秋玉,号嶰谷等,著有诗集《沙河逸老小稿》六卷附词一卷;弟曰璐,字佩兮,号半查等,著有诗集《南斋集》七卷、《南斋词》二卷。马氏祖籍徽州祁门,承祖业业鹾于扬。他们互为师友,考校文艺,评骘史传,旁逮金石字画,俱以诗名。又筑“小玲珑山馆”,富饶藏书,礼遇寒士,慷慨组织并参加诗书画社等多样文化活动,在扬州文化圈中位居中心,被时人敬称“扬州二马”。“扬州八怪”指以郑燮、金农和汪士慎为代表,在行为和艺术两方面都带有“离经叛道”意味的一群革新派画家。他们主要活跃在雍乾时期,都曾在扬州鬻画,以诗画会友,成为扬州文化史上,也是我国绘画史上一道独特的景观。“扬州八怪”与“扬州二马”在扬时间交叠,文化交往密切,始终处于一种互动状态。为了全面而准确地认识这场文化互动,我们以“扬州二马”为中心,从“扬州八怪”诸人中选取与其交游事迹可征者,加以勾勒。

高凤翰(1683—1749),字西园,号南村、南阜等,山东胶州人。一生倾情诗书画,中年曾为官,晚年贫病交加。著有《南阜山人诗集》七卷。乾隆元年(1736)秋,高凤翰在“小玲珑山馆”,用“倾刻帖法”双钩《西岳华山碑》,并赋诗题记①。马氏昆仲都曾为其画题诗,马曰璐《南斋集》(乾隆二十六年刻本)卷一有《题高南阜醉禅图》,马曰琯《沙河逸老小稿》(乾隆二十三年刻本)卷一有《题高南阜折柳图》。

陈撰(1687—1758),字楞山,号玉几山人,浙江鄞县人。长期客居扬州出售书画,并长于作诗,诗集有《玉几山房吟卷》。陈氏频繁出入“小玲珑山馆”,金楷正跋《巢林集》(乾隆九年汪氏写刻本)曰:“(汪士慎)与厉太鸿、高西唐、陈玉几诸名辈酬唱于马氏玲珑山馆,极一时人文之盛。”马曰

① 卞孝萱:《扬州八怪年谱》,江苏美术出版社1990年版,第320—321页。

琯《嶰谷词》(乾隆二十三年刻本)即有相关词两首《谒金门·楝花和玉几》《秋雨初凉,同西唐玉井坐山馆紫薇花下》。马曰璐与其诗画往来可见《南斋集》卷五《画鹤为陈玉几作》。

汪士慎(1686—1759),字近人,号巢林,安徽歙县人,与马氏同籍徽州,长期以诗书画流寓扬州。著有诗集《巢林集》七卷。汪氏性格孤傲,不事逢迎,安贫乐道,但与“扬州二马”交情尤深,马曰琯《秋日柬汪近人》以“交深卅载意绸缪”许之,其别号“七峰居士”即名自马氏“小玲珑山馆”十二景之一“七峰草堂”。雍正十二年(1734),《巢林集》由马氏资助刊刻,金世禄《巢林集·跋》言:“《巢林集》七卷,富溪汪近人先生侨寓邗江时所著者,其椠板旧为玲珑山馆马氏藏本。”汪氏与马氏诗画往来甚多,仅《巢林集》记载的就有:卷二《读马嶰谷真州看桃花诗因次原韵》诗三首,《咏两明轩盆荷呈嶰谷半查主人》诗四首,《山馆蓼花和嶰谷》;卷三《嶰谷有烘梅诗余众继作》;卷四《试灯前一日集小玲珑山馆听西唐诵雨中集字怀人诗》;卷五《嶰谷半查招饮行庵》。乾隆八年(1743)冬天,在“小玲珑山馆”同高翔合作,为马曰琯绘十幅梅花帐巨制,称胜于时。《沙河逸老小稿》卷二《梅花纸帐歌》云:“巢林古干淡着色,高子补足花缤纷。”

金农(1687—1764),字寿门,又字司农,号冬心先生,浙江杭州人,擅长诗书画印。著有《冬心先生集》四卷、《续集》一卷、《拾遗》一卷。雍正三年(1725),马曰璐集汪士慎等人为金农赴河东送行,作有《春日送金寿门之河东》一诗。雍正五年(1727),金农自泽州投诗马氏昆仲,乾隆八年(1743)暮春,马氏昆仲集金农、郑燮等文士宴于“小玲珑山馆”,把玩文物,赋诗写画。金农有诗,诗序云:“乾隆癸亥春之初,马氏昆季宴友于小玲珑山馆。秋宇(即秋玉,马曰琯字)主人出前朝马四娘画眉螺黛,太子坊纸、宋元古砚,将意友人。余得秋宇案头巨砚,质虽稍粗,然临池用之,大可快意。老年得此,又得一良友矣。”金农又为马曰琯制研铭,此见《冬心先生集》(清雍正刻本)中《冬心斋研铭》之《马嶰谷蕉叶研铭》和《透风透月两明轩重莲研铭》,“透风透月两明轩”为“小玲珑山馆”十二景之一。金农与马氏交往还见于《冬心先生集》卷二《忆康山旧游寄怀余元甲高翔马曰楚曰琯曰璐汪士慎》、卷四《马曰琯兄弟招同王歧余元甲汪厉鹗闵华汪沆陈皋集小玲珑山馆》。

高翔(1688—1753),字凤冈,号西唐等,江苏甘泉人。长期在扬州以书画维持生计。雍正十年(1732),高翔为马曰璐书画篆书[①]。高翔还多次与“扬州二马”雅集,诗作大多被收入马曰琯所编《韩江雅集》中。高翔病逝后,马氏昆仲以诗哭之。马曰琯《哭高西唐》诗云:“重鬓交契失高贤,傲岸夷犹七十年。白袷惯倾花屿酒,青山只取研田钱。两家老屋常相望,一样华颠剧可怜。同调同庚留我在,临风哪得不潸然。”此见他们的深情厚意。他们之间的交游还可见于《沙河逸老小稿》卷一《寿高西唐五十》、卷二《雨后南庄和西唐》、卷四《月夜南庄看桂同西唐茶坞弟半查》,《嶰谷词》之《四字令》,《南斋集》卷一《己未祀灶日有感橘堂先兄次西唐韵》、卷三《偕西唐过青畲书室》、卷四《问西唐疾》等。

郑燮(1693—1765),字克柔等,号板桥居士等,江苏兴化人。曾为官,后遭罢免。诗文书画在“扬州八怪”中皆为突出,著有《板桥集》等。寓扬时,郑燮曾与马氏为邻,为马曰琯画扇并题诗《为马秋玉画扇》[②]。乾隆八年(1743)暮春,与金农等宴集于“小玲珑山馆”,并为马氏画竹。马曰琯亦为郑燮墨竹画题诗,有《秋日题郑板桥墨竹幅》一首。

以上勾勒可见“扬州二马”与“扬州八怪”文化交游历经雍正、乾隆两朝,前后长达半个多世纪,内容遍涉诗词书画,足见他们之间的相互认同和推许。发生在这本属商人和画家两个不同群体之间的文化互动,能在当时当地“极一时人文之盛”,无论就艺术史还是就商业文化史而言,都发人深省。

二、“扬州二马”的艺术修养与文化消费

清代雍乾前期,徽商势力达到高峰,尤其在两淮盐场,徽商已为业界

---

① 厉鹗:《国香慢·序》,《樊榭山房全集》卷十,四部丛刊本。

② 郑燮:《郑板桥集》,上海古籍出版社 1962 年版,第 157 页。

执牛耳者,《歙县志》载“(康乾之际)两淮八总商,邑人恒占其四”就是明证。伴随着商业的兴旺,徽商的儒化进程在广度和深度两个方面都与时俱进,得到不断的加强。清代著名的学者、祖籍徽州休宁的戴震在《戴节妇家传》不无骄傲地说:“吾郡少平原旷野,依山为居,商贾东西行营于外以就口食……虽为贾者,咸近士风。”而近人许承尧在考察徽商历史时言:“商居四民之末,徽殊不然。歙之业鹾于淮南北者,多缙绅巨族。其以急公议叙入仕者固多,而读书登第,入词垣跻仕者,更未易仆数,且名贤才士往往出入其间,则固商而兼士矣。”①许承尧(1874—1946)祖籍歙县,生活在清末民初,为近代著名的诗人、方志学家、书法家、文物鉴赏家。他的这番话自然可信,也可视为对徽商具有双重身份的定评。

需要说明的是,雍乾时期的徽商多为徽商后代,他们在优裕而崇儒的家境中成长,自幼受到良好的教育,本身就具有相当高的文化素质,有些还取得各种功名,他们所具有的儒化倾向较前辈更为强烈。这更突出地表现在扬州徽商身上,以“扬州二马”为代表的徽商,通过系列文化活动,不仅有力证明徽商融士商于一体的特性,而且空前地繁荣了扬州文化并使其呈现出不同既往的面貌。可以说,更为紧密的士商结合的特性赋予了徽商对文化艺术的热爱和参与,并且引导着他们的文化消费。这正是我们探讨“扬州二马”能够与一群新兴画家交往的一个重要基础。

“扬州二马”的艺术修养,不仅在一些奢侈性物质消费方面得到体现,如与大多数徽商一样,在扬州大规模兴建堪称文化艺术杰构的私家园林②,还直接表现在对书画古董的收藏和鉴赏上。他们的题跋和诗词集中就有大量鉴赏字画的作品,马曰璐曾专门为“小玲珑山馆”所藏唐代绘画珍品《醉番图》作一图记:“唐胡与子俱善画,范阳人,所画皆蕃地之景。此卷人物气韵渊穆、精彩、飞动,真可谓神品者矣。旧称画笔用狼毫,极清劲,洵不诬也。余家小玲珑山馆所藏名迹甚多,惟王冼设色山水卷及李伯

① 许承尧:《歙风俗礼教考》,《歙事闲谭》卷十八,黄山书社2001年版。

② 李斗:《扬州画舫录》卷四,中华书局1960年版。

时《九歌图》卷、江贯道《长江图》卷、关仝江《山渔艇图》卷、李成《寒林图》卷，与此卷皆属甲观。汪中允退谷过从索观称绝，欲以汉玉縠璧易之，与却之曰：'敝帚自珍，嗜痂成癖，从吾所好而已，随珠和璧，非不实贵，吾固不欲以彼易此也。'相与大笑而罢，晴窗展玩之下，漫笔识之。乾隆戊午花朝半查马曰璐。马氏丛书楼珍藏图记。"[①]此可见："小玲珑山馆"所藏名迹甚多，且多有珍品；马曰璐对艺术品"嗜痂成癖"，纵以"随珠和璧"相诱换，也不为所动；马曰璐具有相当高的绘画鉴赏能力，深得画品三昧。马曰璐所言不差，文史大家厉鹗曾亲见马氏所藏"马麟摹黄筌春波鸂鶒图""顾定之墨竹"等名画，并为之赋《题马佩兮所藏马麟摹黄筌春波鸂鶒图》《马秋玉佩兮招饮观顾定之墨竹》二诗，扬州学派著名人物阮元在《广陵诗事》卷七曾借扬州诗老之口称小玲珑山馆"每逢午日，堂斋轩室皆悬钟馗，无一同者，其画手皆明以前人，无本朝手笔，可谓巨观"。马氏对名贵书画的收藏和珍重还可直接从其诗集中得到反映，马曰琯诗集《沙河逸老小稿》共六卷，仅卷一题画诗就有《题方南堂归山图》《题方邴鹤琴鹤送秋图》《汪南溟临董文敏鹤华秋色图为张希亮题》《题画次程江太史韵》《山馆柳树久月不衰松逸既写其态复题二十八字见示柳其从此健矣》《题汪蛟门先生少壮三好图》《题雅雨先生出塞图》《题高南阜折柳图》。马曰璐诗集《南斋集》共七卷，卷二题画诗也不在少数，其中，《禹鸿胪尚基五瑞图联句》记录了"扬州二马"和一群诗人画家赏画赋诗的经过，《雁足灯歌》描述的是马氏所藏汉代宫廷文物"铜雁足灯"，《题范石湖复水月洞铭拓本》涉及书法，凡此有关字画和文物的题诗还散见他们诗集其他各卷中，这些足见马氏兄弟品赏字画的密度和能力，亦见其艺术修养源自日常生活的频繁积累。

与其艺术修养表现形态相关，马氏兄弟的文化消费特点非常鲜明：不惜巨资收藏书画名帖、古旧器皿，极力追求新、奇、怪。这从上述马氏兄弟对名画名物的收藏可略窥一斑。此外，延请名家作画和鉴赏文物也是其

① 陆心源：《穰梨馆过眼录》，清光绪十七年吴兴陆氏家塾刻本。

文化消费不可或缺的一部分。金农、高翔等都曾多次寓住"小玲珑山馆"并为马氏作画外,"扬州八怪"诸人也屡屡出没于其他徽商之宅。如仅在乾隆二十六年(1761),金农就两次寓江春宅作画。

总之,以"扬州二马"为典型的徽商的艺术修养和文化消费,为他们同一群新兴的书画家之间的互动提供必要和可行的准备,也为"扬州八怪"的文化艺术活动打开了巨大空间。

三、"扬州八怪"的价值取向和艺术趣味

清代前期,扬州为全国的经济文化和交通中心,商品经济大潮给予士子的价值观冲击也是前所未有的强烈,其核心表现在对"义利"观的理解上。义利观是儒家的基本价值观,义利之间的权衡取舍是儒家中心话题之一。在封建小农经济时代,儒家力倡重义轻利在一定程度上避免了因逐利性的争斗而导致的动荡,推动了整个社会道德建设。但是将义利关系对立至水火不容的境地,否定人们对物质利益的正当追求,就严重地阻碍了社会经济文化的发展。随着社会生产力的提高和商品经济的发展,极端重义轻利的腐朽性和没落性更为暴露,它不仅在实践上为社会财富创造者所突破,也在理论上遭到思想者有力的批驳。这在明代中期以后的文艺作品商品化进程中,也不断得到反映。桑思玄(1447—1530)、都南濠(1459—1525)、唐子畏(1470—1524)、祝枝山(1461—1527)皆生活在明代中后期,他们毫不掩饰对"润笔"的重视,他们的共同态度是:为人作文字必须取得适当的金钱或其他物质的酬报①,实际上就是将文艺作品商品化。

如果说,明代中后期"润笔"观念的新发展,已让我们感到传统儒家的义利观面临着严重的挑战,那么,雍乾时期,以"扬州八怪"为代表的书画家的思想和行为,则使我们看到儒家重义轻利的道德规范正被全面突破。

① 李诩:《文人润笔》,《戒庵老人漫笔》,中华书局1982年版,第16页。

《金冬心十七札》[①]是金农和徽商兼画家方辅密切往来的见证，金农在书信中多次论及书画买卖以及酬金，如第四札："辋川图有古色，颇可蓄也。议值二金，余已割爱。"第七札："褚生帖是实价，所留诸种，须照原单方可行。银过缴还，如不值数，则掷下。"第十三札："送画册后，所取润笔。又旬日矣，今友何故迟迟乃尔也。"郑板桥更是明码标价，开以尺寸大小论作品价格高低的先河，他在乾隆二十四年（1759）笔榜中写道："大幅六两，中幅四两，小幅二两。书条、对联一两。扇子、斗方五钱。"（《扬州八怪》，《扬州史志》1995 年增刊）显而易见，"扬州八怪"已具有全新的价值观，他们已经自觉地将艺术品加以商品化。在实际生活中，他们都曾穷困潦倒。李方膺常饥寒交迫，其《冰花雪蕊图》云："十日厨烟断未炊，古梅几笔便舒眉。冰花雪蕊家常饭，满肚春风总不饥。"汪士慎《移居》一诗反映了他晚年的生活："年来谋计拙，白头更移家。乞米难盈瓮，担书竟满车。"郑燮在女儿出嫁时，以一幅《兰竹图》作为嫁妆，他在画上题诗："罢官囊空两袖寒，聊凭卖画佐朝餐。最惭吴隐奁钱薄，赠尔春风几笔兰。"这样，无论就思想还是生活而言，"扬州八怪"在经济上对徽商都有一种强烈的期待。这种期待也同样存在于其他在扬画家心中，除前述"扬州八怪"时常寄寓"小玲珑山馆"外，"扬州八怪"及其他画家吟诗、作画、把玩名物于徽商园林已成为一种普遍现象，如陈撰曾至徽商程梦星之"筱园"，后又馆于江春"康山草堂"。黄慎诗集《蛟湖诗钞》[②]中就有《康山》《侨寓平山麓下李氏园》《寓维扬李氏园林》《寄居维扬美成草堂》等以众多园林为题的诗篇。其他画家还曾盘桓于徽商汪玉枢"九峰园"、鲍志道"西园曲水"、郑侠如的"休园"、黄东曙"易园"、易谐的"抱山堂"、吴均的"青棠观"[③]。从某种程度上说，以"扬州八怪"为代表的画家的人生价值，正是通过以"扬州二马"为典型的徽商来实现的。

---

① 卞孝萱：《扬州八怪年谱》，江苏美术出版社 1990 年版，第 235—326 页。

② 会农：《冬心先生续集》，《续修四库全书》第 1424 册，上海古籍出版社 2002 年版。

③ 李斗：《扬州画舫录》卷四，中华书局 1960 年版。

必须指出的是,“扬州八怪”即便以买卖书画融入商品经济大潮时,也念念不忘儒家建功立业之大义,郑燮《潍县署中与舍弟第五书》真实地袒露出这样的心态:“写作字画是雅事,亦是俗事。大丈夫不能立功天地,滋养生民,而以区区笔墨供人玩好,非俗事而何?寓兄少而无业,长而无成,老而无窘,不得已亦借此笔墨为糊口觅食之资,其实可羞可贱。愿吾弟发愤自雄,勿蹈乃兄故辙也。古人云:‘诸葛君真名士。’‘名士’二字,是诸葛才当守得起。近日写作字画,满街都是名士,岂不令诸葛怀羞,高人齿冷。”在观念的转变过程中,郑板桥内心的苦闷和焦虑显而易见,这正是社会价值观裂变时期士子思想矛盾的缩影。但是,他们终究成为职业或半职业画家,参与商业活动,也因此兼有士与商的两面。

因此,“扬州八怪”的艺术趣味也呈现出迥异于传统的“怪异”特点,它突出表现在以下三个方面:一是追求新奇的艺术范式。清初,主导画坛的是“四王”,所谓“王时敏、王鉴以胜国遗臣树开继之功,王翚、王原祁相继领袖一代画坛”①。他们主要服务于皇家宫廷,所作一味模仿古代,远离现实,遂落入形式主义的窠臼。其毫无生机、抹杀个性的创作方法将传统的中国山水画推向穷途末路。针对此弊,石涛等人率先锐意创新,力图打破形式主义一统画坛的局面,其“笔意奇恣,排奡纵横,以奔放胜,王太常极推许之,谓大江之南,无出石师右者云。”②石涛在画坛上的挣脱与开拓,对其后的“扬州八怪”充满激情与个性的创作起到导夫先路的作用。在此基础上,“扬州八怪”熔诗书画印于一炉,将形式和内容紧密结合,对传统进行全方位的突破,创造出崭新的艺术范式,如书法方面有金农的“漆书”、郑燮的“铁书”;绘画方面,“李鱓画随意布置,另有别趣”,“罗聘笔情古逸,人物多奇姿,有鬼趣图传世”,高凤翰“山水以气胜,不拘于法。草书圆劲飞动”,黄慎“人物笔意纵横排奡,气象雄伟”③。所有这些构成了清代前期艺术新气象。二是融合雅俗。雅与俗是中国传统文化中论人衡

① 郑午昌:《中国画学全史》,上海古籍出版社 2001 年版,第 328 页。
② 郑午昌:《中国画学全史》,上海古籍出版社 2001 年版,第 333 页。
③ 郑午昌:《中国画学全史》,上海古籍出版社 2001 年版,第 349—360 页。

文重要标准之一：士则雅，农工商则俗；文艺作品离皇家官府近则雅，离下层民间近则俗。兼有士商两面的“扬州八怪”，适应市场对书画作品雅俗共赏性的要求进行创作。另一面，他们经历坎坷，胸积愤懑，对社会各阶层有着敏锐的体察，这更坚定了他们对社会约定俗成的突破。文艺作品是思想的产物，“扬州八怪”书画集雅俗于一体实属必然。三是充盈着顽强的生命力和灵动之气。就作品而言，“扬州八怪”都曾着意于花鸟写意，对自然生命存在的刻画切合着他们抒写性灵的生命意识。郑板桥笔下的兰竹、陈撰笔下的梅花都强烈地展示出生命的自尊和美好。华喦绘作的花鸟虫鱼出尘脱俗，标新立异，机趣天然，张庚《国朝画征续录》许为空谷足音。就作者而论，汪士慎晚年双目失明，贫困交加，但仍于黑暗世界中苦苦摸索，奇迹般写成狂草大字，以至书法好手金农震惊感动不已，作《汪士慎失明三年，忽近展纸，能作狂草，神妙之处，俨然如双瞳未损时……王右军云：“人生老病，当以乐死。”信哉信哉》①。高翔“晚年右手废，以左手书，字奇古，为世宝之”②。源自生命的冲动，将激情始终铸合于创作对象，正是优秀文艺作品不可忽略的重要因素。独特的艺术追求与敢为人先的尝试，使“扬州八怪”取得了多方面的成就，郑午昌以“标新立异，机趣天然，前无古人，后无来者；其或自放太过者，则亦不免粗犷之讥，然时人多师法之，大有转移清代画风之势”誉之③，正见出“扬州八怪”在重新塑造清代前期艺术风貌中的地位与影响。很显然，这一切与徽商在实际生活追求新异的特点不谋而合。

总之，在特定的时空内，寓扬画家的领军人物“扬州八怪”对经济和文化的双重期待通过与“扬州二马”等徽商的互动得以实现。同时，他们于文化互动中得以创新的文艺实践，在过程和结果两个方面深刻地影响着徽商的文化品格。

---

① 金农：《冬心先生续集》，《续修四库全书》第 1424 册，上海古籍出版社 2002 年版。

② 阮元：《广陵诗事》卷四，清光绪十六年刻本。

③ 阮元：《广陵诗事》卷四，清光绪十六年刻本，第 339 页。

四、结论

需要特别指出的是,"扬州二马"和"扬州八怪"仅仅是当时活跃在扬州的徽籍盐商与新兴书画家两大群体的一个缩影。主导两淮盐场、维系国家经济命脉的徽商无需赘言,仅就书画家而言,"扬州八怪"之外侨寓扬州的不在少数。据《扬州画舫录》所载,从顺治初年至乾隆末年,活跃在扬州的书画名家达一百多名,如"新安画派"的代表人物渐江、查士标、汪之瑞,"金陵八家"之首的龚贤,时称"槎南二周"的昆山著名画家周笠等等。他们都立足于扬州发达的商品经济,竞相表现自己的创作个性并取长补短,各有建树,从而书写出我国书画史上光辉的一页。

所以,"扬州二马"与"扬州八怪"的互动实际上代表着徽籍盐商与新兴书画家两大社会群体之间的文化交流,表现了商业文化对文艺美术发展的强大影响。对它的重新检讨,既可视为对清代前期文艺考察的一个有效途径,也可算是对上个世纪初思想巨子梁启超有关清代文艺美术"价值极微"论点的一个补正。

这场文化互动大大丰富了清代扬州文化的内涵和外延,它不仅直接体现为对扬州文化建设的参与和导引,还间接体现在徽商倾心收藏的文物书画对后来文化学术研究的贡献上,如"扬州学派"的中坚、徽商江春的外孙阮元,主要就是根据徽商的收藏,撰录出《积古斋钟鼎彝文款识》这样专门性的巨著,该书所著录的器物多达560件,并能"辨识疑文,稽考古籍、国邑、大夫之名,有可补经传所未备者"①。阮元利用各种石刻文字和各类金属器铭来校勘古籍,使校勘学有了新的进展和突破。就此而言,这场文化互动的效应已超越书画领域,它对扬州乃至整个东南学术文化有着深刻和持久的影响。

显而易见,基于扬州的这场文化互动在那个时代具有先锋意义,它对

① 阮元:《积古斋钟鼎彝文款识》,《揅经室三集》卷三,四部丛刊本。

延续一千多年的传统价值观和社会等级观等已具有相当程度的解构，从而对封建伦理和社会秩序形成了一次有力的挑战。这可视为为中国近代思想启蒙作出了一定的前期积累。但是，它毕竟属于传统文化内的整合，参与者也都长期为传统文化所浸润、为封建经济所制约，终究没能在思想史和文艺史上带来重大的突破。探讨这一文化现象，对我们理解传统文化的包容性、延续性和转换机制的复杂性不无意义。

（原刊《安庆师范学院学报》2007 年第 1 期）

东南文化与徽商诗词创作活动

——以“扬州二马”为中心

清代前期，东南地区文学发达、名家辈出，仅就诗词而言，频现扬州的文坛显要者就有王士禛、沈德潜、厉鹗、杭世骏、全祖望、袁枚等，他们精美的诗词吟唱持久地回响在东南大地，也交汇成清代前期诗词史上的主弦律。面对这一文学昌盛景观，徽商作为这一时期和地区的特殊群体，身临其境，他们以怎样的姿态面对？如何响应？有何影响？这些都是非常值得关注的。对这些问题的研究，不仅能够填补目前徽学研究的空白，加强对徽商的理解，还可打破既往文学史书写的思维习惯，从另一个角度观察当时诗词创作的外在风貌和内在理路，深化对文学发展史的认识。

事实上，在扬徽商中，马曰琯、马曰璐、江春、程晋芳、方世举等辈不但和当时文坛高手频繁交往、互有酬唱，而且皆独自进行诗词创作，结集出版。可见，徽商的反应是积极主动的，影响是显著的，他们的诗词创作应该视为当时当地文学活动的一部分。而在这一诗词创作参与运动中，“扬州二马”①又当仁不让地成为这一群体的佼佼者。

---

① 马曰琯(1688—1755)、马曰璐(1695—1796?)兄弟，祖籍徽州祁门，承祖业业鹾于扬。马氏兄弟研习经史，俱以诗名，所筑“小玲珑山馆”藏书丰富，且成为当时扬州文化活动中心，被时人敬称“扬州二马”。其行迹详参拙文《马曰琯、马曰璐年谱》，《徽学》2004年第3卷。

一、“扬州二马”诗词创作概说

就目前所知，“扬州二马”留存的作品有马曰琯的《沙河逸老小稿》五卷、《嶰谷词》一卷；马曰璐的《南斋集》六卷、《南斋词》二卷。此外，“扬州二马”编撰的《林屋唱酬集》《摄山游草》和《焦山纪游集》等都收有他们的若干诗篇。马曰琯的具体创作时间大致始于雍正六年(1728)，终于乾隆二十年(1755)。从作品内容来看，马曰璐创作的时间和马曰琯同步，而大致搁笔于马曰琯谢世时①。这样马氏兄弟创作时间几乎重叠。陈章云：“马君嶰谷及弟半查，皆以诗名江左，平居兄弟相思，友人多比之皇甫子浚伯仲焉。当春秋佳日，分吟笺，设佳酌，两君皆垂垂白发，砚席相随，不离跬步，依依然如婴儿之在同室……(马曰璐)二十年来之于诗，无不与兄同之。”②马氏昆仲作品集中多有同题之作，诗词内容和风格极为接近。所以，我们一并加以讨论。

“扬州二马”的诗词主体内容涉及三个部分。第一，对园林山水古迹的咏叹。山水园林历来是文人士子所钟情的雅集唱和场所与对象，无数优秀诗作因此生存流传。《兰亭集序》向我们讲述了东晋时王羲之、谢安等江南名士四十三人聚会兰亭，曲水流觞，咏诗成《兰亭集》的盛况。景色绝美的西湖更是激发了无数才士的诗情，唐宋一代诗家白居易、苏轼都曾亲历其间，分别留下千古杰作《钱塘湖春行》《饮湖上初晴后雨》。开有宋一代诗风的三位诗人苏舜钦、欧阳修、梅尧臣唱和《沧浪亭》，名扬文坛。元时顾瑛筑“玉山草堂”，集才士文酒诗和，留下名著《玉山名胜集》《草堂雅集》《玉山纪游》。这种徜徉咏唱于山水园林的风气，历代相袭，经久不衰。清代前期以“小玲珑山馆”为中心的文人士子，以极大的热情投身于园林山水中，他们在扬州及周边地区挥洒诗情，化为诗章。以“小玲珑山

① 蒋德：《南斋集·序》曰：“已而秋玉殁，君绝笔不为诗。”

② 陈章：《沙河逸老小稿·序》，见马曰琯：《沙河逸老小稿》，清乾隆二十三年刻本。

馆”为题材的诗作即一显例。此外,《林屋唱酬集》《摄山游草》和《焦山纪游集》都具体记录了诸文人士子集体游览山水时的情景①。《林屋唱酬集》系马氏昆仲偕友人陈章竹町、闵华玉井、楼锜于湘,自扬入吴,遍游林屋诸名胜,各得诗若干首,录而刊刻。《焦山纪游集》为马氏昆仲偕厉鹗、杭世骏、闵华、陈章等同游焦山诗集。《摄山游草》为马氏兄弟偕陈章、闵华、楼锜等遍游摄山诗集。仅《焦山纪游集》中,杭世骏就留下了《霍家桥道中》《冬夜宿南庄》《焦山观音岩晚望用宋人赵冰壶韵》《焦山看月得落字》《登双峰阁得山字》《夜宿南庄二绝》六首诗。可谓一时风雅胜流,山水清音,琴尊佳兴,被及东南地区。

其次是对文化圈中人聚合离别、彼此关心的纪录。长期的相互扶持和频繁的文酒之会,使圈中人相濡以沫,情同手足,而社会的动荡和生活的变化又使得圈中人时常生离死别。这种矛盾牵动着他们本来丰富的情感,于是聚合离别成为他们诗歌创作的一个重要主题。如马曰琯《送王梅沜入京》:

> 细雨轻寒正麦秋,江都抛却钓鱼舟。依人可得为长策,录别还应忆旧游。廿载浮踪落淮甸,五年清咏满山楼。何堪聚散云萍似,况是星星两白头。(《沙河逸老小稿》卷二)

写出了王藻多年出没于扬州以及与马曰琯的交情,白头别离在秋雨中更见萧瑟、凄凉。

再如,杭世骏《题马员外曰琯》:

> 华林无烦柯,潭底见清影。交语叶上闻,幽鸟时一鸣。缅怀岩阿人,内照抱孤炯。味道去莠言,称诗有天警。域中释常恋,物外谢造

① 《焦山纪游集》《摄山游草》和《林屋唱酬集》皆为马曰琯所编,分别为乾隆十三年、二十一年刻本。

请。笭焉寻希夷，独坐到天明。(《道古堂诗集》卷六)[①]

道出自己饱受“内照抱孤炯”“独坐到天明”的煎熬，但仍寄望于天界域外与故友马曰琯诗往神会。其《题马氏昆季云壑清吟图》倾诉了自己睹物思人，悲不自胜的心情，“呜咽颇类经霜蛩”“汍澜老泪交清容”令人对圈中人生死情谊唏嘘不已。

又如，画家诗人汪巢林晚年穷困潦倒、双眼失明后，诸友好纷纷以诗来表达自己的惋惜之情并控诉社会和命运的不公。陈章曰：“尘封砚匣时危坐，谁肯相过问爨烟。”[②]闵华曰：“可惜客尘生眼界，墨池枯涸更无花。”[③]张四科曰：“安得金篦刮取双瞳明，重见森然芒角毫端生。”[④]

第三，对典籍文物的感悟和追思。“扬州二马”自幼受到良好的教育，酷爱典籍文物，与书画家的交往以及藏书刻书更使他们在文化参与过程中，汲取更多的学养，得到更多的文学感悟。这在《沙河逸老小稿》和《南斋集》中得到集中的体现。如《沙河逸老小稿》卷三《展重五集小玲珑山馆分赋钟馗画得踏雪图》曰：“黑云垂垂天漠漠，滕六翻空气萧索。岩壑惨淡森寒光，九首山人须戟张。不著巾袍靴短勒，蛮褐遮身欹席帽。跨驴桥滑不宜前，大鬼挥缰小鬼鞭。山魈野魅哪及避，倒缚肩挑佐晚醉。枯林一带鸣荒皋，从此百怪不敢号。人谓山人负奇气，生前肮脏死犹厉。又谓山人志骚屑，不踏壖红踏残雪。我张此图五月中，但受幽涧鸣迴风。画师有意与无意，道眼看来等游戏。一庭冰雪净吾兄，子虚乌有亡是公。”《南斋集》卷三亦有《展重五集小玲珑山馆分赋钟馗画得秤鬼图》。钟馗为一代画师，尤以画厉鬼著称。“扬州二马”出示所藏真迹并状容形貌、介绍钟馗落拓不羁以及自己的感受，极为生动传神。沈德潜曰：“斥淫崇雅，格韵并

① 杭世骏：《道古堂诗集》，《续修四库全书》，第1427册，上海古籍出版社1995年版。

② 陈章：《巢林失明》，《孟晋斋诗集》卷十四，乾隆四十四年勤有堂刻本。

③ 闵华：《题汪巢林画梅》，《澄秋阁集》卷二，乾隆十七年刻本。

④ 张四科：《汪处士士慎八分歌》，《宝闲堂集》卷四，清刻本。

高，由沐浴于古书者久也。忆旧怀人，伤离悲逝，缠绵委挚，唱叹情深，由敦厚于朋友者至也。至峭刻得山之峻，明净得水之澄，缒险凿幽，潆波叠浪，则又性情与山水俱深矣。”①其中“沐浴于古书”“敦厚于朋友”“性情与山水俱深”正可视为“扬州二马”诗词主体内容的总结。

选本代表着选家的眼光，沈德潜在其享有盛名的《国朝诗别裁集》中，选录了马曰琯的三首诗，他看重的正是他所表达的“扬州二马”诗词风格。如其一《冬夜宿南庄》：“空江欲雪云冥冥，天低月暗吟寒厅。独雁时闻四窗白，双眼乍合孤灯青。败芦丛篠环沙尾，几树横斜映清泚。未春先已发幽香，岁晚篱边见冰蕊。城南小筑掩柴荆，袅袅茶烟客思清。夜犬无声人语寂，枯棋坐隐已三更。短童首触屏风卧，檐外一声惊雀堕。萧骚水阁纸衾单，有梦不愁花底涴。”②该诗亦见于《焦山纪游集》，是旅途之作，“冥冥”“暗”“青”等色彩黯淡；“寒厅”“独雁”“孤灯”“败芦”等意象萧索惨淡；“夜犬”四句则从声音的对比道出了寂静。而且颜色、意象、声音三个方面相互交错，浑成了冬夜的情景意境，令读者深感淡雅、清削。杭世骏言马曰璐“诗笔清削”③，实亦及曰琯。这种特色马曰璐诗亦然，如《西山拟常征君建》：“幽思落岩穴，起寻山涧钟。松风导我前，石磴希人踪。落日辨远树，一片烟濛濛。氤氲花气合，窈窕禽声通。空翠望不极，云归知所终。况兹波上月，莹魄明前峰。洲渚暝色至，蒲稗孤光重。此时闲眺听，余清贮心胸。”④通篇物我相合，人随物转，物随人设，声色稀落朦胧，一派天籁，钱仲联谓其“轻微淡远”⑤，可谓中的。

除了诗作外，“扬州二马”在词作中也多有表现。如《嶰谷词》中有《南

① 沈德潜：《沙河逸老小稿·序》，见马曰琯《沙河逸老小稿》，清乾隆二十三年刻本。

② 马曰琯：《沙河逸老小稿》卷三，乾隆二十三年马曰璐刻本。

③ 杭世骏《词科掌录》曰：“江都马佩兮藏书甲大江南北，诗笔清削。有兄曰琯秋玉亦贤士，有诗才。”转引自《清诗纪事》，江苏古籍出版社 1989 年版，第 4892 页。

④ 马曰璐：《南斋集》卷二，清乾隆二十六年刻本。

⑤ 钱仲联：《梦苕盦诗话》：“《西山拟常征君建》，即清微淡远。”见《清诗记事》，江苏古籍出版社 1989 年版，第 4896 页。

浦·送王梅沜入都》一词:"冬冷客辞家,渺江流,隔断西津瓜步,交是旧情真。淹留地早又寒风酸楚,芦花似雪,雁来何故人偏去?回首可怜枫叶落,夜夜梦游烟渚。　　软尘才洗征衣,叹伊人不许江乡久住。梅子正黄时,阑干畔记得小楼听雨,欢娱未几。对清尊离情重数,堤柳不堪霜后折,斜日半墙谁语?"王藻,字梅沜,江苏吴江人,多次参加韩江雅集①,与"扬州二马"颇有交情。该词上阕写冬日送别,友人在大雁南归之"寒风酸楚"时北上,长江割断旧情,自然牵动主人心绪,夜梦难安。下阕是对旧事的回忆,黄梅季节虽多愁绪,但知交共度仍欢快不已,然而这一切转瞬即逝,剩下的只有孤寂地面对清尊。主人的情感就这样在时空交织、时事跌宕中绵延,萦绕在词的字里行间,显得非常缠绵。又如《南斋词》卷一《采桑子·期玉井不至》:"孤篷隔处横烟素,盼煞吟朋,辜负吟灯,细雨尖风雁一绳。　　高城暮色连扬子,江树寒灯。渔火迷冥,一夕相思落远汀。"该词除"细雨尖风雁一绳"想象奇特外,前后平铺实叙,但值得注意的是:那份企盼和落寞的心情,是随着视线由近而远的转换而逐渐张开的,以至一夕相思最后融入窈渺的境界。

"扬州二马"诗词风格的形成,除了沈德潜总结的三点外,实与当时名家的影响有关,徐世昌曰:"嶰谷与弟半槎以业鹾居邗上,尚风雅,广交游。家有小玲珑山馆,藏书最富,与杭堇甫、厉太鸿、陈授衣、姚玉裁诸君为友,枕葄既深,错磨相益。诗萧闲淡远,雅与诸君相近。"②这其中,厉鹗应重点提出来。厉鹗与"扬州二马"的文化交往非常密切,对"扬州二马"诗词创作影响深刻③。钱仲联对此有明确认识,时有精辟之评。如在马曰璐《西山拟胥征君建》诗下记曰:"马曰璐《南斋集》诗,受厉氏影响至深。《西

① 参马曰琯编撰:《韩江雅集》,乾隆刻本。

② 徐世昌:《晚晴簃诗汇诗话》,转引自《清诗记事》,江苏古籍出版社 1989 年版,第 4892 页。

③ 详参拙作《清代士商互动之文化原生态个案考论——厉鹗与"小玲珑山馆"》,《文学评论》2007 年第 4 期。

山拟常征君建》，即清微淡远，深得此中三昧者也。”[①]在马曰璐《雁足灯歌》诗下记曰：“雍、乾间人，颇多为雁足灯诗者，《南斋集》中一首云云。小考订却饶诗味，结尾尤佳，厉鹗一派格局如此。”[②]又在马曰璐《冷泉亭》诗下记曰：“二律可入《樊榭山房集》。”[③]这些见解，都是非常深刻的。

从总体上说，“扬州二马”诗词属用心之作，诚如陈章所言：“岂世之务声气、矜标榜所可同日而语哉？”[④]它代表了在扬徽商诗词创作的最高水平。但诗词成就也没有达到“吸三危之露，不足以喻其鲜荣；攓九华之云，不足以方其缥缈；煦西颢沆瀣之气，不足以比其清神而魄”[⑤]的高度，杭世骏的评价明显过誉，而伍崇曜指出其“诗词俱未算名家，要亦修然绝俗”[⑥]，则较为公允持平。

需要指出的是，扬州徽商创作在当时带有群体性的特点，这从江春、程梦星等诗集中皆可得到证实。李斗亦云：“扬州诗文之会，以马氏小玲珑山馆、程氏筱园及郑氏休园为最盛。”[⑦]马氏、程氏和郑氏皆为徽籍盐商。

二、联句与分韵唱和：徽商诗词创作的一个重要形式

纵观徽商诗词集，可以看到，其诗词创作大多是在集体文学活动中完成的，而且联句或分韵唱是其诗词创作的一个重要形式。

联句是一种特殊的诗歌创作，由两人以上，每人一句联咏而成。联句

①②③　钱仲联：《梦苕盦诗话》，《清诗纪事》，江苏古籍出版社 1989 年版，第 4896 页。

④　陈章：《沙河逸老小稿・序》，见马曰琯《沙河逸老小稿》，清乾隆二十三年刻本。

⑤　杭世骏：《沙河逸老小稿・序》，见马曰琯《沙河逸老小稿》，清乾隆二十三年刻本。

⑥　伍崇曜：《沙河逸老小稿・跋》，见马曰琯《沙河逸老小稿》，清乾隆二十三年刻本。

⑦　李斗：《扬州画舫录》卷八，中华书局 1960 年版。

起于《柏梁诗》，刘勰曰："联句共韵，则柏梁余制。"[1]钱大昕进一步清理曰："七言联句，人各一韵，韵必七字，汉武《柏梁》，滥觞于始。厥后谢太傅之《咏雪》，殷仲堪之危语、了语，流播人口。五言联句，陶靖节始有之。"[2]发展到唐宋，联句有了长足的进步，李白、杜甫、韩愈、柳宗元皆有佳作，自此往下，代有承传。乾雍时期的扬州文人士子密集，联句再掀高潮。正如阮元总结的："联句之盛，莫过于马氏小玲珑山馆、程氏今有堂、张氏著老书堂。马氏有食鲥鱼联句，有禹鸿胪尚基五瑞图联句，有看山楼雪月联句，有五日席间咏嘉靖雕漆盘联句，有寒夜石壁庵联句，有壬申山馆上元联句，有乙亥上元联句。"[3]

兹引阮元所言"小玲珑山馆"联句之内外各一首。先看外一首《甲戌上元联句》：

> 高馆张灯酒复清（汪玉枢），年光流转倍多情（曰琯）。玉山雅会人如旧（张士进），金谷遗音句早成（马曰璐）。无月也珍三五夜（陈章），当杯不计短长更（闵华）。若为吹得浮云散（陆钟辉），拟借春城管笛声（张四科）。（《沙河逸老小稿》卷六）

内一首《寒夜石壁庵联句》：

> 为爱焦山好，清冬况得朋（马曰璐）。来因海月满，宿意翠微曾（厉鹗）。梵室邻峰势，经楼避石棱（方士杰）。闲摧尘外拂，吟借佛前灯（马曰璐）。风劲飘金磬，天高淡玉绳（杭世骏）。松涛时警鹤，芋火漫随僧（陈章）。梅气喷芳馥，江声听渤崩（闵华）。静参禅一味，冷泥酒三升（陆钟辉）。梦拟灵祠气，铭从古鼎徵（楼锜）。带围思楚玉，绣像

① 刘勰：《明诗》，《文心雕龙》卷二。
② 钱大昕：《十驾斋养新录》卷十六，江苏古籍出版社2000年版。
③ 阮元：《广陵诗事》，清光绪十六年刻本。

> 展吴绫(马曰琯)。旧事添图牒,奇怀入寝兴(厉鹗)。鼍更莲漏续,龙藏竹锥滕(方士杰)。篆印销婆律,床敷暖毾㲪(马曰璐)。空谈对刘勰,名理叩张凭(杭世骏)。覆局结棋雹,停豪结砚冰(陈章)。森森寒气冽,晶晶夜光澄(闵华)。兴剧深无寐,神凄恐不胜(陆钟辉)。明朝放归棹,游思尚飞胜(楼锜)。(《孟晋斋诗集》卷十二)

前一首是七律,有八人参加,文酒之会,放脱张扬;后一首为歌行体,有九人参加,动静相联,虚实互生,思通古今,涵咏内敛。两首诗除了合乎诗歌韵律外,在诗歌内容风格上也都基本统一,皆以词意贯串,情景交融,珠联璧合,如出一手。

至于分韵唱和诸作,散见于《韩江雅集》《焦山纪游集》和《林屋唱酬集》中,袁枚略带伤感的追忆,让我们领略到分韵唱和在当时的声势和影响。袁枚《咏农家乐》曰:“马氏玲珑山馆,一时名士如厉太鸿、陈授衣、汪玉枢、闵莲峰诸人,争为诗会,分咏一题,裒然成集。陈《田家乐》云:‘儿童下学恼比邻,抛堕池塘几日巡。折得松梢当旗杆,又来呵殿学官人。’闵云:‘黄叶溪头村路长,挫针负局客郎当。草华插鬓偎篱望,知是谁家新嫁娘。’秋玉云:‘两两车乘觳觫轻,田家最要一冬晴。秋田晒罢村醪熟,翻爱漕床滴雨声。’汪《养蚕》云:‘小姑畏人房闼潜,采桑那惜春葱纤。半夜沙沙食叶急,听作雨声愁雨湿。’陈云:‘蚕娘养蚕如养儿,性知畏寒饥有时。篱根卖炭闻荡浆,屋后邻园桑剪响。’皆可通也。余题甚多,不及备载。至今未三十年,诸诗人零落殆尽,而商人亦无能知风雅者。莲峰年八十三岁,傫然尚存,闻其饥寒垂毙矣!”①文中所言《田家乐》即《韩江雅集》卷六《冬日田园杂兴》,除陈章、闵华、马曰琯三人外,参加唱和的还有程梦星、厉鹗、王藻、方士杰、马曰璐和陆钟辉六人;所言《养蚕》即《韩江雅集》卷四《养蚕词》,除汪玉枢、陈章外,还有胡期恒、唐建中、方士庶、方士杰、马曰璐、闵华、洪振珂、陆钟辉和张四科九人参加。所以分韵唱和是以“小玲珑

① 袁枚:《咏农家乐》,《随园诗话》卷三,清刻本。

山馆”为中心文学活动的又一重要形式。由此看其文学活动的特点，大约可体现为以下诸端。

第一，凸现了对地方文化发展的贡献。如上所述，以“小玲珑山馆”为中心的文学活动，持续时间长，参加人数多，内容丰富。以《韩江雅集》为例，该集九卷收录692首诗歌，它记录的58次雅集活动中，共有692人次参加。其中，参加人数最多的一次为卷三《消寒初集晚清轩分韵》所记，有全祖望、厉鹗、胡期恒、唐建中、马曰琯、马曰璐、方士庶、王藻、方士杰、汪玉枢、陈章、闵华、陆钟辉、张四科和程梦星共十七人分韵同咏“梅花纸帐”。卷九则编入八次雅集诗作，涉及园林山水的有《残梅》《秋日泛舟过环溪》；涉及同人间赠答的有《初夏过刘补斋先生行庵寓斋同次先生游休园韵》《喜谢山至因忆樊榭堇浦蕙田诸游好》；涉及对文物字画欣赏的有《铜鼓歌》《题徐幼文师子林画册》《为寄舟上人题天池石壁图》；涉及日常生活的有《分咏消夏食单》。由此可见，以“小玲珑山馆”为中心的文化圈中人所酿造的文采风流，几乎无处不在、无时不有，它一方面使圈中人集体沉浸在文化氛围中，相互间得到更为广泛的交流和提高，另一方面也浸润、丰厚了扬州文化。

第二，呈现出文学的多元包容。有清一代，诗派层出不穷，他们标榜旗号，各自为阵，有所谓“性灵说”“格调说”“肌理说”等，不一而论，这固然大大丰富了文学发展的多样性，但是过分强调派别的差异以至相互诘难攻击又意味着文学的发展遭遇枷锁和禁锢。相对来说，雍乾时期，这一批聚集在“小玲珑山馆”的文人寒士，没有宗主，也没有任何开宗立派的文学纲领，然而，就是这些各有所重各有所长的文章大家、诗词作手，能够和平共处，相互提携，使文学的灵感在“小玲珑山馆”迸发出一道道亮丽的火花，在特定时空中闪烁出自己文化心态上的开放和包容。诚如沈德潜所言：“今韩江诗人，不于朝而于野，不私两人而公乎同人，匪矜声益，匪竞豪华，而林园往复迭为，宾主寄兴咏吟，联结常课并异乎。兴高而集，兴尽而止。”①我

① 沈德潜：《韩江雅集·序》，见马曰琯《韩江雅集》，清乾隆十二年刻本。

们以为所谓的多元包容,是立足传统和现实而指向未来的。在这个意义上,以“小玲珑山馆”为中心的文学现象,无疑是属于那个时代的非常积极的因素。

三、文学创作的中心与边缘

如果以文学创作者的身份来衡定,以“扬州二马”为代表的徽商与以全祖望、厉鹗、杭世骏为代表的职业化或半职业化文人之间的关系,实际上就是东南文坛上中心作家和边缘作家的关系。这不得不让我们作进一步的思考:在文学发展的某个局部、某个层面,中心作者和边缘作者的关系如何?各自扮演了什么样的角色,也就是对当时文学的发展做出了怎样的贡献?

全祖望、厉鹗、杭世骏、沈德潜等皆为一代诗词作手,他们诗词修养深厚,创作成就更是享誉东南。全祖望著有《词科摭言》《鲒埼亭诗集》十卷等,“阮元尝谓经学、史才、词科三者,得一足传,而祖望兼之”①。杭世骏著有《词科掌录》《词科余话》《道古堂诗集》二十六卷,论者以其为浙江诗坛一巨擘,李慈铭曰:“大宗才情烂漫,诗学苏陆,颇工写景。其刻秀之语,同时如厉樊榭、符药林等往往相近,所谓浙派也。其叙事咏古之作,用字下语,亦颇横老,又与同时全谢山为近,盖笔力健举,书卷尤足以副之,自非江湖涂抹辈所及。”②厉鹗诗词著作丰富,前已叙述,王昶称其诗:“幽新隽妙,刻琢研炼,五言尤胜,大抵取法陶、谢及王、孟、韦、柳,而别有自得之趣。莹然而清,窅然而邃。”③其词擅南宋诸家之胜,接步朱彝尊,为浙西词派的中坚,谭献《箧中词》曰:“填词至太鸿,真可分中仙、梦窗之席,世人

① 全祖望著、朱铸禹汇校集注:《全祖望传》(《清史稿·儒林传二》),《全祖望集汇校汇注》,上海古籍出版社 2000 年版,第 2716 页。

② 李慈铭:《越缦堂读书记》,商务印书馆 1959 年版。

③ 王昶:《湖海诗传》卷二,民国二十五年国学基本丛书本。

争赏其饾饤窳弱之作，所谓微之识碔砆。”①沈德潜诗学成就卓绝，编《唐诗别裁集》《明诗别裁集》《清诗别裁集》，选评《古诗源》，著有《说诗晬语》二卷、《竹啸轩诗钞》十八卷、《归愚诗文钞》五十八卷。其论诗主格调，崇盛唐，以和平敦厚为宗，蔚为流派，称一代山斗。所以，他们当然地位居东南文坛中心。“扬州二马”的诗词能够得到此等名家的褒扬，已足以自豪，但是，依诗词成就而论，他们是要远远低于中心作家，也就自然落居文坛的边缘。那么，就东南文坛生态而言，这两种身处不同位置的诗词作家的关系究竟如何呢？

第一，人的社会属性赋予人生角色的多面性，并且因处境的不同会发生变化。“扬州二马”等徽商除了文学的角色外，还在经济领域充当重要的角色，边缘作家的身份和中心商家的身份在他们身上得到有机的统一。正是这种统一性使得“扬州二马”和一群文坛显要者的交往有了极大的可能。我们在这里还要重复申说的是，徽商的强大经济实力给予此等东南诗词名家以极大的支持，厉鹗曾主持“小玲珑山馆”长达三十年，全祖望、杭世骏、陈章、丁敬等人，或寓居徽商馆舍肆意研读典籍或与徽商结伴前往名胜古迹探幽发微，或凭徽商付梓作品集。没有徽商的资助，厉鹗的纯粹学人的资格是要被剥夺的，全祖望、杭世骏、陈章等辈职业或半职业化的文人的身份也是要大打折扣的。“愤怒出诗人”固然道出了文学创作需要生活的打磨和激发，但它并不排除文学创作需要一个相对安定的环境来进行学养的积累和奇思妙想的培植，有时，后者显得更为重要。从这层关系来看，徽商对东南诗词创作的推动主要是凭借其中心商家的地位，边缘作家的身份反而退居其次，徽商的推动作用虽然是间接的，是潜伏于东南文坛表层之下的，但其作用不可低估。这就告诉我们，文学的发展是一个有机的生态系统，推动文学发展的动力是多渠道的，它们路径不同，但终端合一，孰重孰轻因时因地而异。

第二，中心作家和边缘作家是两个相对的概念，缺一不可。中心作家

① 谭献：《箧中词》，清光绪刻本。

无疑起到开风气的领袖作用，对边缘作家具有极大的感召力，在具体创作中具有模范作用，他们在整个文坛作家中占少数。边缘作家创作水平普遍低于中心作家，但他们要占多数，他们对主流作家的呼应尤为重要，中心作家的导引作用正是通过边缘作家的响应而得以实现和发挥的。全祖望、杭世骏、厉鹗等之于以“扬州二马”为代表的徽商以及其他类型的边缘作家，大体上就有这种相辅相成的关系。事实上，一时文学风气的形成、文学流派的发育都离不开主流作家和非主流作家的齐心合力。就清代前期的扬州而言，厉鹗继朱彝尊之后成为雍正、乾隆年间词学的“赤帜”①，其昂扬推进的浙派词风风行于杭州、扬州，在扬州，马氏兄弟以“小玲珑山馆”为中心，聚集一批中下层文人，如浙籍的金农、陈撰、陈章等拥厉鹗为“小师”②，直接将厉鹗推至扬州词学的领袖位置。在共同的文学努力中，处于中心位置的作家往往成为某种文化的象征，以至其实际的文学成就并没有达到与其文学地位应有的高度。如稍前于“扬州二马”的王士禛，他在扬州时，掀起红桥修禊诗会，一时和者达数千人，他也因此暴得大名。我们注意到，沈德潜曾以马曰琯与王士禛对举：“（马曰琯）结诗文社，《韩江雅集》诸刻，可续王新城红桥修禊风。嶰谷没，风流渐消歇矣。”③这里的“诗文社”自然包括厉鹗等人。此外，正因为中心作家和边缘作家有着千丝万缕的联系，关注边缘作家也就是为研究中心作家清理了若干线索。清代前期，扬州诗词创作的繁荣正可印证这一面。另一面，中心作家和边缘作家的文学创作是交互影响的，中心作家对边缘作家的影响更为深刻。所以徐世昌曰：“嶰谷与弟半槎以业鹾居邗上……与杭堇甫厉太鸿陈授衣姚玉裁诸君为友，枕葄既深，错磨相益。诗萧闲淡远，雅与诸君相近。”④

---

① 谢章铤《赌棋山庄词话》卷十一曰：“雍正、乾隆间，词学奉樊榭为赤帜，家白石而户梅溪矣。”见唐圭璋主编《词话丛编》，中华书局 1986 年版。

② 马曰琯《哭樊榭八截句》之七曰：“寒鉴楼空小师死，招魂又复酹寒厅。”《沙河逸老小稿》卷五。

③ 沈德潜：《清诗别裁集》卷三十，中华书局 1975 年版。

④ 徐世昌：《晚晴簃诗汇诗话》。

就道明了中心作家给予边缘作家的深刻启发。

以上由徽商诗词创作引发的对中心作家和边缘作家的思考，还促使我们进一步思考文学发展史的书写。从总体来说，文学发展史是历时的、纵向的，文学史的写法通常是抓住时代的主要作家和主要作品加以串连，而往往忽略了文学的发展还具有共时的、横向的一面。我们绝不否认抓住重点书写文学史的重要性，但是，如果过分忽略对横向的整体把握，不仅仅得出的结论是不周全的，而且线性的描述也极容易偏离正确的轨道。自上个世纪中后期以来，国内学人纷纷投入到重构文学史的风潮中，国外也掀起解构文学史的狂潮，这一具有全球化的文学现象，实际上都在倾泄对原有文学史的不满和重构文学史的企盼。但结果往往是，要么沿袭既往思想和内容而仅仅换一种言说方式，要么舍本求末偏激地走向极端。倘若我们能够冷静下来，更进一步贴近文学发展的史实，譬如加强横向的考察，并且将历时和共时的内容结合起来，或许能得到一些新的启发，在重写文学史的路上迈出新的一步。

四、地域文化交融与徽商的创作活动

从文学与地域文化之间的关系来看，扬州徽商的诗词创作还见出新安文学与东南文学之间的差别和融通。

文学与地域之间关系紧密而复杂，对它的关注由来已久。《隋书》云："江左宫商发越，贵于清绮，河朔词义贞刚，重乎气质。气质则理胜其词，清绮则文过其意，理深者便于时用，文华者宜于咏歌，此其南北词人得失之大较也。若能掇彼清音，简兹累句，各去所短，合其两长，则文质彬彬，尽善尽美矣。"[①]在文学意气风发的唐代，魏徵从地域文化这个角度论及了南北文学的差异及其原因，并期待着南北文学取长补短，相互融合，铸造辉煌。这也是中国古代就这一话题颇具代表性的发言。当代学人蒋寅

① 魏徵：《文学传》，《隋书》卷七十六。

在新世纪初结合清代诗学研究，将文学与地域这一话题再次提出来，以为："文学史发展到明清时代，一个最大的特征就是地域性特别显豁起来，对地域文学传统的意识也清晰地凸显出来。理论上表现为对乡贤代表的地域文学传统的理解和尊重，创作上体现为对乡里先辈作家的接受和模仿，在批评上则呈现为地域文学特征的自觉意识和强调。"①可见，尽管文学与地域之间关系复杂，论述角度各有选择，但人们对地域文化牵制文学的发展以至不同地域的文学有着不同的禀性和面目是置信不疑的。

在扬徽商的祖籍地与占籍地之间的文化差别，再次演绎了文学发展史上这一带有规律性的现象。

新安文化即徽州文化，是对徽州地区文化的总称。其地理范围主要包括历史上构成"徽州"的歙、黟、休宁、婺源、祁门、绩溪六个县，因历史上多次设"新安郡"②，所以徽州亦称新安。徽州位于皖南山区，四面环山而且崇山峻岭交错于腹地，整个地形极为封闭。徽州居民除为数不多的山越土著外，大部分都是自东汉以来南移的中原大姓，他们大多聚族而居，宗法制度严密③。这样，最初必然出现的多元文化随着历史的进程，不断碰撞、交流、融合而蕴育积淀出一种全新的带有浓厚地域特征的新安文化，自宋代起，程朱理学逐渐进入并最终成为其内核。新安文化蕴涵丰厚，历史悠久，培育了一代代徽人，显示了强大的优势。但是，正如任何事物都至少有着两面性一样，因为生存条件的恶劣、宗法制度的严密以及程朱理学的巨大影响等，新安文化理性的成分比重是非常之大的。这点对新安文学的影响也是深刻和持久的。应该说，文学创作是一种高级的精神活动，它需要太多的内涵，但有一点毫无疑问，它在理性和感性之间，更

---

① 蒋寅：《清代诗学与地域文学传统的建构》，《中国社会科学》2003 年第 5 期。

② 如《嘉庆重修一统志》卷一百一十二《徽州府一》曰："隋开皇九年，平陈，省新安郡，始改置歙州，治休宁县，大业三年，改歙州为新安郡。……宣和三年，改为徽州。"转引自张海鹏、王廷元主编：《明清徽商资料选编》，黄山书社 1985 年版，第 3 页。

③ 徽州居民结构可详参姚邦藻《徽州学概论》，中国社会科学出版社 2000 年版，第 15—16 页。

偏重灵性和感悟。所以，客观地说，徽州本土诗词创作成就从总体上来看并不高。《四库全书总目》不仅是一部目录学巨著，而且也是一部学术文化史，通过对它的定量分析可见一个地区的文化特征和文学创作概貌。对此，汤华泉有详尽的分析："四库著录的徽州人著作经部110种，史部70种，子部131种，集部140种。从各部数量上看以集部为多，但把这数量与该部著录总量一比只占4.1%，又见出相对偏少，比例最大的是经部，占6.3%，子部占4.5%，这可以看出徽州的著述家不是以文章之士突出，而是以从事学术研究的居多，即使很多有别集传世的著述家，其主要成就还在学术，其别集内容论学之作所占比重也较大。子部内儒家类著作也较多，29种，占6.7%，与经部并合来看，可以看出徽州人对治经习儒兴趣浓厚，成绩突出，这既见出朱熹的影响，同时也是由徽州学术内容和治学方法决定的，不用说对经书的传注、对儒家义理的发挥、对小学的钻研，就是对天文、地理、典章制度、名物的考证，徽州学者也多从经书入手，或以经书为对象，其成果自然也多归入经部或子部儒家类。子部中杂考、杂说类22种，占其类著录书6.1%，比例也较高，这也看出徽州从宋代程大昌以来，学者就比较重视对知识学问来龙去脉的探讨，形成了一种实证的学风。"①显然，这是就徽州文化学术发展史的整体而言，不同时期的著述在经史子集分布上肯定还略有差异，但奉宗朱子之学、注重考据实证始终是徽州学术文化主流是无疑问的。这就决定了徽州地区的文学成就必然大大落后于学术成就，徽州学人对文学有意或无意的忽略也是情理中的事。事实上，徽州地区的诗词创作规范平稳，才情心性挥发不够，到了清代前期整体水平之低更为凸显出来。相对来说，独自困守家园的徽州商贾之妇的一些诗词，因抒发出心灵的孤独和情感的煎熬而得到后人的称许。这恰恰从根源上反衬出徽州诗词创作整体水平低迷的一面。

在扬徽商身处东南文化格局中，此一处东南文化主要是就江浙这一地域内的文学文化而言的。江浙地区江河纵横，山峦起伏，地势开阔，交

① 汤华泉：《徽州人与〈四库全书〉》，《安徽史学》2001年第3期。

通便利，气候温暖湿润，经济发达，人文历史悠久，可谓钟灵毓秀、人杰地灵。这一地区文化的总体特征是，既有山的厚重，又有水的灵动，充满着开放精神和创新的活力。表现在清代前期的诗词创作上，如前所言，名家辈出，成就斐然。凡此，人所共知，不再赘述。

我们之所以不惜笔墨对举新安和东南这两大地区的文化，目的并不在于比较异同分析原因，而是想以此观察徽商诗词创作在这两个地域文化相互交融过程中的意义所在。我们认为，地域文学的差别并不意味着它们不需要交流和促进，相反，它们只有通过融合才能达到魏征意义上的“尽善尽美”。但是，文学终究是人学，这种融合需要有力的承担者出现。一代代文章大家、诗词作手自然是主力军。但是，身处文学文化边缘地带的一些身份特殊的群体也往往在有意无意之间，参与承担或见证了这种融合。清代扬州徽商中有许多属徽商后代，他们生长于扬州，虽然文化上的寻根意识普遍存在于他们的思想中，决定着他们对徽州故里文化传统的倚重与继承，祖辈的文化习俗也通过日常生活的点点滴滴如影随形地不离他们左右，如徽商在扬州兴建的园林就充分地体现出这一点。但是，东南环境对在扬徽商的影响毕竟要比徽州更为直接和广泛，而且商贾途中，人情冷暖、世道沧桑必然使他们有太多的人生感悟，亲临或感受从封闭的单一的高山峻岭间走向开阔多变的外部世界，他们的心灵窗户陡然打开，也一定有不同既往的心得。这些从生活方式到文化习性都有众多的表现。反映到文学创作这一层面，我们不难发现，东南地区悠久发达、多彩多姿的文学风气熏陶着崇儒的徽商，扬州成为东南地区文学创作的重镇，通过王士禛、全祖望、杭世骏、沈德潜、厉鹗和稍后的袁枚等长期亲临赋诗作词得以集中体现，上文所言“扬州二马”的诗词创作深受厉鹗的影响已有充分的展开。如果再翻读江春、程晋芳等人的诗词集，我们便有充分的根据归纳出这样的结论，那就是，清代前期在扬徽商创作的诗词比起徽州本土作品少了理学的趣味更多地打上了东南地区的文学烙印。可以说，新安文学的缺陷在旅扬徽商的手中得到一定程度的弥补，他们的诗词创作也可看成徽州地方文学发展史的一个维度，是新安文化的又一种延续方式。中国传统文化之所以生生不息、绵延数千年，在相当多的程度上应该归功于不同地域之间的文化整合。扬州文化所体现出的融通和创新的生机，正可以通过对“扬州二马”等徽商的诗词创作的文化透视而显露冰山之一角。它也是展示我国文化文学生发机制的一个标本、一个横切面。

小　结

以上，我们对以“扬州二马”为代表的扬州徽商的诗词创作，进行了初步考察。尽管这还有待于研究者进一步推动和深化，但并不妨碍我们至少可以得出以下两点启示。第一，将徽商置于其所处时代的文学和学术网络中加以考量，能够让我们对这一特殊群体的文化属性，获得更为全面和准确的认识。对徽商的文学考察，或许应该而且可以成为徽学研究的一翼。第二，扬州徽商的诗词创作是东南地区和有清一代文学发展史上的一个不容忽略的存在。在清代文学研究日益全面、深化的今天，此一考察从某种程度上来说，不仅为我们弥补了清代文学研究的一个较为薄弱的环节，而且足以令我们认识到清代文学发生、发展的丰富性和特殊性，进而使我们极有可能在商业文化背景中开辟出文学研究新的增长点。

（原刊《文学评论丛刊》第 11 卷第 1 期）

“文本于经”:姚永朴坚守桐城派文脉的核心与路径*

“文本于经”,是中国古代文学批评史上的一个重要概念,它不仅指称文学源自经学,而且带有极为明显的“宗经”“尊体”观念①。对此,清代桐城派多有宗奉,几位开派先祖各有强调。如,戴名世言:“至于古文之法,则根柢乎圣人之六经。”②方苞言:“盖古文所从来远矣,六经、语、孟,其根源也。”③“《易》《诗》《书》《春秋》及四书,一字不可增减,文之极则也。”④姚鼐言:“文者,天地之精英,而阴阳刚柔之发也。惟圣人之言,统二气之会而弗偏。然而,《易》《诗》《书》《论语》所载,亦间有可以刚柔分矣。”⑤由此可见,宗奉、阐扬经学始终是桐城派创作和批评的一个重要传统。晚清桐

* 基金项目:国家社会科学基金项目“桐城派经学与文学研究”(13BZW083)。

① 参见吴承学、陈赟:《对‘文本于经’说的文体学考察》,《学术研究》2006 年第 1 期。

② 戴名世著、王树民编校:《甲戌房书序》,《戴名世集》,中华书局 1998 年版,第 88 页。

③ 方苞著、刘季高校点:《古文约选序例》,《方苞集》,上海古籍出版社 1983 年版,第 613 页。

④ 方苞著、刘季高校点:《古文约选序例》,《方苞集》,上海古籍出版社 1983 年版,第 615 页。

⑤ 姚鼐著、刘季高点校:《复鲁絜非书》,《惜抱轩诗文集》,上海古籍出版社 1992 年版,第 93 页。

城派中坚曾国藩、方东树等皆有继承和发扬[①]。宗经释经，实为维系桐城派文脉核心所在。衍至晚清民国时期，传统文化剧烈变革，作为桐城派末期兼有经师和文学家双重身份的重要人物[②]，姚永朴身处其境作出了无可回避的艰难选择，其自著《国文学》《文学研究法》见证了对这一文脉的坚定守护。

《国文学》与《文学研究法》这两部著作，均可视为具有当代文学理论和批评性质的教材。前者成书于姚永朴执教于京师法政学堂的1909年，后者成书于姚永朴执教于北京大学的1914年，两著前后相继，异同可参。本文拟在清理《国文学》《文学研究法》两著基础上，对其中的经学存在及其意义加以探究。

一、《国文学》："文本于经"的初步尝试

晚清学制改革基本上是围绕经学开展的一系列整改运动[③]。从1902年的"壬寅学制"至1903年的"癸卯学制"，虽然期间对经学教育屡有或加强或减弱的不同讨论，但后来在小学、中学尤其是大学，在课程设置和读本选择方面，经学教育得到强化却是事实。直到民国元年(1912)，传统学制断裂，"癸卯学制"遭到废止，代之而起的是民国教育部颁布的《大学令》。《大学令》规定"大学分为文科、理科、法科、商科、医科、农科、工科"七科[④]。1913年，教育部公布大学规程，规定"大学之文科分为哲学、文

---

① 参见杨向奎：《论方苞的经学与理学》，《孔子研究》1988年第3期；吴建民：《经学与桐城派散文理论》，《江苏师范大学学报》2014年第2期。

② 王蘧常《桐城姚仲实教授传》称："人以经生称，文学称，其皆非知先生之全者欤?"乔损庵尝评先生之学曰："先生说经，虽以宋儒为宗，而于汉唐博稽兼采，不立门户，无愧通儒。且治朴学者，往往不工文，而先生则兼工之，卓有惜抱家法。"(参见姚永朴：《文学研究法·附录》，凤凰出版社2009年版，第220、222页。)

③ 参见朱贞：《清季学制改革下的学堂与经学》，《中山大学学报》2011年第5期。

④ 舒新城：《中国近代教育史资料》，人民教育出版社1981年版，第663页。

学、历史学、地理学四门”[①],“哲学”分为“中国哲学”和“西洋哲学”两类,并将括《周易》《毛诗》《仪礼》《论语》《孟子》等经学内容归于“中国哲学”名下。至此,经学已彻底丧失其学科的独立性。

经学衰微,传统文化被割裂,首当其冲的便是由高等学堂而来的大学。事实上,大学内各派人物皆有或主动或被动的应对。竭力挽救经学,在一些文科教授那里成为延续传统文化命脉的重要担当。将经史之思,写入规定教材中,贯彻在课堂上,无疑是高等教学的核心所在和最佳路径。姚永朴及其《国文学》和《文学研究法》应运而生,可谓此一大纛。

在《国文学》中,姚永朴试图从多个层面阐明“经”之于“文”的存在及其要义。首先,“义法”本于经。桐城文论的奠基性理论“义法说”自方苞提出后,对桐城诸子的古文创作产生了重要影响。方苞云:“《春秋》之制义法,自太史公发之,而后之深于文者亦具焉。义即《易》之所谓‘言有物’也,法即《易》之所谓‘言有序’也。义以为经而法纬之,然后为成体之文。”[②]“义”即是“言有物”,指文章应有一定的内容。其“辍古文之学而求经义”[③],其实是将文章的内容限定为经学和程朱理学,倡导文以载道;“法”即是“言有序”,指作文应注意形式、技巧等问题。姚永朴谨守桐城家法,传声桐城精神,在《国文学·序目》里进一步发明其说:“粤稽经传所载,周公曰:‘言有序。’孔子曰:‘言有物’,曰‘修辞立其诚’,曰:‘辞达而已’,曰:‘言之无文,行而不远’,曰‘辞欲巧’,其所戒者,曰:‘渐’,曰:‘支’,曰:‘多’,曰:‘游’,曰:‘屈’。曾子所戒者,曰:‘鄙倍。’孟子以‘言近而指远’为善言。”[④]这就把方苞“义法说”的理论渊源归之于经,并把经学

① 舒新城:《中国近代教育史资料》,人民教育出版社1981年版,第645—647页。

② 方苞著、刘季高校点:《又书货殖传后》,《方苞集》,上海古籍出版社1983年版,第58页。

③ 方苞著、刘季高校点:《万季野墓表》,《方苞集》,上海古籍出版社1983年版,第332页。

④ 姚永朴:《国文学》,清宣统二年(1910)京师法政学堂本,第1页。

要义和文学理论会通，从经学层面为桐城派理论溯源，并确认桐城文论的根柢所在。另外，《方灵皋书归震川文集后》案语中对方苞“义法说”有具体阐明：“望溪以义法论文，此篇外如评《史记·十二诸侯年表序》‘以制义法’句云：‘《春秋》之制义法，自太史公发之，而后之深于文者亦具焉。义即《易》所谓言有物也，法即《易》所谓言有序也。义以为经而法纬之，然后为成体之文。’其论精矣。他经如《书》云：‘辞尚体要。’‘要’即‘义’也，‘体’即‘法’也。《诗》云：‘有伦有脊。’‘脊’即‘义’也，‘伦’即‘法’也。《礼记》：‘情欲信，辞欲巧。’‘言’即‘义’也，‘巧’即‘法’也。《左传》云：‘言以足志，文以足言。’‘志’即‘义’也，‘文’即‘法’也。”①姚永朴在方苞论说基础上，进一步从《书》《诗》《礼记》《左传》等经学内涵上探寻“义法”根源，为“义法说”理论找到了经学的依据。

其次，文类本于经。传统目录学把中国书籍分为经、史、子、集四类，经为四类之首，其尊崇地位不言而喻。《文心雕龙·宗经》开首即言：“三极彝训，其书言经。经也者，恒久之至道，不刊之鸿教也。”②刘勰把宗经的思想贯穿于《文心雕龙》的著述中，并认为《文心》之作，“本乎道，师乎圣，体乎经，酌乎纬，变乎骚”，处于“文之枢纽”地位③，而“体乎经”又是“文之枢纽”的关键。在《毛诗关雎序》案语中，姚永朴对文类进行了相关阐发：“古今著作，不外经、史、子、集四类。约而言之，其体裁惟子与史而已。盖子有二派，老庄、孟、荀、管、墨诸家，皆说理者也，屈、宋则述情者也。左丘明、司马迁、班固以下诸史，则叙事也。经于理、事、情三者，无不备焉。盖子、史之源也。如子之说理者本于《易》，述情者本于《诗》，史之叙事本于《尚书》《春秋》《三礼》。此其大凡也。集于理、事、情三者，亦无不备焉，则子、史之委也。”④将四部分类精简为“子与史”两类，又从“理、事、情”三端将之归于经，并认为集部与经部类同，文学“宗经”观鲜明。然而，在《国文学》里并没有指明集部与经部类同的原因。《文学研究法·范

①④ 姚永朴：《国文学》，清宣统二年(1910)京师法政学堂本，第2页。

② 刘勰著、范文澜注：《文心雕龙注》，人民文学出版社1958年版，第21页。

③ 刘勰著、范文澜注：《文心雕龙注》，人民文学出版社1958年版，第727页。

围》篇对此有进一步论述,可以作为此论的注脚:"大抵集中,如论辩、序跋、诏令、奏议、书说、赠序、箴铭,皆毗于说理者;词赋、诗歌、哀祭,皆毗于述情者;传状、碑志、典志、叙记、杂记、赞颂,则毗于叙事者。必也质而不俚,详而不芜,深而不晦,琐而不亵,庶几尽子史之长,而为六经羽翼。"①这样,文学的各种体裁,都能在经学的统筹下找到存在的依据,经学为各种文体也提供了源头。对此,清初诗论家叶燮《与友人论文书》曾言:"六经者,理、事、情之权舆也。合而言之,则凡经之一句一义,皆各备此三者而互相发明;分而言之,则《易》似专言乎理,《书》《春秋》《礼》似专言乎事,《诗》似专言乎情。此经之原本也。而推其流之所至,因《易》之流而为言,则议论、辨说等作是也;因《书》《春秋》《礼》之流而为言,则史传、纪述、典制等作是也;因《诗》之流而为言,则辞赋、诗歌等作是也。数者条理各不同,分见于经,虽各有专属,其适乎道则一也。而理者与道为体,事与情总贯乎其中,惟明其理,乃能出之而成文。"②姚永朴是否从叶燮那里受到启发,我们还没有找到足够的证据,但姚永朴将"理、事、情"更为细致地溯源到"六经"确是事实。

再次,文学风格本于经。文学风格是文学作品的内容与形式的个性化表达,是凸显作者"真面目"的高度抽象,是其思想修养、审美情趣、艺术追求的凝结与呈现。其中,文章语言的特点、篇章的布局、结构的调整等,都是形成其风格的重要环节。在《班孟坚汉书艺文志诗赋略》案语中,姚永朴论及文章"奇偶"。他认为:"文章有奇偶之分,而六经多主奇。《易》《诗》虽皆有韵之文,然《易》文辞以奇为主。《诗》偶句较多,亦不纯于偶也。其纯于偶之体,实萌于《楚辞》而极于《文选》,故昔人以文之奇者为古文词。若夫集部之探源,不能不以楚辞文选为先者,盖文之奇者如古昔圣贤之所撰,既尊之为经矣。"③文章"奇偶"之分渊源有自,六经主奇,是古典文学传统,是古典文人的审美诉求。《楚辞》《文选》"纯于"偶体,其目录

① 姚永朴:《文学研究法》,凤凰出版社 2009 年版,第 27 页。

② 于民编:《中国美学史资料选编》,复旦大学出版社 2008 年版,第 485 页。

③ 姚永朴:《国文学》,清宣统二年(1910)京师法政学堂本,第 4 页。

学归于集部,而"纯于"奇体,则归于经部。高低尊卑,界限明显。这就能解释后世文人"崇奇"的缘故,如韩愈为文主奇,自然也能在经学里找到合理证据了。在《沈修文宋书谢灵运传论》案语里论及文章"声调"。他认为:"声调为文章秘诀之说,其源盖起于《尚书》:'诗言志,歌咏言,声依永,律和声'四句与《左传》季札观乐一节、《乐记》子贡问乐一节,其所云:'八音克谐,无相夺伦。美哉渊乎!泱泱乎!荡乎!沨沨乎!思深哉!广哉!熙熙乎!至矣哉!上如抗,下如队,曲如折,止如槁木,倨中矩,句中钩。累累乎端如贯珠'诸语,非精于声律者,不能言也。故《乐记》又云:'凡音者生人心者也。情动于中,故形于声,声成文谓之音。'"①同时认为"顾欲文章之工,固不可不求之声调,而欲声调之美,又有本焉。"②而"气乃声调之本也",并从《孟子》一书寻求依据,并以"我善养吾浩然之气"作结。文章要领与"气"密切相关,他认为:"大抵文章要领,在知言养气。而仁义为知言养气之本,辨志又为求仁义之基。此《大学》所以云:'知止而后有定,定而后能静,静而后能安,安而后能虑,虑而后能得也。'"③在《姚姬传答鲁絜非书》案语中,他论及"阴阳刚柔"说,并指明其论是有本原的,又在《海愚诗钞序》里有精确阐述,"吾尝以谓文章之原,本乎天地;天地之道,阴阳刚柔而已。苟有得乎阴阳刚柔之精,皆可以为文章之美"④。他认为作文应该刚柔相济,不能过于偏颇,"阴阳刚柔,并行而不容偏废"⑤,又强调作者因才性的差异,文风的趋向有别,故"虽兼具二者之用,亦不能无所偏优于其间"⑥。姚永朴在此基础上进一步追溯,认为此风格论"似从《周易·贲卦》'柔来而文刚,分刚上而文柔,刚柔交错,天文也。文明以止,人文也。观乎天文,以察时变,观乎人文,以化成天下'诸语得来"⑦。显然,

① 姚永朴:《国文学》,清宣统二年(1910)京师法政学堂本,第14页。

② 姚永朴:《国文学》,清宣统二年(1910)京师法政学堂本,第15页。

③ 姚永朴:《国文学》,清宣统二年(1910)京师法政学堂本,第2页。

④⑤⑥ 姚鼐:《海愚诗钞序》,《惜抱轩诗文集》,上海古籍出版社1992年版,第48页。

⑦ 姚永朴:《国文学》,清宣统二年(1910)京师法政学堂本,第4页。

在姚永朴看来,经学对文学风格也具有原生原发的指导意义。

《国文学》里还从其他方面讨论了"文本于经",比如文学的内容和形式、文章性情说、赠序文体本原等。这些方面在《文学研究法》中得到继承和发展,其论述更为全面,故一并置于下文讨论。

二、《文学研究法》:"文本于经"的成功实践

姚永朴在《文学研究法》撰写时自觉以《文心雕龙》为典范,"其发凡起例,仿之《文心雕龙》"①。学界对此已有足够的体察和讨论,无须赘言②。《文心雕龙》以《原道》《征圣》《宗经》《正纬》《辨骚》为"文之枢纽","宗经观"是其内在主脉,其中对文学与经学关系的思考,是贯穿于全著的一条主线。姚永朴对此深以为然,并将经史之思通贯《文学研究法》中。问题是,除此之外姚永朴如此选择还有其他缘由吗?

民国后,文学与经学地位的升降,经学地位的彻底动摇,很明显是触动《文学研究法》鉴择《文心雕龙》撰述体例的最为潜在而又最直接的缘由。从表面上看,姚永朴是刻意模仿《文心雕龙》,为中国文论做最后总结,而从本质上看,实为挽救经学的衰微而采取的策略选择,是以文学讲授为布道路径以宣扬经学,为维护中国传统经学的正统地位做最后的坚守。这就和《国文学》承袭"文本于经"的文论话语建构的初衷和方式具有本质的不同了。

《文心雕龙》在"文本于经"方面的文学示范作用影响深远,开启了后代文学理论上关于经学与文学关系的系统思考。刘勰认为五经"辞约而旨丰,事近而喻远",是"恒久之至道,不刊之鸿教"③。文学以经学为土壤,可以从中汲取所需养分。《宗经》篇是其典型。刘勰认为文体以经学

---

① 姚永朴:《文学研究法》,凤凰出版社 2009 年版,第 1 页。

② 汪春泓:《论刘师培、黄侃与姚永朴之〈文选〉派与桐城派的纷争》,《文学遗产》2002 年第 4 期。

③ 刘勰著、范文澜注:《文心雕龙注》,人民文学出版社 1958 年版,第 21 页。

为源,“论、说、辞、序,则《易》统其首;诏、策、章、奏,则《书》发其源;赋、颂、歌、赞,则《诗》立其本;铭、诔、箴、祝,则《礼》总其端;记、传、盟、檄,则《春秋》为根:并穷高以树表,极远以启疆,所以百家腾跃,终入环内者也”①。从文体发生学上看,刘勰将历代文体一一归之于五经,开示来者,对后学产生了重要影响。

颜之推《颜氏家训》受其启发,认为:“夫文章者,原出五经。诏命策檄,生于《书》者也;序述论议,生于《易》者也;歌咏赋颂,生于《诗》者也;祭祀哀诔,生于《礼》者也;书奏箴铭,生于《春秋》者也。”②严可均《全上古文三代秦汉三国六朝文凡例》也指出:“诏、令、书、檄、天文、地理、五行、食货、刑法之文,出于《书》;骚、赋韵语,出于《诗》;礼议出于《礼》,纪传出于《春秋》;百家九流,皆六经余润。”③韩愈《进学解》从五经本身风格特点出发,认为:“沉浸浓郁,含英咀华。作为文章,其书满家。上规姚、姒,浑浑无涯,《周诰》《殷盘》,佶屈聱牙,《春秋》谨严,《左氏》浮夸,《易》奇而法,《诗》正而葩;下逮《庄》《骚》,太史所录,子云、相如,同工异曲。”④

姚永朴正是在继承前贤学说的基础上,依傍《文心雕龙》多方演绎。他在《门类》《著述》《告语》《记载》等篇中,详细阐明“五经”具体可以参照的篇目,这样由经学具体篇目内容来辨体,显得更为直接和清晰。

(一)《门类》篇:姚永朴以姚鼐在《古文辞类纂》编排体例中将文体划分为13类,以此为基点厘清各种文体渊源。在文体溯源论证中,他一般采用两种方式:一是直接征引已有的文论成果,并加以补充完善;一是直接深入五经中寻求源头,带有原创性质的阐发。文论观点征引最多的是《文心雕龙》与《古文辞类纂序目》。通过二书之间的比较,既能见出相互

---

① 刘勰著、范文澜注:《文心雕龙注》,人民文学出版社1958年版,第22—23页。

② 颜之推著、王利器集解:《颜氏家训集解》,上海古籍出版社1980年版,第221页。

③ 严可均校辑:《全上古三代秦汉三国六朝文》,中华书局1958年版,第2页。

④ 韩愈著,钱仲联、马茂元校点:《进学解》,《韩愈全集》,上海古籍出版社1997年版,第131页。

之间的继承关系,又能见出姚氏对文体溯源的发明。

论辩类文体,姚永朴征引《文心雕龙·论说》"圣哲彝训曰经,述经叙理曰论。论者,伦也。伦理无爽,则圣意不坠。昔仲尼微言,门人追记,故仰其经目,称为《论语》。盖群论立名,始于兹矣"①,直接将该体与《论语》相对应。序跋类文体,姚永朴征引姚鼐"昔前圣作《易》,孔子为作《系辞》《说卦》《文言》《序卦》《杂卦》之《传》,以推论本原,广大其义。《诗》《书》皆有序,而《仪礼》篇后有记,皆儒者所为"②之说,解释道:"古人之序,多缀于末。《诗》《书》序旧别为一卷,附本书以行;其冠之每篇首,特后所移耳""自有前序,乃谓缀末者为后序,亦谓之跋尾,或谓之书后。"③另引曾国藩之说,广以《礼记》之《冠义》《昏义》,而谓"后世曰序,曰跋,曰引,曰题,曰读,曰传,曰注,曰笺,曰疏、曰说、曰解,皆是"④。赠序类文体,姚永朴征引郑杲语"《诗·崧高》:'吉甫作颂,其诗孔硕,其风肆好,以赠申伯。'即赠序之权舆"。又引富阳夏伯定语"《燕燕序》'庄姜送归妾',《渭阳》'我送舅氏',皆有赠序之义"⑤。诏令类文体,姚永朴征引姚鼐之说"原于《尚书》之《誓》《诰》"⑥。碑志类文体,姚永朴征引姚鼐之说"其体本于《诗》,歌颂功德,其用施于金石"⑦。又征引《礼记·檀弓》"铭,明旌也。以死者为不可别已,故以其旗识之,爱之斯录之矣,敬之斯尽道焉耳"。另引《左传》"夫铭,天子令德,诸侯言时计功,大夫称伐"⑧。杂记类文体,姚永朴征引曾国藩之语"如《礼记·投壶》《深衣》《内则》《少仪》,《周礼》之《考工记》皆是"⑨。颂赞类文体,姚永朴征引姚鼐之说"亦《诗·颂》之流,而不必施之金石者也"。又引《文心雕龙·颂赞》"颂者,容也,所以美盛德而述形容也","赞者,明也,助也。昔虞舜之祀,乐正重赞,盖唱发之辞。及益赞于

① 姚永朴:《文学研究法》,凤凰出版社2009年版,第36页。

②③ 姚永朴:《文学研究法》,凤凰出版社2009年版,第37页。

④ 姚永朴:《文学研究法》,凤凰出版社2009年版,第38页。

⑤⑥⑦ 姚永朴:《文学研究法》,凤凰出版社2009年版,第40页。

⑧ 姚永朴:《文学研究法》,凤凰出版社2009年版,第43页。

⑨ 姚永朴:《文学研究法》,凤凰出版社2009年版,第44页。

禹、伊陟赞于巫咸，并飏言以明事，嗟叹以助辞也”①。词赋类文体，姚永朴征引《汉书·艺文志》“《传》曰：‘不歌而诵谓之赋’。”“孔子曰‘不学《诗》，无以言’”《文心雕龙·诠赋》：“《诗》有六义，其二曰赋。”②哀祭类文体，姚永朴征引姚鼐“《诗》有《颂》，《风》有《黄鸟》《二子乘舟》，皆其原也”③。又引曾国藩广之《书》之《武成》《金縢》祝辞，《左传》荀偃、赵简子祝辞。典志类文体，姚永朴征引《尔雅·释诂》《书·传》，释“典，常也”；“《仪礼·士昏礼》注：‘典，常也，法也’”；《礼记·乐记》“歌，咏其声也”；《诗·传》“曲合乐曰歌”④。这样，文学与经学在学理上的联系就一目了然。

（二）《著述》篇：姚永朴综合姚鼐与曾国藩两家关于文体之说，别为四类，“其无韵者曰论辩；而有韵者曰词赋，曰箴铭；至自述著作之意，或述他人所作者，曰序跋”，并从“理、事、情”三端出发，认为“论辩、箴铭，毗于说理与事者为多；词赋则毗于述情者为多；序跋兼而有之”⑤。这就回应了《国文学》里关于文类的划分标准了。

姚永朴言“论辩类莫古于《论语》《孟子》”，在刘勰所言的基础上补上《孟子》，并引朱子《语录》“孔子之言如玉然，自是温润含蓄气象；孟子如冰与水精，有许多光耀”⑥补正。他还指出：“《论语》中长篇，如论正名，论兵食民信，论伐颛臾，词气刚劲，已开《孟子》先声。且《孟子》光明俊伟中，自有简严易直者存。”⑦这就表明了论辩文体的特性。从《论语》过渡到《孟子》，其论辩的特点也越发凸显。辞赋类文体，姚永朴认为以屈原为鼻祖，并揭示其因，“盖周衰《诗》熄，屈氏因崛起于楚”，也即认为词赋为《诗》之余绪，并征引《淮南子》“《国风》好色而不淫，《小雅》怨诽而不乱，若《离骚》者可谓兼之”⑧为证。箴铭类文体，姚永朴征引曾国藩《家训》语“凡箴以

① 姚永朴：《文学研究法》，凤凰出版社2009年版，第44—45页。

②③ 姚永朴：《文学研究法》，凤凰出版社2009年版，第45页。

④ 姚永朴：《文学研究法》，凤凰出版社2009年版，第46页。

⑤⑥ 姚永朴：《文学研究法》，凤凰出版社2009年版，第74页。

⑦ 姚永朴：《文学研究法》，凤凰出版社2009年版，第74—75页。

⑧ 姚永朴：《文学研究法》，凤凰出版社2009年版，第75页。

《虞箴》为最古,乃官箴"①。他在曾国藩论说基础上,进一步指出"《诗·庭燎序》'美宣王也,因以箴之'","《宾之初筵》《抑戒》二诗,虽曰'刺时',亦兼'自警'"②,则箴的内涵就更加宽泛了。序跋类文体,姚永朴认为其"莫古于《易》之《十翼》""其辞至为古茂。自《彖》《象》两传外,大率孔门诸弟子所为,观《系辞》称'子曰'凡二十有四年、《文言》称'子曰'凡六,可见。他若《诗·关雎序》、郑康成《诗谱序》,气味渊雅,亦足嗣之"③。

(三)《告语》篇:文体分为五类,别为诏令、奏议、书牍、赠序、哀祭。前四种说理者为多,而述情亦存乎其中;后一种则毗于述情了,但理与事亦存乎其中。

诏令类文体,姚永朴认为其"莫古于《尚书》誓、命、诰三体"④,并从具体篇目加以说明:"《甘誓》《汤誓》《文侯之命》等篇,何其简而明也!《吕刑》之哀矜恻怛,《盘庚》《大诰》《多士》《多方》之委曲详尽,亦极其胜。《费誓》可以见周公家学,《秦誓》意沉痛而语亦骏迈。"⑤从具体篇章的风格来论诏令文体体性,生动具体,易于分梳辨别。奏议类文体,姚永朴认为其"莫古于《尚书·皋陶谟》"⑥,并主张此篇应从《今文尚书》与《益稷》合为一篇。他解释为:"盖皋陶言'思日赞赞'与禹言'思日孜孜'正好衔接,禹所陈即申皋陶之旨。末载赓歌,君臣交儆,千载下如闻其声。厥后召公作《召诰》,周公作《无逸》《立政》,词意亦同。"⑦可谓对文学与经学之间的联系阐发幽微。他认为书说类文体除《尚书·君奭》外,其"莫古于《左传》《郑子家与赵宣子书》《子产告范宣子书》《叔向贻子产书》"⑧;哀祭类文体则来自《诗》之《颂》。

(四)《记载》篇:记载门分为六类,别为典志、叙记、杂记、纪传、碑志、赞颂。典志类文体,姚永朴认为其"莫古于《尚书》之《禹贡》"⑨。他溯典志之源,首推《禹贡》,认为其发端、规模、层次、秩序,整饬而神奇。叙记类

---

① 姚永朴:《文学研究法》,凤凰出版社 2009 年版,第 77 页。

②③④ 姚永朴:《文学研究法》,凤凰出版社 2009 年版,第 80 页。

⑤⑥ 姚永朴:《文学研究法》,凤凰出版社 2009 年版,第 83 页。

⑦⑧ 姚永朴:《文学研究法》,凤凰出版社 2009 年版,第 84 页。

⑨ 姚永朴:《文学研究法》,凤凰出版社 2009 年版,第 86 页。

文体，姚永朴认为其“莫古于《尚书》《金縢》《顾命》两篇”[1]。他从《金縢》篇章出发，具体分析经文的叙事性，认为其通篇浑穆庄重，《左传》一书，受其影响，赓续其特点。杂记类文体，姚永朴认为其“莫古于《礼记·檀弓》《深衣》《投壶》三篇”[2]。《檀弓》记录杂事，另外两篇则存有遗制。《周礼·考工记》亦然。纪传类文体，姚永朴认为其“于古惟《尚书》帝典为本纪发原；《中庸》昭明圣祖之德，为传状发原”[3]。赞颂类则来自《鲁颂》。

显然，在已有文体论的基础上，姚永朴进一步把文体的起源叙述更为详尽，同时阐发了“五经”中与时俱进的内涵，使得经学在文学文体的辨识中继续发挥魅力。从某种程度上说，重视文学文体的辨析归类，就是致敬经学、存续经学。

《文学研究法》除了从文体层面对“文本于经”探讨外，在其他方面也多有体现。最为突出是，在桐城派文论中注入了更多的经学内涵。

姚鼐《古文辞类纂序目》曰：“凡文之体类十三，而所以为文者八：曰神、理、气、味、格、律、声、色。神、理、气、味者，文之精者；格、律、声、色者，文之粗也。然苟舍其粗，则精者亦胡以寓焉？学者之于古人，必始遇其粗，中而遇其精，终则御其精而遗其粗者。”在论述中，姚鼐为生徒指示了为文途径，认为古文创作必须循序渐进，同时在创作过程中要经历三种不同阶段，即“遇其粗”“遇其精”“御精遗粗”三重境界。至于“为文者八”的具体内涵，则未有清晰揭示。

姚永朴将姚鼐为文八字箴言，分为“神理”“气味”“格律”“声色”四组，在《文学研究法》卷三重点论述。姚永朴借鉴刘勰“释名以章义”的阐释方式，对为文八字箴言的要旨进行了较为全面的解释。

关于“神”，姚永朴征引了《易·说卦传》与《孟子·尽心》，“神也者，妙万物而为言者也”，“夫君子所过者化，所存者神”，“大而化之之谓圣，圣而

① 姚永朴：《文学研究法》，凤凰出版社 2009 年版，第 89 页。

② 姚永朴：《文学研究法》，凤凰出版社 2009 年版，第 90 页。

③ 姚永朴：《文学研究法》，凤凰出版社 2009 年版，第 92 页。

不可知之之谓神”[①]。他认为文章有神妙或者神化的境界,文章到达此境后就能够神足辞达。关于“理”,姚永朴征引《孟子·万章篇》如“始条理”“终条理”等。他还对“神”“理”进行了区别。理和神有本质不同,理是可以通过著力而实现,如《说卦传》“穷理尽性以至于命”;而神则是形而上的境界,如《易·系辞传》“神无方而易无体”,“阴阳不测之谓神”[②]。对于如何臻进神妙、神化的境界,姚永朴以为其自有本原,必须工力为之,先后引《易·系辞传》“尺蠖之屈,以求伸也;龙蛇之蛰,以存身也;精义入神,以致用也;利用安身,以崇德也。过此以往,未之或知也。穷神知化,德之盛也”,《礼记·孔子闲居》“清明在躬,志气如神;嗜欲将至,有开必先。天降时雨,山川出云”,加以证明。

关于“气”,姚永朴征引《孟子》“气,体之充也”[②],并认为言语是气的载体,气因言语而呈现。关于“味”,姚永朴征引《中庸》“人莫不饮食也,鲜能知味”[③]。其中“味”又分成“厚味”“意味”“义味”“深味”“风味”“韵味”“异味”“兴味”“趣味”等多种类型。如“韵味”,其妙处多在《诗》之《风》《雅》里表现,如《苯苢》《灵台》等篇。

关于“格”,姚永朴征引曾国藩《笔记》“经训中训‘格’为‘至’为‘来’者,皆相交之义”,“《礼记注》训‘格’为‘法’”[④]。关于“律”,姚永朴征引《尔雅·释诂》训“律”为“法”。“格”与“律”可以同训。由于受“格律”的规约,古今文学家引入了“戒律”一说,如《易·系辞传》“将叛者其辞惭,中心疑者其辞枝,吉人之辞寡,躁人之辞多,诬善之人其辞游,失其守者其辞屈”[⑤]为孔子戒律,《论语·泰伯》“出辞气,斯远鄙倍矣”[⑥]为曾子戒律,等等。

关于“声”,姚永朴征引《诗·大雅·皇矣》“不大声以色”[⑦],《中庸》

---

①② 姚永朴:《文学研究法》,凤凰出版社 2009 年版,第 124 页。

② 姚永朴:《文学研究法》,凤凰出版社 2009 年版,第 132 页。

③ 姚永朴:《文学研究法》,凤凰出版社 2009 年版,第 137 页。

④ 姚永朴:《文学研究法》,凤凰出版社 2009 年版,第 139 页。

⑤⑥ 姚永朴:《文学研究法》,凤凰出版社 2009 年版,第 145 页。

⑦ 姚永朴:《文学研究法》,凤凰出版社 2009 年版,第 149 页。

“声色之于以化民，末也”①。声与文章的关系，五经能找到源头，《书》帝典“诗言志，歌咏言。声依永，律和声。八音克谐，无相夺伦”②即是证明。另外，《左传》《乐记》里都能寻找其出处，如《乐记》“凡音者，生人心者也。情动于中，故行于声；声成文，谓之音”③。关于“色”，也即辅助文章光彩，与“声”是相辅而行的。文章色泽，可以通过很多方式实现，如《易》之象，《诗》之比、兴，《孟》《庄》之譬喻等。具体的表现，如在篇章中插入描写之语，抑或凌空布景，如《泰誓》“若有一个臣”④一段等。

《文学研究法》还涉及文学风格的讨论，如《刚柔》《雅俗》《奇正》等篇，文中征经方式与上文讨论类似，“文本于经”皆能在其文论中得到贯彻。在文学本原的讨论中，如《起原》《根本》等篇，他继承了刘勰“宗经征圣”文学批评模式，依经立义或者文本于经。经学的要旨融入到文学的血液中，经学可以凭借文学而延续发展，文学因经学而根深体尊。

三、“文本于经”：从文字出发

《文学研究法》开首《起原》章，通篇论及文字、语言和文学的关系，这意味着该著是从文字入手的，换句话说，文字语言是建构该著的起点。这一现象与“文本于经”有着怎样的联系？值得参详。

中国古代文字语言学属于小学的范畴，而小学又常被附于经学，成为解经的工具。《尔雅》是中国最早的一部解字释词的著作，内容涉及训诂、音韵、文字等，它汇集、解释了先秦古籍尤其是“五经”，成为历代儒生们读经、通经的重要工具书⑤，因此在唐代被列为十三经之一。《尔雅》由工具性书一跃成为被尊崇的经学著作，其中凝结着文字语言与经学关系的思

①②③　姚永朴：《文学研究法》，凤凰出版社 2009 年版，第 150 页。

④　姚永朴：《文学研究法》，凤凰出版社 2009 年版，第 163 页。

⑤　欧阳修《诗本义・文王》即言《尔雅》：“考其文理，乃是秦汉之间学《诗》者纂集说《诗》博士解诂之言尔。”（参见段玉裁：《说文解字注》，上海古籍出版社 1988 年版，第 999 页）

考。重视文字语言对文学的作用,也即重视经学对文学的作用。姚永朴对此体察由来已久,早先著作《起凤书院答问》的编排体例就有贯彻。该著按照传统目录学分类,别为经、史、子、集、杂5卷。他将生徒提出的问题“《说文》未载之字皆可为俗字否”①直接归于经部,视为经学讨论的内容。

从《国文学》到《文学研究法》,姚永朴对文字语言与文学关系的考量,也有一个渐进发展的过程。《国文学·序目》言:“自庖牺氏画八卦、仓颉复因鸟兽啼迒之迹而制字,由是六书成,而吾国之文笔于此矣。迨属字为句,属句为篇,坟典聿垂,用乃不竭。”②从文字起原来考述文学源头,足见姚永朴对小学的重视。此外,《国文学》文论篇目的选择,也能见出姚永朴的用心。此书四卷选择了先贤二十篇文论,并分别撰写评语以教授诸生。其中卷一篇《许叔重说文解字序》最为突出,姚永朴在此篇对文论注释十分详尽,案语也极为丰富,特别是关于“六书”的解释,更是广征文献,详加阐释,如释“形声”,注曰:“刘、班作象声,郑众作谐声。其字半主义,半主声。半主义者,取其义而形之;半主声者,取其声而形之。不言义者,不待言也。”③这就对文字语言与文学的关系进行了细致的分梳,建构了小学与经学、文学的关系。

首先,小学有益于古文辞。姚永朴征引曾国藩《日记》语“论文以训诂精确为贵”④。又引曾国藩《与李眉生书》里详言用字之法,分“虚实、譬喻、异诂”三门。这就为学习古文辞指示了轨辙,并发明“小学之有益于文辞,不特用之于解古书而已”⑤的要义。曾国藩此论有两层用意,一是在汉学考据兴盛的状态下,为古文辞生存空间狭窄而寻求出路;二是有意调

① 姚永朴著,郭康松、林璐校注:《起凤书院答问》,华夏出版社2013年版,第27页。

② 姚永朴:《文学研究法》,凤凰出版社2009年版,第1页。

③ 姚永朴:《国文学》,清宣统二年(1910)京师法政学堂本,第5页。

④ 姚永朴:《国文学》,清宣统二年(1910)京师法政学堂本,第6页。

⑤ 姚永朴:《国文学》,清宣统二年(1910)京师法政学堂本,第7页。

和汉宋的倾向。二者的转折点统一于“古文辞”,也即向人证明小学并不仅是汉学家研究的看家本领,同样适用于词章创作。为证明曾国藩此论的适用性,姚永朴征引李斯、司马迁、扬雄、班固等人在小学方面的造诣,并得出“孔子以下数十家之说,大抵皆深于文事”①的结论。姚永朴还征引韩愈之说,“凡为文辞,宜略识字”②,“文从字顺各识职”③,足见在作文方面小学的重要性了,也即语言学对文学的重要作用了。

其次,小学为经史词章之本。在经学方面,姚永朴征引潘季约述张之洞《𬨎轩语》:“字有形,形不一:一古文,二籀文,三小篆,四八分,五隶书,六真书。字有声,声不一:有三代之音,有汉魏之音,有六朝至唐之音。字有义,义不一:有本义,有引申义,有通假义。形声不审,训诂不明,岂知经典为何语耶!如何而能审定音义,必须识小篆,通《说文》,熟《尔雅》,识古篆之形,晓古语之声,方能得古字之义。”④在词章方面,姚永朴征引武谦述张之洞关于治《说文》之法,最后表明小学“有资于经史,并言其有益于词章”⑤。

《文学研究法》从小学切入,支撑姚永朴这一思路最直接的经学著作就是《尚书》与《诗经》。《尚书》云:“诗言志,歌永言,声依永,律和声。”⑥《诗·关雎序》云:“诗者,志之所之也。在心为志,发言为诗。情动于中,而形于言;言之不足,故嗟叹之;嗟叹之不足,故永歌之;永歌之不足,不知手之舞之、足之蹈之也。情发于声,声成文谓之音。”⑦言语与文字、声音、文学等因自然属性的亲近,加之于社会属性的规约,形成了天然的链条关系。文字之原基于言语,言语又基于声音,声音又根植于知觉。而人为五

①④ 姚永朴:《国文学》,清宣统二年(1910)京师法政学堂本,第7页。

② 韩愈著,钱仲联、马茂元校点:《科斗书后记》,《韩愈全集》,上海古籍出版社1997年版,第148—149页。

③ 韩愈著,钱仲联、马茂元校点:《科斗书后记》,《韩愈全集》,上海古籍出版社1997年版,第306页。

⑤ 姚永朴:《国文学》,清宣统二年(1910)京师法政学堂本,第8页。

⑥⑦ 姚永朴:《文学研究法》,凤凰出版社2009年版,第3页。

行之秀，能超越鸟兽，故能“作书契以易结绳之治，百官以理，万民以察”①。关于“文心”之用，姚永朴征引扬雄、徐幹、孔颖达、韩愈、程颐诸家论述，如《法言·问神》云“言，心声也；书，心画也”，《尚书·序·疏》云“言者，意之声；书者，言之记”，《送孟东野序》云“人声之精者为言。文辞之于言，又其精也”②，等等。最后，姚永朴得出“天地之元音发于人声，人声之形象寄于点画，点画之联属而字成，字之联属而句成，句之联属而篇成”的结论，并发出“文学起原，其在斯”的感叹。这就照应了《国文学·序目》里结论，论述也更为翔实。姚永朴也毫不避讳训诂识字的落脚点就在解经：“欲由今溯古，以通其训诂，必自识字始。夫古者大篆且群以为异于古文，今虽小篆尚觉近古，故《说文》一书自当与《尔雅》同资研究，庶几可知古人造字根原，若者为本义，若者为引申义，若者为假借义，而经典之奇字奥句，可以渐通焉。”③如此看来，姚永朴由文学到经学再到文字，是一个非常清晰的逆向推断，经学的核心地位在小学的论述中同样得到彰显。

姚永朴这种论述，甚至被视为“我国‘篇章语言学’之先导。盖总结二千年学者文人论文之精义，而冥合于新兴之语言科学，此其所以‘光景常新’，历久不磨也”④。如果此说大致不差的话，它正表明该著在一定程度上契合了新时代的语言学发展，预流趋新，这当是姚永朴守成中的创新，亦可视为勘察桐城派文脉延续三百余年的一个标本。

需要特别指出的是，姚永朴在撰写《文学研究法》时，新学派与旧学派已就“文言”与“白话”展开激烈的争论，以“白话”取代“文言”的呼声日益高涨⑤。从文字语言的变革来动摇和埋葬传统文化，无疑是新学派的最终目标。尽管这一口号在新文化运动时才正式提出，但在姚氏撰写《文学研究法》之时，应该也敏锐地感受到了新派对传统文化无比鄙弃的咄咄逼

---

①② 姚永朴：《文学研究法》，凤凰出版社 2009 年版，第 4 页。

③ 姚永朴：《文学研究法》，凤凰出版社 2009 年版，第 7 页。

④ 吴孟复：《安徽文献研究丛稿》，黄山书社 2006 年版，第 50 页。

⑤ 可参罗成琰：《激进与保守——重评五四时期新文学与旧文学的论辩》，《理论与创作》2009 年第 3 期。

人的气势。在时势孔亟的境况下，姚永朴将坚守传统、捍卫古文语言提高到爱国的高度："夫国之所藉以立，岂有过于文学者？匪惟吾国，凡在五大洲诸国，谁弗然？盖文字之于国，上可以溯诸古昔而知建立所由来，中可以合大群而激发其爱国之念，下可以贻万世而宣其德化政治于无穷。"① 姚永朴还放眼时局："关系之重如此，是以英吉利人因其国语言文字之力，能及全球，时以自诩"，并对"吾国人举国文蔑视之，殊不可解"② 予以谴责。姚永朴又指出："夫武卫者，保国之形式也；文教者，保国之精神也。故不知方者不可与言有勇。"③ 其对"武卫者""文教者"的判别轻重，不仅从本质上反映出姚永朴的国家观，而且还说明了以姚永朴为代表的晚清桐城派对传统的坚守，即对"保国之精神"与维系传统经史之学的紧密关系的重视。姚永朴内以"语言发于天籁，文字根于语言，则亦天籁也"，为文字魅力正名，外以"既为中国人，举凡各种科学，非得有中国文字阐明之，乌能遍行于二十二行省？"强调文字万不可废除之理④，足见姚永朴从语言学角度来考量文学，其真实意图不仅仅是追溯文原，而且还潜藏着对抗新学派、保存"国文"的倾向。而这一切何尝脱开《文学研究法》中须臾不离的"经学"？

总之，从《国文学》到《文学研究法》的文论创建实践，是"文本于经"文学批评方式运用不断成熟的过程。《国文学》侧重于文论讲疏，而《文学研究法》则有形式和内容的全面展开。这一演进轨迹，还可从"小学"的角度加以体察。我们以为这源自姚永朴的两种动机：一是为匡扶传统经学大厦之将倾，二是夯实桐城派文论的基石。宗奉经学始终是桐城派文脉的核心所系，经学是桐城派文论的根源和方法所在。阐扬"文本于经"于这两部著作中，不能不说是姚永朴坚守传统经学的策略选择，它见出姚永朴的良苦用心，也从一个侧面见证桐城末学挣扎于经学与文学之间的艰困之境。

（原刊《中山大学学报》2018 年第 4 期）

①②③④　姚永朴：《文学研究法》，凤凰出版社 2009 年版，第 10 页。

“史识”:姚永朴建构“文法”的一个灵魂*

无论是在桐城派发展史上,还是在近代传统文化新变时期,姚永朴《文学研究法》都堪称一部杰出的文学研究著作。该著凝结着作者的经史之思,自成一统,“经”与“史”可谓是建构该著的关键所在。遗憾的是,学界至今对此多有忽略,其意义未有彰显①。本文拟专从“史”的角度,对该著所涉的几个层面加以清理和研讨,以期最大程度上接近其本真面目,发掘其价值所在。这里的“史识”特指姚氏注重文学史演变,文史会通,论从史出的识见。

一、学制变革与教材撰写:以“史”贯“文”的动因

《文学研究法》是姚永朴任教于北京大学的课堂讲义,撰写于1913年底,成书于1914年初。其弟子张玮言:“先生论文大旨,本之姜坞、惜抱两先哲。然自周秦以迄近代,通人之论,莫不考其全而撷其精。故虽谨守家法,而无门户之见存。”②可见,该著对中国古代文论进行历时性的总结,采撷其精,并融之于桐城派的文论话语体系中,赋予晚期桐城文论更为融

* 基金项目:国家社科基金项目“桐城派经学与文学研究”(13BZW083)。

① 关于“经”的存在及其意义,可参拙文《“文本于经”:姚永朴坚守桐城派文脉的核心与路径》,《中山大学学报》2018年第4期。

② 姚永朴著,许结讲评:《文学研究法》,凤凰出版社2009年版,第2页。

通开放的格局。

晚清民国之际，学制改革，新旧转型，1913 年民国教育部大学规程规定，依照《大学令》，“国文学”类将“文学研究法”与“中国文学史”并列，强调它们的差异性不言而喻。姚永朴在北京大学担任“文学研究法”课的讲习，著作亦以“文学研究法”命名，侧重于“文学研究”、与文学史保持一定的距离，本该是情理中的事，但实际上通篇表现出强烈的“史识”，其背后的历史境况耐人寻味。光绪二十八年(1902)钦定京师大学堂章程颁行，“今略仿日本例，定为大纲分列如下：政治科第一，文学科第二，格致科第三，农业科第四，工艺科第五，商务科第六，医术科第七”①。“文学科”之目别为“经学”“史学”“理学”“诸子学”“掌故学”“词章学”“外国语言文字学”，“中国文学”并未与“史学”同时出现，而以“词章学”名之。光绪二十九年(1903)，奏定大学堂章程颁行，规定“文学科大学”分为九门，其中“中国史学”与“中国文学”并置，“中国文学”取代了“词章学”②。1913 年民国教育部公布大学规程，规定大学之文科分为哲学、文学、历史学、地理学四门。这是现代学制改革的重要突破，文学科与历史学科的界限划分清晰，传统教育从文史哲不分逐渐走向文史哲三分，这是桐城派传衍二百多年从未遭遇而又不得不面临的大变局。《文学研究法》正是这一学制改革直接催生的后果。该著虽言“文学”，但作者反复征引敷衍经典，于“经”“史”没有片刻的割离，可谓经史之思贯穿“文学”。这在相当程度上表明了晚期桐城派对新学制下的文史之分的态度，可视为对传统文化的深情回望与眷恋。

如果结合姚永朴执教和所撰课堂讲义来看，我们还可以进一步了解《文学研究法》著作的历史。1901 年，姚永朴任起凤书院山长，嗣后又回山东高等学堂任教。其间，他著有《起凤书院答问》，自序言：“光绪辛丑(1901)，予以同邑叶玉书大令之招，主讲信宜起凤书院。诸生肆业者时质

① 舒新城：《中国近代教育史料》，人民文学出版社 1961 年版，第 551 页。
② 舒新城：《中国近代教育史料》，人民文学出版社 1961 年版，第 579 页。

所疑,辄据鄙见答之,积久成秩。壬寅(1902),襄教事于山东高等学堂,讲授之暇,复取旧稿,稍加删改,以类钞之,为五卷,将就有道而正焉。”[①]该著体例秉承传统教学模式,详细地记录了 80 条师生问答,并依照目录学分类,分为经、史、子、集、杂五卷。史部与集部即现代意义上的“史学”与“文学”。在书院教学,姚永朴践行的是文史不分的模式,而这种模式必然有着较强的惯性,对其后的教学和著作产生影响。1909 年,姚永朴受聘国文教习,执教于京师法政学堂,期间著有《蜕私轩读经记》《国文学》《史学研究法》等。《史学研究法》成书的时间大约在 1909 年至 1912 年之间。该著收于姚永朴《素园丛稿》中,姚永概序言:“《经学举要》一卷、《国文学》二卷、《史学研究法》一卷……客安庆、京师教诸生所作。”[②]显然,《史学研究法》撰写先于《文学研究法》。从现有的文献比较来看,两个版本《国文学》[③]是《文学研究法》直接材料来源;从撰写的体例与方法来看,《史学研究法》可谓是《文学研究法》的范本。《史学研究法》别为《史原》《史义》《史法》《史文》《史料》《史评》《史翼》与《结论》8 篇,从这些题目不难见出学制改革的痕迹。其中,《史文》一篇值得参详,“史文”语出《孟子》:“《春秋》,其事则齐桓、晋文,其文则史。”此文首引孔子“言之无文,行而不远”开篇,接着论述“况史也者,尤为经国之大业,不朽之盛事,使无文以张之,何以广见闻而新耳目乎”[④]。很明显,姚永朴有将史学凌驾于文学之上的意味,因为此论源于曹丕《典论·论文》中申述文学的重要作用,姚永朴将“文”转易为“史”,其意图也昭然若揭。《史文》篇从“古与今”“奇与偶”“繁与简”“曲与直”四个方面进行阐发,从文学的角度对史学进行观照,凸显

---

① 姚永朴著,郭康松、林璐校注:《起凤书院答问》,华夏出版社 2013 年版,第 5 页。

② 姚永概:《素园丛稿序》,见宋昱辑《素园丛稿》,京华印书局 1912 年版,第 1 页。

③ 姚永朴《国文学》有两个版本,一为 1910 年京师法政学堂本,一为 1912 年京务印书局本,两个版本之间有一些显见差异,可相互参看,皆可视为《文学研究法》撰写的材料和体例上的准备。

④ 姚永朴:《姚永朴文史讲义》,凤凰出版社 2008 年版,第 153 页。

了史文不分的情况，似有刻意强调文学与史学的关联，回归文史不分的传统。

《文学研究法》的撰写是以《文心雕龙》为范本的。癸卯学制章程中，中国文学科目“历代论文要言”规定“如《文心雕龙》之类，凡散见子史集部者，由教员搜集编为讲义”①。这直接为教材编著提供了参照。张玮序言：“其发凡起例，仿之《文心雕龙》。自上古有书契以来，论文要旨，略备于是，后有作者，蔑有尚之矣。”②《文心雕龙》体大思周，是中国文论史上里程碑式的巨著。不难发现，《文心雕龙》本身也有其“史”的考察，如《时序》《事类》《史传》等篇，就是从“史”的角度来阐释的，其“史”之痕迹在文本中比比皆是。发展到晚清民国初年，在学制变革、“文学”学科单列中，《文心雕龙》得到前所未有的重视，研究著作兴盛，名著如黄侃《文心雕龙札记》等。与黄侃对《文心雕龙》深刻细致的剖析有所不同，姚永朴《文学研究法》则是直接从《文心雕龙》那里寻找资源与方法，它是《文心雕龙》接受史上，有别于黄侃的异声别调，令人深思。

二、以史系文：构建文学发展史的谱系

阐释文学是《文学研究法》的核心所在，涉及文学发展史、文学理论史、文学批评史三个层面，姚永朴是从文学发展史入手的。以下从这三个层面梳理其中“文”与“史”的关联，探讨姚永朴构建文学发展史的谱系。

《文学研究法》卷一包括《起原》《根本》《范围》《纲领》《门类》《功效》六目，具有文学总说的性质，可以视为文学本质论。③在文学本质论中，姚永朴对文学的考量，是从文学的起源开始论述的，他在《起原》中追溯文学的源头，对文学衍生的过程进行详细阐发，得出“文字之原，其基于言语乎，

① 舒新城：《中国近代教育史料》，人民文学出版社1961年版，第595页。

② 姚永朴著、许结讲评：《文学研究法》，凤凰出版社2009年版，第2页。

③ 杨福生：《姚永朴〈文学研究法〉述论》，《北京大学学报》1998年第5期。

言语其发于声音乎,声音其根植于知觉乎”①的结论,这就勾连起文学与语言的关系,为论述文字为文学之源提供了理论上的准备。姚永朴还关注到文字载体与文学发展的关系,在历数由书契、竹简至活字印刷的历史后,认为“文籍流布,其术古拙而今巧”②,文学的发展与文学载体紧密相关。姚永朴历时性地推演文字与文学发展的关系,“史识”鲜明。在《范围》篇中,姚永朴对历代文学的概念进行了阐发。他指出:“文学之范围,有广义焉,有狭义焉。”③关于广义文学的内涵,他援引《论语》“夫子之文章,可得而闻也”与“焕乎其有文章”等文献,并佐证“先儒谓凡言语、威仪、事业之著于外者皆是,盖所包括众矣”的结论。就专以文字之成为书者而论,他认为《汉书·艺文志》标举“七略”,并认为“七者之文,莫不炳然可观,垂声千载,虽尤著者莫如诗赋”,也即认为“诗赋”与其他六略相比,文学性更强。又,论及专集与总集,以为专集之名,由后人追录起于西汉之末,迄于东京,“自制名者,始于张融《玉海集》”“总集莫古于《楚辞》”④。姚永朴论述专集与总集之间的关系,目的是为了验证随目录学的发展,经、史、子、集四类逐渐定型,集部作为历代文章之总汇也最终完成。文学的含义由广而狭,既是时势使然,又是文学发展史上的自然呈现。

《运会》篇开首照录《文心雕龙·时序》,赞同刘勰对晋宋以前文学理论的总结。刘勰在《时序》篇中,充分表达了他的文学发展观,所谓“时运交移,质文代变”“故知歌谣文理,与世推移,风动于上,而波震于下者也”“故知文变染乎世情,废兴系乎时序,原始以要终,虽百世可知也”等论断影响深远。在考察文学的真实状态时,不能避开时事对文学的影响与推动,但文学生态复杂,发展漫长。姚永朴言刘勰《时序》篇“所论于晋宋以前文学兴废,已得其概;惟末于齐语焉不详”,并推测其原因为“岂有所讳

① 姚永朴著、许结讲评:《文学研究法》,凤凰出版社 2009 年版,第 3 页。
② 姚永朴著、许结讲评:《文学研究法》,凤凰出版社 2009 年版,第 6 页。
③ 姚永朴著、许结讲评:《文学研究法》,凤凰出版社 2009 年版,第 19 页。
④ 姚永朴著、许结讲评:《文学研究法》,凤凰出版社 2009 年版,第 20 页。

而然欤"[1]。所以，姚永朴《运会》后半部分，多撮钞诸史之中《文苑传》相关文学的论述来接续刘勰。《文苑传》与文学史联系密切，章学诚言："东京以还，文胜篇富，史臣不能概见于纪传，则汇次为《文苑》之篇。文人行业无多，但著官阶贯系，略如《文选》人名之注，试榜履历之书，本为丽藻篇名，转觉风华消索；则知一代文章之盛，史文不可得而尽也。"[2]虽然着重论述《文苑传》的起源，认为其不能尽显文学史的全貌，但毕竟关注到《文苑传》与文学史的关系。实际上，《文苑传》往往不限于对优秀作家作品评介而且论及整个文坛状况，隐含着文学史的内容。姚永朴敏锐地观察到这点并援引《文苑传序》作为其阐发"文学史观"的史料，从《后汉书·文苑传》到《明史·文苑传序》，他几乎网罗了所有《文苑传序》中对文学的点评，以为"此皆前史所载之可考而知者"。对于清代文学状况，姚永朴从古文、骈文、诗三个方面进行了考察，列举了清代文坛重要的代表性的作家。比如诗歌方面，他以为："诗则有龚鼎孳、吴伟业、王士祯、施闰章、宋琬、朱彝尊、赵执信、查慎行，而大櫆及鼐之诗亦最胜，其末造有莫友芝、郑珍。"[3]清代诗歌发展流变的情况也大致能从这一名单中得到勾勒，尽管以刘大櫆与姚鼐的诗歌"最胜"有些夸张。姚永朴为桐城诗派张目，但并不墨守成规："今综而观之，虽历代英才，应运而出，然元、明、清文学逊于宋，宋逊于唐，唐逊于周、秦、两汉，岂不能不为时代所限欤！"[4]这就再次回到了"时序"的论点上了。姚永朴在文史观的阐发上，继承了刘勰"时序""通变"等文学思想，同时他又对晋宋以后文学情形进行了梳理，以"运会"来统筹文学发展演变的规律，是符合文学发展史实际的，体现出他的文学整体史观。

在《诗歌》篇中，姚永朴评论了王士祯与姚鼐两家诗论，对诗史的流变进行了相关考察。王士祯在《古诗选》中选评了五七言古体诗，所言精当，

① 姚永朴著、许结讲评：《文学研究法》，凤凰出版社 2009 年版，第 59 页。

② 章学诚著、叶瑛校注：《文史通义》，中华书局 1984 年版，第 40—41 页。

③④ 姚永朴著、许结讲评：《文学研究法》，凤凰出版社 2009 年版，第 63 页。

桐城派对其以“神韵”论诗多有会心,褒中有贬[①],姚永朴继承桐城诗学传统,于王士祯以极大的关注。姚鼐《五七言今体诗钞》专选唐五七言今体诗,王士祯未及律诗,二者正可互补,姚永朴对此明察。姚鼐论涉及唐宋五言律体、七言律体,尤重杜甫与苏轼两家,兼及陆游,谓陆游“其七律固为南渡后一人”。姚永朴在对比分析中以为“惜翁论诗语与阮亭参观,各体略备”但“阮亭未选明诗,惜翁则止于南宋”。姚永朴还援引钟嵘的《诗品》、叶少蕴《石林诗话》、姚范《援鹑堂笔记》、张英《聪训斋语》、方东树《昭昧詹言》等诗话,与王、姚诗评进行相互参读,持论公允。正是在这种多种参照补正中,诗体流变史面貌清晰可见。

综上所述,姚永朴从文学发展史的视角考察了文学起源、文学的内涵、文学的流变等,使得文学的一些概念和范畴得到较为准确的揭示。他对文学规律的探讨,建立在文学史的梳理之上,在点与面的结合中,牢牢抓住文学演进的主线,并以之将文学的现象串联起来,显示其间网状脉络,较为完整的文学谱系因此得以建构。

三、以史论文:建构文学理论史、批评史之框架

如果将《文学研究法》置于文学理论史、批评史的维度加以考察,也颇有启发。作为桐城派晚期重要的古文家,姚永朴站在桐城派的立场上,对传统文论进行重新的审视并加以论述,这既有对传统文论的总结又能见出桐城派的新变。

《文学研究法》对文学范畴的探讨主要见于卷三与卷四。杨福生认为,卷三是文学作品构成论,卷四是风格论。[②] 许结除了赞成卷四为文学

① 可合参蒋寅《王渔洋“神韵”的审美内涵及艺术精神》,《中国社会科学》2012年第3期;许结评注《姚永朴〈文学研究法〉》,凤凰出版社2009年版,第102页;王达敏《神韵说发微》,《姚鼐与乾嘉学派》,学苑出版社2007年版,第140—151页。

② 杨福生:《姚永朴〈文学研究法〉述论》,《北京大学学报》,1998年第5期。

风格论外，进一步将卷三视为文学作品论与文学批评论。[①] 卷三篇目别为《性情》《状态》《神理》《气味》《格律》《声色》。后四篇是姚永朴对姚鼐“神、理、气、味、格、律、声、色”[②]为文八字箴言进行的分组探讨。

“神理”作为一个古代文论概念，在桐城派文章中占有重要的地位，被姚鼐视为“文之精”，与“文之粗”相对。姚鼐而下，桐城派对此多有思考，并奉之为古文至镜，对此，王达敏和蒋寅先生曾先后予以申论[③]，无需赘言。值得继续论说的是，姚永朴对这一概念进行的系统化阐释。

关于“神”，姚永朴溯源“神妙”“神化”之说的由来，援引《易·说卦传》“神也者，妙万物而为言者也”，《孟子·尽心》“夫君子所过者化，所存者神”，“大而化之之谓圣，圣而不可知之之谓神”，并认为“文章亦有此境，必神足，辞乃无不达”[④]。姚永朴还采择《说文》中对“神”的释义“天神引出万物者也”，并引杜甫“文章有神交有道”“书贵瘦硬方通神”来进一步佐证。关于如何达到神妙神化之境，姚永朴认为其“是有本原”“有工力”的。姚永朴依经立义，首引《易·系辞传》《礼记·孔子闲居》里关于“神”的论述，对“穷神知化”的传统道德修养与文学所追求的意境相联系，阐发“人品”与“文品”的古老命题。他指出“此虽不专就文章言，而文章本原所在，固如是矣”，也即意味着“崇德”是达到文学入神的要求，“人品”影响着“文品”。姚永朴对《庄子》一书也特别嗜好，其“夫真超然于生死者不言生死，言生死者非超然于生死者也；真忘机者不言机，言机者非忘机者也”[⑤]之论，也即重视“形神”“言意”之间辨证的探讨，间接也提及对“神”的观照。《庄子》对“神”的阐发尤多，姚永朴引《养生主》里寓言“庖丁解牛”的故事，

---

① 许结：《姚永朴与〈文学研究法〉》，《古典文学知识》，2010 年第 1 期。

② 姚鼐：《古文辞类纂》，浙江古籍出版社 1998 年版，第 10 页。

③ 参见王达敏《姚鼐与乾嘉学派》，学苑出版社 2007 年版，第 140—151 页；蒋寅《海内论诗有正宗姬传身在最高峰——姚鼐诗学品格与渊源刍论》，《文艺理论研究》2015 年第 5 期。

④ 姚永朴著、许结讲评：《文学研究法》，凤凰出版社 2009 年版，第 124 页。

⑤ 严云绶、施立业、江小角主编：《桐城派名家文集》第 11 册，《姚永朴集、姚永概集》，安徽教育出版社 2014 年版，第 19—20 页。

借以说文事,赞扬"去形达神"之神遇神境;引《达生》里寓言"痀偻承蜩"的故事,表明"用志不分,乃凝于神"的境界。姚永朴从《庄子》对"神"的界说,顺流而下,引后代文人对"神"的描述进一步补充说明其论。他引韩愈《送高闲上人序》"苟可以寓其巧智,使机应于心,不挫于气,则神完而守固,虽外物至,不胶于心",来说明"神完"之说,并引姚鼐《古文辞类纂》与曾国藩《日记》对其解说评注。刘大櫆在《论文偶记》也提出了"神气说"。姚永朴认为以上几条关于"神"的论述,都可以相互参观。其后,姚永朴还论及"古人精神兴会之到,往往意在笔先"的情形,引用文献有《史记·管晏列传》《文心雕龙·神思》等。至此,关于"神"的相关概念,经过姚永朴的梳理,基本上得到了清晰的呈现。

关于"理",姚永朴从《说文》中寻绎"理"的本义"治玉也"。他阐发道"盖玉既治,其文理始昭著。故引申之,凡事物之有条不紊者,皆谓之理"①。他还分辨了"理"在音乐与文章之中的区别,"其在音乐,则《孟子·万章篇》所谓'始条理''终条理'者是也。其在文章,则《荀子·非十二子》篇所谓'持之有故''言之成理'者也"②。由上可知,"理"从具象的本义逐渐衍生为抽象的引申义,从切实可以感知的物象变成不可捉摸的意象,其间反映的是"理"的含义不断沉淀的过程,是文化观念不断变化的结晶,是形而下思维向形而上思维的演进表现。既然"理"是抽象的概念,那么又该如何把握?姚永朴指出:"若夫理之天下,无论见于事,寓于物,皆赖文以明之。"③这就指明了"文"在诠释"理"的过程中的重要作用。这就和唐代古文运动时所提倡的"文以明道""文以贯道"之说相符。姚永朴引张耒、苏轼、魏禧等人论文之语,发明要"文理通达"之旨,并引曾国藩之论,阐明理达与积理之间的关系。姚永朴针对曾氏之论,继续探讨关于"积理"的文学要素。他引洪迈《容斋四笔》里关于明理与意的关联,强调"理虽积之于书,而意则摄之于我。既有意矣,又必有术以行之,然后能执

①② 姚永朴著、许结讲评:《文学研究法》,凤凰出版社 2009 年版,第 124 页。
③ 姚永朴著、许结讲评:《文学研究法》,凤凰出版社 2009 年版,第 129 页。

简御繁，化腐为奇"①。另外，姚永朴还引了桐城派成员一些文论观点以说明"理"与文学的关系，如刘大櫆"义理与神气"、姚鼐"积理与翻新"、方东树"文章述理'旁见侧出'之妙"等。

姚永朴对"神理"的阐发，几乎串联起了整个文论史上关于"神理"的界定。在一定程度上来说，这是桐城派对建构文学理论和批评史框架的新贡献。这些在其他篇目中也有很好的体现，比如《气味》《格律》《声色》等。

卷四篇目分别为《刚柔》《奇正》《雅俗》《繁简》《疵瑕》《工夫》，这自然属于文学风格论的范畴，姚永朴进行的阐释也是别出心裁，现例引《刚柔》篇论之。"阳刚"与"阴柔"这对文学概念在中国古代文学理论和批评史上的讨论由来已久，姚永朴正本清源，进行较为详细的梳理。如，他引《易·贲卦·彖传》"柔来而文刚""分刚上而文柔"，"刚柔交错，天文也。文明以止，人文也。关乎天文，以察时变；关乎人文，以化成天下"，又引《说卦传》"分阴分阳，迭用柔刚，故易六位而成章"，证明"文章之体本于阴阳、刚柔，其来远矣"②；在考察"刚柔"说的演变过程中发现此说产生时间之早与后世文学家的关注程度出现不对称，即"后世文学家未有论及此者"③；又指出唯有《宋书·谢灵运传论》"民禀天地之灵，含五常之德，刚柔迭用，喜愠分情"里论及"刚柔迭用"的事实；至于刘勰《文心雕龙》之作，也仅在《熔裁》中简述"刚柔以立本，变通以趋时。立本有体，意或偏长；趋时无方，辞或繁杂。蹊要所司，职在熔裁"，姚永朴指责其"未畅厥旨"，相较其他文学概念，刘勰对"刚柔"之说似乎论述相对较少。考其原因，也许是将此风格论融于其他文学范畴之内，比如"风骨"就能与"阳刚"生发联系。桐城派对文章"刚柔"风格格外重视。桐城派倾心于"刚柔"风格论，也即认识到"刚柔"风格对于古文的重要性，也反映出桐城派对古文内在属性的自觉体认。姚鼐可谓"刚柔"说集大成者。其"刚柔"论主要见于《答鲁絜非书》

---

① 姚永朴著、许结讲评：《文学研究法》，凤凰出版社2009年版，第131页。

②③ 姚永朴著、许结讲评：《文学研究法》，凤凰出版社2009年版，第164页。

与《海愚诗钞序》二文。姚永朴对“刚柔”的阐发,主要立足于姚鼐《答鲁絜非书》一文:“篇中言‘刚不足为刚、柔不足为柔’者,恐世之浅者借口,以犷悍为阳刚,以靡弱不振为阴柔也。其言‘一有一绝无’‘不可言文’者,盖阳刚、阴柔之分,亦言其大概而已。”他认同前辈之论,认为“必刚柔相错而后为文,故阳刚之文,亦具阴柔之美,特不胜其阳刚之致而已;阴柔亦然。止可偏胜,而不可以绝无。”①姚鼐之后,曾国藩推演“阳刚阴柔”,析为太阳、太阴、少阳、少阴四象,论点主要见于曾氏《家训》《日记》及弟子吴汝纶《记古文四象后》中。曾氏将文章阳刚与阴柔两种风格所构成的文境,分别以四字对应:“阳刚之美,莫要于‘雄’‘直’‘怪’‘丽’;阴柔之美,莫要于‘茹’‘远’‘洁’‘适’”②,并对每种文境进行了阐发。姚永朴大篇幅引用了曾氏论文境之言,也足见其对曾氏之论的认同了。继曾氏之后,张裕钊也对“刚柔”说有论述。据吴汝纶记载,张氏以二十字分配阴阳:“阳”为“神、气、势、骨、机、理、意、识、脉、声”;“阴”为“味、韵、格、态、情、法、词、度、界、色”③。由姚鼐的阴阳刚柔说到曾国藩的“四象”说,再至张裕钊二十字说,“刚柔”说在桐城派成员的论述中越来越精细化,从一个高度抽象的概念逐渐衍生落实为由一系列各有侧重的不同文学风格,是桐城派对文学风格论的系统贡献。在面对具体作家作品时,姚永朴引管同《与友人论文书》“仆闻文之大原出于天,得其备者,浑然如太和之元气。偏焉而入于阳,与偏焉而入于阴,皆不可以为文章之至境”④,表明了自身对“刚柔”说的立场。“阴阳”调和是达到“文章至境”的途径,任何偏执都有可能造成文境的破坏。对于经典著作《史记》,管同认为司马迁为阳刚类型,而曾国藩则认为是阴柔类型。姚永朴见出二说之间的分歧,并推测造成差异的原因为二者对文章“气之雄奇、跌宕之姿”的不同看法,补正以“文章之道,刚柔相济”⑤。

综上可知,姚永朴对文章“刚柔”说的阐发,既对其渊源流变进行检

①② 姚永朴著、许结讲评:《文学研究法》,凤凰出版社 2009 年版,第 166 页。
③④ 姚永朴著、许结讲评:《文学研究法》,凤凰出版社 2009 年版,第 168 页。
⑤ 吴德旋、吕璜:《初月楼古文绪论》,中华书局 1985 年版,第 2 页。

视，明晰了历来对“刚柔”说的接受历程，又对各家所论及的“刚柔”说进行了批评，见出不同论者之间的差异，将桐城派历代关注的“刚柔”说大大往前推进一层，这是姚永朴对传统文论“刚柔”说的新贡献。此外，姚永朴详尽梳理论述的还有“奇正”“雅俗”“繁简”等概念，其论述的方式，皆可与“刚柔”说相参。完全可以说，姚永朴是在文学理论史和文学批评史这两个维度上，对一系列涉及文学风格和本质的文学概念进行了系统的阐释，具有文学“史”的广度和深度。我们甚至可以说，姚永朴以史论文，从而建构文学理论史、批评史之框架。

四、努力与绝望：学术史意义的生成

《文学研究法》在学术史上的意义，也极为重要。前文所及的疏证，关涉经史子集，举凡征引考核，会通评论，不出学术史的范畴。此外，该著还对桐城派发展史的得失进行了自觉的检讨，并有意做出补充和调适，这见出晚期桐城派的包容心态和新变气度，但亦遭到刘师培、黄侃等批驳，其间涉及桐城派与选学派之间的学术史公案，学者对此多有探讨，无需赘述[①]。兹引刘师培所言：“明代以降，士学空疏，以六朝之前为骈体，以昌黎诸辈为古文，文之体例莫复辨，而文之制作不复睹矣。近代文学之士，谓天下文章，莫大乎桐城，于方、姚之文，奉为文章之正轨；由斯而上，则以经为文，以子史为文。（如姚氏曾氏所选古文是也）由斯以降，则枵腹蔑古之徒，亦得以文章自耀，而文章之真源失矣。”[②]刘师培以骈体为宗，在貌似辨体的论述中，对桐城派大加鞭挞，归罪“以经为文，以子史为文”。如果抛开对这段话公正与否的讨论，那么这一归罪，恰恰可从反面证明桐城派对“经”与“史”的重视以及传承到姚永朴的手上真是由来已久了。章太

① 详参周勋初《论黄侃〈文心雕龙札记〉的学术渊源》，《文学遗产》1987 年第 1 期；汪春泓《论刘师培、黄侃与姚永朴之〈文选〉派与桐城派的纷争》，《文学遗产》2002 年第 4 期。

② 洪治纲主编：《刘师培经典文存》，上海大学出版社 2004 年版，第 290 页。

炎曾言:"余弟子黄季刚初亦以阮说为是,在北京时,与桐城姚仲实争,姚自以老耄,不肯置辩。或语季刚:呵斥桐城,非姚所惧;诋以'末流',自然心服。其后白话盛行,两派之争,泯于无形。"①在"桐城谬种、选学妖孽"的喧嚣声里,桐城派与选学派渐次退出近代文坛,曾经烜赫一时的两大派别,谁也没能抵挡新文化潮流的撞击,最终都曾被裹挟覆灭得悄无声息。就此而言,对姚永朴《文学研究法》的史学考察,恰恰镜鉴出传统文化断裂时期,一代人不同努力和共同绝望的一段历史。这不能不说是《文学研究法》的历史效应,它见证出该著的又一价值所在。

以上对《文学研究法》其中与背后所涉"史"的几个层面进行了分次探索,实际上,这几个层面并不是孤立的,有时,它们不仅互有交织而且还互为因果。需要特别指出的是,该著在论说过程中时有阐释未周之缺失,如,论说文章的"根本"时,除了"明道"和"经世"之外,于安身立命、寄托情怀等别无只言片语。这固然有桐城派固守"文以载道""经世致用"之限,也实属上述种种"史"的局限。这样,它又属于1910年代系列高校教材的历史缩影。

总之,姚永朴对传统文化的坚定守护和应对策略,正可通过对《文学研究法》"史"的考察而证明,阐释建构"文法"之中,深藏着桐城派一以贯之的"经史"之思,"史识"如影随形,堪称灵魂。由此可见,这部著作的意义远不止于是"文章学的总结"②,完全可视为晚期桐城派挽救传统文统和道统的最后努力,是其于历史的无奈中走向穷途末路的最后叹息。

(原刊《江淮论坛》2018年第4期)

---

① 章太炎:《国学讲演录·文学略说》,华东师范大学出版社1995年版,第243页。

② 详参杨福生《姚永朴〈文学研究法〉述论》,《北京大学学报》1998年第5期;慈波《〈文学研究法〉:桐城派文章理论的总结》,《江淮论坛》2007年第5期;魏世民《桐城理论的发展和最后总结——论姚永朴的〈文学研究法〉》,《安徽大学学报》2009年第6期。

姚永朴文学"工夫"论及其文论史意义*

在中国古、近代文论史上，姚永朴《文学研究法》远绍《文心雕龙》，近承桐城家法，汇集融通众家观点①，对传统文学理论和批评所涉的"起原""派别""神理""繁简""工夫"等二十四个概念②，皆作出了极富创新的阐说。我们认为其中的"工夫"是该著重要的篇章。"工夫"一词的语义在古代汉语史上屡有变化发展，其中即有为做事付出时间和精力，或因此而具有某一方面本领的意思，所以常与"功夫"交叉使用③。但作为一个与文学有关的概念，最早是出现在东晋葛洪的笔下，所谓"艺文不贵，徒消工夫"④，意谓文艺不值得付出时间和精力。而后，"工夫"在中国古代"诗话""文话""词话"以及文学作品当中时有出现，其意义逐渐稳定为为文所需的时间、精力付出或因此所具有的为文本领，成为一个常见的文学概念。但是，它并未得到应有的重视。《文心雕龙》是我国古代第一部文论专著，其体大思周，曾专论一些重要的文学概念，如"神思""风骨""养气"

* 基金项目：国家社会科学基金（13BZW083）；国家社会科学基金重大项目（17ZDA018）。

① 张玮言："先生论文大旨，本之姜坞、惜抱两先哲。然自周、秦以迄近代，通人之论，莫不考其全而撷其精。故虽谨守家法，而无门户之见存。"姚永朴：《文学研究法·序》，许振轩校点，黄山书社 2011 年版，第 1 页。

② 《文学研究法》共分 24 篇章，依次分别论述由"起原"至"工夫"等 24 个概念。

③ 参见沈俊：《"工夫"与"功夫"》，《辞书研究》1980 年第 4 期。

④ 葛洪：《抱朴子内篇校释》，王明校释，中华书局 1980 年版，第 303 页。

“知音”等，但于“工夫”付之阙如。千年之后，姚永朴法眼所及，才首次在《文学研究法》中系统阐释和建构文学“工夫”论。

一、 文学何以值得下“工夫”

《文学研究法》论及文学本质、范畴、特征、风格和文学创作主体等多个方面，从整体上说，它们都是论说文学“工夫”所系、所在，具有教材性质的《文学研究法》就是教导为文的“工夫”。但显然姚永朴并不满足于这一点，他单独拈出“工夫”，作为著作的殿后篇章，意在专门强调。由此看来，从通篇到单篇，姚永朴始终予“工夫”以极大的关注。那么，文学何以值得下“工夫”呢？这正是姚永朴首先要阐明的一个问题，它是建构“工夫”论的一个逻辑起点。

首先，文学足以令人不朽。文学是人类思想结晶，凝聚着作者对历史的反思、对当下的关怀和对未来的期待，具有丰厚的意蕴。经典著作更因其能够体现出独特的价值观和审美观，具有穿越时空的生命力，作者也因之而永生。对此，前人深有体察、代有论述。显然，姚永朴极为重视，没有因此放过这一点。他在《工夫》篇中，依次援引曹丕、王充、颜之推、韩愈等诸家之言，意在阐释文学之于人生的意义。如《典论·论文》云：“盖文章，经国之大业，不朽之盛事，年寿有时而尽，荣乐止乎其身，二者必至之常期，未若文章之无穷。是以古之作者，寄身于翰墨，见意于篇籍，不假良史之辞，不托飞驰之势，而声名自传于后。”①这段文字紧承上文“夫文本同而末异，盖奏议宜雅，书论宜理，铭诔尚实，诗赋欲丽”而来，其中“文章”是包括“诗赋”在内的。曹丕于战乱频仍、生命无常的生存状态下，以为文章不仅是人生的寄托而且是生命的延续，足与立功对举并列，这就突破了“太上有立德，其次有立功，其次有立言”②所谓“三不朽”的等级秩序，文

① 曹丕：《曹丕集校注》，魏宏灿校注，安徽大学出版社 2009 年版，第 313 页。

② 孔颖达：《春秋左传正义》，北京大学出版社 1999 年版，第 1004 页。

章(文学)的独立性及其价值得到凸显。陆机体察“伊兹文之为用,固众理之所因。恢万里而无阂,通亿载而为津。俯贻则于来叶,仰观象乎古人。济文武于将坠,宣风声于不泯。涂无远而不弥,理无微而弗纶。配霑润于云雨,象变化乎鬼神。被金石而德广,流管弦而日新”①。欧阳修以为“惟为善者能有后,而托于文字者可以无穷”②。皆可视为历代对文学之于人生意义的阐说,也完全可视为文学足以令人含英咀华、沉潜终身的理由所在。

其次,文学是有“功效”的。可与《工夫》篇互见的是《文学研究法》中的《功效》篇,姚永朴在此对为文的功用,也就是文学价值所在做了具体阐发。先是概言:“使为文而无功效可言,虽雕琢其辞,与《礼记·曲礼》所谓‘鹦鹉能言,不离飞鸟;猩猩能言,不离禽兽’者何以异?与欧阳子《送徐无党南归序》所谓‘草木荣华之飘风,禽兽好音之过耳’者又何以异?”③再是将文章的功效分为六端,别为论学、匡时、纪事、达情、观人、博物。

对于“论学”,姚永朴认为“学也者,本己之所得,以救之世所失者也”④,即重视文章的救世和济世功能。韩愈“补苴罅漏,张皇幽渺。寻坠绪之茫茫,独旁搜而远绍。障百川而东之,回狂澜于既倒”⑤正可揭橥其旨。关于“匡时”,姚永朴从经史典籍中寻求依据,他认同古人“以《禹贡》行河;以《洪范》察变;以《春秋》断狱,或以之出使;以《甫刑》校律令条法;以《三百五篇》当谏书;以《周官》致太平;以《礼》为服制,以兴教化”的论说,阐明“圣贤经典,无不与政治有关”的结论。又引顾炎武《日知录》“《王制》‘命太师陈诗以观民风’,此诗之用”、白居易《与元微之书》“始知文章合为时而著,诗歌合为事而作”等论点,发明立言之旨⑥。他还论及杜甫

① 陆机:《文赋集释》,张少康集释,人民文学出版社2002年版,第261页。

② 欧阳修:《欧阳修诗文集校笺》,洪本健校笺,上海古籍出版社2009年版,第684页。

③④ 姚永朴:《文学研究法》,许振轩校点,第43页。

⑤ 韩愈:《韩愈文集汇校笺注》,刘真伦、岳珍校注,中华书局2010年版,第147页。

⑥ 姚永朴:《文学研究法》,许振轩校点,第44—45页。

"诗史"的意义，并借苏轼评杜诗"古今诗人众矣，而杜子美为首。岂非以其流落饥寒，终身不用，而一饭未尝忘君也欤"①来说明文人"因所遭之时，或颂其美，或刺其失；当王泽寝衰，犹思匡而正之，追而复之，近救一时，远垂万世"的作用②。对于"纪事"，他认为只有"高文"才能将"贤君相之丰功骏业，名儒之至德要道"叙述出来，使"古今事业磊磊轩天地者不致沉没"③。他援引韩愈《答崔立之书》《答刘秀才论史书》中相关论点，来说明"其文不高，不能为史；即为之，亦必不能令人传习而脍炙"的观点④。这里所提及的"高文"，其实质也就是对文章创作提出了更高的要求，旨在强调为文只有下功夫才能知文事，才能了解韩愈所谓"辞事相称，善并美具"⑤的真实内涵。关于"达情"，姚永朴从物我之间的联动立论，并援引《诗·七月·毛传》《文心雕龙·物色》以及钟嵘《诗品》等来论说"古人性情，未有不见于文字者""情之所及，无论远近，放之皆准，感而遂通，斯又文章之功效也"的结论⑥。他于卷三专设《性情》一目来详细论说，足见其对文章达情的重视。关于"观人"，姚永朴从人品与文品的关系展开论述，所谓："人之性情、才气、志操、学业，固各有所宜。惟然，故观其文可以知其人也。"⑦姚永朴所言不虚，《礼记·乐记》言："宽而静、柔而正者，宜歌《颂》；广大而静、疏达而信者，宜歌《大雅》；恭俭而好礼者，宜歌《小雅》；正直而静、廉而谦者，宜歌《风》；肆直而慈爱者，宜歌《商》；温良而能断者，宜歌《齐》。"⑧就是具体而微地强调了人的德性与《诗经》风雅颂不同风格之间存在的对应关系。姚永朴还援引方苞《与刘言洁书》"道之不闻而其言传，自古至今未有一得者也。身则无是而强为闻道之言，则其出也不能如

① 苏轼：《苏轼文集》，孔凡礼点校，中华书局2011年版，第318页。

②④ 姚永朴：《文学研究法》，许振轩校点，第45页。

③ 姚永朴：《文学研究法》，许振轩校点，第45—46页。

⑤ 韩愈：《韩愈文集汇校笺注》，刘真伦、岳珍校注，第2882页。

⑥ 姚永朴：《文学研究法》，许振轩校点，第47—48页。

⑦ 姚永朴：《文学研究法》，许振轩校点，第48页。

⑧ 陈澔注：《礼记集说》，上海古籍出版社1987年版，第221页。

其心，而其传也，人能知其伪”[①]来强调人品和文品相契合的情形。其实，关于人品和文品的关系，孔子最早辨析：“有德者必有言，有言者不必有德。”[②]道德必然决定文辞，“有德”是“有言”的前提和基础；但言与德之间可能存在不一致，有言者可能有德也可能无德。韩愈言：“仁义之人，其言蔼如也。”[③]也是强调道德对言辞的作用。鉴于从文辞可以反观道德，故重视文辞工夫的作用，自然而然具有了特殊的意义。关于“博物”，姚永朴指出“博物之书，莫如《尔雅》”，并认为“《诗》《书》《礼》《乐》四端，盖皆宇宙之大文”[④]。后世屈原、宋玉、扬雄、司马迁的词赋，也都能体现博物的特点。刘勰云：“诗人感物，联类不穷。流连万象之际，沉吟视听之区；写物图貌，既随物以宛转；属采附声，亦与心而徘徊……及长卿之徒，诡势瑰声，模山范水，字必鱼贯，所谓诗人丽则而约言，辞人丽淫而繁句也。”[⑤]说明诗文“感物造端”“体物写志”，“赋物之工”能够博物，主客相联，是文人之能事，亦是工夫所在。又云：“山林皋壤，实文思之奥府。略语则阙，详说则繁。然屈平所以能洞监风骚之情者，抑亦江山之助乎！”[⑥]关于“江山之助”，桐城派也多有体察，如戴钧衡言：“司马子长生汉武之朝，以天授之才，承累世之学，通古今书史之秘，穷天下山水之奇迹，其所遭，极人世万不堪之境，侘傺抑郁，感愤悲伤，以其所蓄，发为文章，遂以雄于天下，传于后世。”[⑦]萧穆言：“自昔著作之家，虽曰与年俱进，然必遍历天下之奇境，得江山之助。”[⑧]“江山之助”意味着自然能陶冶文人的心性，文人可以纵

---

① 方苞：《方苞集》，刘季高标点，上海古籍出版社 2008 年版，第 668 页。

② 朱熹：《四书章句集注》，中华书局 2014 年版，第 140 页。

③ 韩愈：《韩愈文集汇校笺注》，刘真伦、岳珍校注，第 700 页。

④ 姚永朴：《文学研究法》，许振轩校点，第 49 页。

⑤ 刘勰：《文心雕龙注》，范文澜注，人民文学出版社 1958 年版，第 693—694 页。

⑥ 刘勰：《文心雕龙注》，范文澜注，第 695 页。

⑦ 戴钧衡：《戴钧衡编潜虚先生文集目录叙》，见戴名世：《戴名世集》，王树民编校，中华书局 1998 年版，第 458 页。

⑧ 萧穆：《敬孚类稿》，项纯文点校，黄山书社 2013 年版，第 59 页。

身于自然大化中汲取营养，从而陶铸诗文，这是凝结于文学之中的甘泉雨露，也是为文功效所在。

再者，文学是可以针砭时弊的。这自然属于前文“匡时”的范围，但姚永朴别有强调，直接将文学的作用与时事联系起来加以阐发。经世致用一直是桐城派的一个重要传统，发展到民国初年，国家遭遇内忧外患，面临千年传统文化断裂之变局，姚永朴身当其中，着力于文学“功效”，将桐城派这一传统推向更高的境界。在《起原》篇中，姚永朴指出：“夫国之所藉以立，岂有过于文学者？匪惟吾国，凡在五大洲诸国，谁弗然？盖文字之于国，上可以溯诸古昔而知建立所由来，中可以合大群而激发其爱国之念，下可以贻万世而宣其德化政治于无穷。关系之重如此，是以英吉利人因其国语言文字之力，能及全球，时以自诩；吾国人反举国文蔑视之，殊不可解。夫武卫者，保国之形式也；文教者，保国之精神也。”并认为“欲教育普及，必以文学为先；欲教育之有精神，尤必以文学为要”①。这就把文学的功用提升到了“保国”的高度。

综上言之，姚永朴围绕文学价值进行了分层梳理和思辨，尤其是以传统经典文论为依据全面而深入地论述了文章的“功效”，涉及文学之于生命终极意义，涉及对主客观世界的认识和改造，涉及国家兴亡，从而形成了比较系统的文学价值论。这正是文学为何值得下“工夫”的答案所在。

二、为何下“工夫”才能知文事

姚永朴在探讨为文“工夫”时，不仅论及文学值得下“工夫”的原因，更是对为文过程中作家的心理体验有较为详细的揭示。他指出：“大抵人果有志于文学，而后有甘苦可言。”②“甘苦”即作家写作过程最真实的感受。关于诗文创作甘苦的情形，陆机《文赋》甚有会心：“方天机之骏利，夫何纷

① 姚永朴：《文学研究法》，许振轩校点，第 8 页。

② 姚永朴：《文学研究法》，许振轩校点，第 196 页。

而不理。思风发于胸臆，言泉流于唇齿。纷葳蕤以馺遝，唯豪素之所拟。文徽徽以溢目，音泠泠而盈耳。及其六情底滞，志往神留。兀若枯木，豁若涸流。揽营魂以探赜，顿精爽于自求。理翳翳而愈伏，思乙乙其若抽。”①陆机道明了文章运思创作过程中出现的两种截然不同的情态，可谓是对文章“甘苦”最生动的描述。这种深层的创作体验，为文者需下足“工夫”，积累丰富读写经历，方能领会。韩愈在其名篇《答李翊书》中以“文”“道”关系为中心，金针度人，分层论述自己为砥砺文事而付出的艰辛，对此，既往研究已有足够的确认，值得进一步关注的是其中“唯陈言之务去，戛戛乎其难哉”②。这里的“唯陈言之务去”得到桐城派的师法和传承。方苞“雅洁”说已多被阐发，无需赘言。方东树云：“文者，辞也。其法万变，而大要在必去陈言。”③“凡作诗之法：一曰创意艰苦，避凡俗浅近习熟迂腐常谈，凡人意中所有。二曰造言，其忌避亦同创意，及常人笔下皆同者，必别造一番言语，却又非以坚深文浅陋，大约皆刻意求与古人远。三曰选字，必避旧熟，亦不可僻。以谢、鲍为法，用字必典。用典又避熟典，须换生。又虚字不可随手轻用，须老而古法。四曰隶事避陈言，须如韩公翻新。”④这里对“创意”“造言”“选字”“隶事”的高标强调，皆为求新求变，亦即为“唯陈言之务去”而下“工夫”的重点和方法。管同云：“故惟多见古书，博览而熟诵，重积而迟发，深造自得时，左右逢源，自无陈言到笔下。”⑤亦为“唯陈言之务去”的具体落实。

接下来，姚永朴连引韩愈的两段话，分析为文“工夫”与文事的关系，继续阐明方法皆从“工夫”中来。《上兵部李巽侍郎书》云：“性本好文学，因困厄悲愁无所告语，遂得究穷于经传史记百家之说。沉潜乎训义，反复

---

① 陆机：《文赋集释》，张少康集释，第241页。

② 韩愈：《韩愈文集汇校笺注》，刘真伦、岳珍校注，第700页。

③ 方东树：《昭昧詹言》，汪绍楹校点，人民文学出版社2006年版，第8页。

④ 方东树：《昭昧詹言》，汪绍楹校点，第10页。

⑤ 管同：《管同集》，施立业点校，安徽教育出版社2014年版，第97页。

乎句读，砻磨乎事业，而奋发乎文章。"[1]强调的是为文工夫要"沉潜"，要广泛涉猎，要反复句读。《进学解》："口不绝吟于六艺之文，手不停披于百家之编，记事者必提其要，纂言者必钩其玄，贪多务得，细大不捐，焚膏油以继晷，恒矻矻以穷年。"[2]强调的依然是刻苦、专精与坚持。这就为文下"工夫"者了解文事指示了途辙。

除了梳理阐说文论之外，姚永朴又结合文学史上具体的创作来讨论"工夫"与文事的关系。他援引陆游诗三首，即《壬子九月夜读歌诗稿有感》《夜吟》《示子遹》，前一首强调诗歌源于生活，诗歌才华只能生发在根植于实际生活中的创作活动中。后两首依次有句："六十余年妄学诗，工夫深处独心知。夜来一笑寒灯下，始是金丹换骨时。""汝果欲学诗，工夫在诗外。"[3]皆论及"工夫"，是陆游在中年入蜀、从军南郑等人生阅历中，领悟到的诗歌创作心得：要写出好诗，不能只均限于讲究格律、句法之类"诗内"工夫，而应着重在"诗外"工夫的涵养。在姚永朴之前，姚鼐弟子姚椿曾作诗赞赏陆游的"诗外"工夫，诗云："南渡知诗首晦翁，当年最赏陆诗工。若知诗外工夫在，千古心期一笑中。"[4]显然，陆游标揭诗外工夫，为后学学诗指出了向上一路，姚椿诗作代表了桐城派对"诗内""诗外"关系的认同。文学创作史上的这种前后呼应再次证明：惟有下足实践工夫才能明白文事的本质所在。

姚永朴主张在文学"工夫"中体味文事，亦即在文学实践中考量文学。他鉴择传统文论中一些经典论述，并在与桐城派文论相济相融中，来阐明自己的下"工夫"方能知文事的这一文学思想。正如他在《结论》中所言："是故始必有人指示途辙，然后知所以用力；终必自己依所指示者而实行之，然后有得力处。"[5]

---

① 韩愈：《韩愈文集汇校笺注》，刘真伦、岳珍校注，第600页。
② 韩愈：《韩愈文集汇校笺注》，刘真伦、岳珍校注，第147页。
③ 陆游：《剑南诗稿校注》，钱仲联校注，浙江教育出版社2011年版，第72页。
④ 姚椿：《姚椿集》，查昌国点校，安徽教育出版社2014年版，第382页。
⑤ 姚永朴：《文学研究法》，许振轩校点，第209页。

三、文学如何下“工夫”

既然文学值得下“工夫”，下“工夫”可以知文事，那么，紧接着的一环就是，文学如何下“工夫”？这个问题当属文学创作论的范畴，它在中国文学理论史和文学批评史上屡有讨论，多有积累。《毛诗序》《典论·论文》《文赋》《文心雕龙》以及其后的众多诗话、词话、文话等，都从不同角度、不同层面，生动地论说了文学创作丰富的特性和规律。姚永朴显然注意到这些，所以其《文学研究法》“发凡起例，仿之《文心雕龙》”，“虽谨守家法，而无门户之见”[①]，且被称赞“未尝以‘桐城’自域也，观其上称陆、刘，下及《艺概》，博采通人”[②]。具体而言，他博采众家，熔铸自洽，主要从以下几个方面回答了这个问题。

1. 取法乎上，文本于经

经学是文学的重要源头，刘勰云：“文能宗经，体有六义。”[③]颜之推云：“夫文章者，原出五经。”[④]二者均强调文本于经的事实。经学沾溉滋养文学，后世各体文学皆出自五经。并且，经学著作本身文学价值极高，可谓千古至文。合而言之，“文本于经”是不刊之论，宗奉、阐扬经学始终是桐城派创作和批评的一个重要特色[⑤]，姚永朴视其为下“工夫”核心所在。

与《文心雕龙》宗经观一脉相承，《文学研究法》对文学的考量，也是从经学上寻求资源，这在《本原》《根本》篇中有具体的阐说。如，他考察文学

---

① 姚永朴：《文学研究法》，许振轩校点，第1页。

② 吴孟复：《吴孟复安徽文献研究丛稿》，黄山书社2006年版，第52页。

③ 刘勰：《文心雕龙注》，范文澜注，第23页。

④ 颜之推：《颜氏家训集解》，王利器集解，上海古籍出版社1980年版，第221页。

⑤ 详参方盛良：《“文本于经”：姚永朴坚守桐城派文脉的核心与策略》，《中山大学学报》2018年第4期。

“起原”，首先就征引六经之文，如《尚书》“诗言志，歌永言，声依永，律和声”，又如《诗·关雎序》“诗者，志之所之也。在心为志，发言为诗。情动于中，而行于言；言之不足，故嗟叹之；嗟叹之不足；故永歌之；永歌之不足，不知手之舞之、足之蹈之也”①。通过对六经中所蕴蓄的文学价值进行发掘，从而推导出文学的根源在于语言，最后得出“天地之元音发于人声，人声之形象寄于点画，点画之联属而字成，字之联属而句成，句之联属而篇成”的结论，由是发出了“文学起原，其在斯乎！其在斯乎”②的感叹。

姚永朴指出学者学习文学，要博览群籍，但强调的重点依然在经学。如，他征引王应麟《困学纪闻》及黄庭坚《与王观复书》中的观点，旨在论述苏轼之文法多得益于《礼记·檀弓》③。苏轼自评其文：“如万斛泉源，不择地皆可出。在平地滔滔汩汩，虽一日千里无难；及其与山石曲折，随物赋形，而不可知也。所可知者，常行于所当行，常止于不可不止。”④一直启发人们讨论文学创作的经验和方法，但鲜有论“不择地皆可出”的“万斛泉源”从何而来？姚永朴的强调正可补充并回答，经学自是其中的一个重要源头。此外，姚永朴又引陆游《老学庵笔记》所言“王荆公有《诗正义》一部，朝夕不离手，字大半不可辨”，来说明优秀的作家无不从经学中汲取营养来陶铸其文⑤。

如前所言，宗奉经学是桐城派创作的一个重要传统。戴名世云：“夫惟沉潜反复于《论语》《孟子》、曾子、子思之书，以及《易》《诗》《书》《春秋》《礼记》。”⑥又云：“至于古文之法，则根柢乎圣人之《六经》。”⑦以明作文之要。方苞云：“《春秋》之制义法，自太史公发之，而后之深于文者亦具

① 姚永朴：《文学研究法》，许振轩校点，第1页。
② 姚永朴：《文学研究法》，许振轩校点，第2页。
③ 姚永朴：《文学研究法》，许振轩校点，第200页。
④ 苏轼：《苏轼文集》，第2069页。
⑤ 姚永朴：《文学研究法》，许振轩校点，第201页。
⑥ 戴名世：《戴名世集》，王树民编校，第99页。
⑦ 戴名世：《戴名世集》，王树民编校，第88页。

焉。”[①]其揭橥《左传》中义法说，铸成为桐城派文论基石，足见桐城派古文于经学受益颇深。又云：“盖古文所从来远矣，‘六经’、《语》《孟》，其根源也。”[②]姚莹亦发明此旨，“故夫《六经》者，海也；观于《六经》，才斯大矣。诗文者，艺也，所以为之善者，道也。道与艺合，斯气盛矣。文与《六经》无二道也；诗之与文尤无二道也。”[③]姚莹倡导诗文一道，文学和经学一道。很显然，姚永朴接传了这个桐城派一以贯之并发展的传统，并且在《文学研究法》中加以深化和系统总结。

2. 熟读精思，“久为”文至

文学创作又是一个循序渐进的过程，既然有了师法宗尚，那么具体“下手方法”就必须有所选择了，“熟读”“精思”“久为”正是姚永朴提倡的下“工夫”的方法。

关于为文要“熟读”的方法，古来文家早已熟谙此道。杜甫诗云：“熟精《文选》理，休觅彩衣轻。”[④]这是传授治家心得，是为诗之道，熟读精研经典不可忽略。朱熹云：“读书之法，先要熟读。须是正看背看，左看右看。看得是了，未可便说道是，更须反覆玩味。”[⑤]“大凡读书，须是熟读。熟读了，自精熟；精熟后，理自见得。”[⑥]“书只贵读，读多自然晓。今只思量得，写在纸上底，也不济事，终非我有，只贵乎读。”[⑦]“读书之法：读一遍了，又思量一遍；思量一遍，又读一遍。读诵者，所以助其思量，常教此心在上面流转。若只是口里读，心里不思量，看如何也记不仔细。”[⑧]“熟

---

① 方苞：《方苞集》，刘季高标点，第58页。

② 方苞：《方苞集》，刘季高标点，第613页。

③ 姚莹：《姚莹集》，施立业点校，安徽教育出版社2014年版，第124—125页。

④ 杜甫：《杜诗详注》，仇兆鳌注，中华书局2015年版，第1218页。

⑤ 朱熹：《朱子语类》(一)，《朱子全书》(十四)，郑明等校点，上海古籍出版社；安徽教育出版社2002年版，第317—318页。

⑥ 朱熹：《朱子语类》(一)，《朱子全书》(十四)，郑明等校点，第320页。

⑦ 朱熹：《朱子语类》(一)，《朱子全书》(十四)，郑明等校点，第323页。

⑧ 朱熹：《朱子语类》(一)，《朱子全书》(十四)，郑明等校点，第324页。

读”不仅是时间的投入而且还有“读”与“思”的结合。梁章钜云：“读书以熟为贵，作文亦然。昔有问欧阳公作文之法者，公曰：‘吾于贤岂有吝惜！只是要熟耳，变化姿态能从熟出也。’毛稚黄云：‘或疑文亦有生而佳者，此必熟后而生也，熟后之生必佳。若未熟之生，则生疏而已，焉得佳乎！’”[①]则直接将“熟读”与“作文”关联起来。以上皆为注重“熟读”之论，姚永朴深以为然。

同时，姚永朴参证桐城家法，他梳理了刘大櫆、姚鼐、曾国藩的相关言论，展现了桐城学人对文法的重视。在《工夫》篇中，他对刘大櫆《论文偶记》征引三次，对曾国藩所言征引一次，对姚鼐《惜抱轩尺牍》征引多达五次。他认可刘大櫆《论文偶记》中所提出的神气、音节、字句“三合一”以及因声求气的主张，更是对姚鼐指导生徒多读多为、熟读精思的学文之法深信不疑。曾国藩《复邓汪琼书》云：“吾意学者于看、读、写、作四者，缺一不可。”[②]并对“看、读、写、作”四者逐一疏解，详细指示了为文多看、勤读、久作的方法，开示后人。这些皆为姚永朴所激赏。

姚永朴在阐发为文之法时，也为学者具体指出：“大抵读文看文，有选本与专家两法。选本《四库全书总目》所谓总集也，专集则别集类也。”并分析选本和专集的优劣，得出“若吾人但知选本，而不求诸专集，究恐难浃洽贯串”[③]的结论。他引《朱子语类》“作诗先须看李、杜，如士人治本经，本既立，此第方可看苏、黄以次诸家诗”来发明读文须取法乎上的道理，也即作诗先学李、杜，再兼及其他诸家[④]。姚永朴主张诗文一道的理念，在《派别》篇论述有韵与无韵的区别时，他即反对诗文两道的看法，认为“文之有韵无韵，皆顺乎自然，诗固有韵，而文亦未必不用韵”[⑤]。除选本和专集外，姚永朴认为学文还有三法：分段落、观古人评点、观古人注

① 梁章钜：《退庵论文》，见王水照编：《历代文话》第5册，复旦大学出版社2007年版，第5165页。

② 曾国藩：《曾国藩全集》第23册，岳麓书社2011年版，第194页。

③④ 姚永朴：《文学研究法》，许振轩校点，第204页。

⑤ 姚永朴：《文学研究法》，许振轩校点，第66页。

释。并征引曾国藩、姚鼐、姚濬昌、张英、姚范、严复等人论点加以阐明。姚永朴论文还重视“勤于改削”，重视字句的推敲，注意炼字、炼句。杜甫诗云：“为人性僻耽佳句，语不惊人死不休。”①又云：“陶冶性灵在底物，新诗改罢自长吟。”②强调诗句之妙，足见“改削”工夫。赵翼《瓯北诗话》云“诗家好作奇句警语，必千锤百炼而后能成”③，可以为杜诗创作作注脚。姚永朴引吕居仁《紫微诗话》、朱熹《朱子语类》、包世臣《乐山堂文钞·序》来阐明删削对于古文的重要性，并兼述文章求助师友改削情形，皆为论文法而发。

其实，姚永朴在《文学研究法·结论》篇中对全文的收束，也能与《工夫》篇相互发明，可以说，在某种程度上，《结论》中的论点是对为文工夫的再次强调。他对前人指导为文之法进行了辩白：“大抵昔人论文，皆本其阅历者告人，欲人目前依之用力，则将来得力较为直捷耳。”但对这些“阅历”经验所带来的实际成效，他却持消极态度，故发出“岂有道听途说而可以收实效”④的质疑，并且再进一层，强调个体感悟的重要性。如，他征引其《与陈硕士书》“文家之事，大似禅悟，观人评论圈点，皆是借径”⑤来证实“禅悟”的不可或缺。同时也对上文所述关于为文方法的性质进行了界定，“借径”也就是辅助手段而已，而为文的本质，则得向内掘发，只有如禅家悟道一般，才能收到实效。这种以禅论文之法，也许借鉴了严羽《沧浪诗话》“以禅论诗”之法，可看出为文之法在某种程度上与禅道相通的道理。姚鼐不止一次提及“禅悟”的重要，在与姚莹的书信中，同样是阐明此旨，而又指出“悟”的借径却是“熟读”“精思”。那么，桐城派的为文之法就可以分为循序渐进的两个层次：从“熟读”“精思”到“久为”，进而达“禅悟”。所谓“‘熟读’‘精思’，则能即古人之文，印之于心；‘久为’又能以所

---

① 杜甫：《杜诗详注》，仇兆鳌注，第 673 页。

② 杜甫：《杜诗详注》，仇兆鳌注，第 1251 页。

③ 赵翼：《瓯北诗话》，人民文学出版社 2006 年版，第 4 页。

④ 姚永朴：《文学研究法》，许振轩校点，第 208 页。

⑤ 姚鼐：《惜抱轩尺牍》，卢坡点校，安徽大学出版社 2014 年版，第 76 页。

得于古人者,验之于手。工夫果足,何患不与诸大家并驾齐驱”①!

四、下“工夫”前提何在

那么,是否所有有志于文学者,都可以通过以上姚氏所言“工夫”之努力而成就文学大事业呢?答案显然是否定的,东贤西哲对此皆有明示,如,严羽所谓“诗有别材,非关书也”②,古罗马著名诗家贺拉斯也指出:“苦学而没有丰富的天才,有天才而没有训练,都归无用;两者应该相互为用,相互结合。”③创作主体的才性不容忽略。

桐城派历来主张文章要有“魂魄”贯穿,须有“神气”灌注。戴名世引方舟“文之为道,须有魂焉以行乎其中;文而无魂焉,不可作也”,云:“今夫文之为道,行墨字句其魄也,而所谓魂也者,出之而不觉,视之而无迹者也……呜呼!文章生死之几在于有魂无魂之间。”④戴名世将“魂”与“魄”看成一对相辅相成的概念,“魄”即文章的“行墨字句”,是有形的,“魂”则运行在文章肌理中,是“无迹”隐形的,“魂”较“魄”更为重要,直接决定文章的生死,“魂”与“魄”互为表里,贯穿文章。刘大櫆云:“文章者,人之心气也。天偶以是气畀之其人以为心,则其为文也,必有辉然之光,历万古而不可堕坏。”⑤“文章者,人之精气所融结,而以能见称,天实使之。”⑥强调的是人之天赋“心气”“精气”于创作的重要性。姚鼐有关“神”“气”专论已多有阐发,此不赘言。方东树继续敷衍,云诗“大约不过叙耳、议耳、写耳,其入妙处,全在神来气来,纸上起棱,骨肉飞腾,令人神采飞越。此为

① 姚永朴:《文学研究法》,许振轩校点,第209页。
② 严羽:《沧浪诗话》,中华书局1985年版,第6页。
③ 贺拉斯:《诗艺》,杨周翰译,人民文学出版社1962年版,第158页。
④ 戴名世:《戴名世集》,王树民编校,第71页。
⑤ 刘大櫆:《刘大櫆集》,吴孟复标点,上海古籍出版社1990年版,第59页。
⑥ 刘大櫆:《刘大櫆集》,吴孟复标点,第102页。

有汁浆,此为神气"[①]。诗之"神气"亦同文之"神气",桐城派中人可谓前说后承。文章优劣高低,在于是否有"魂魄"贯穿、"神气"灌注。文章"魂魄"的有无、"神气"的强弱,全源自作者才性的不同,没有作者的才性天成及其涵养,何来"魂魄""神气"?

姚永朴对此有着极为清醒的认识,所以他不仅统而强调文学创作主体的独特性,所谓:"盖既为文学家,必独有资禀,独有遭际,独有时世,著之于辞,彼此必不能相似。"[②]"吾人倘自度才力可以研精此学,亦宜以专精为贵。"[③]而且,毫不忌讳地检点桐城家法,具体列举桐城派开山之二祖方苞、姚鼐遭遇创作的尴尬,所谓"方苞自是不为诗"[④]"惜抱自是不为词"[⑤],并以资"后生龟鉴"。[⑥]

实际上,方苞、姚鼐、曾国藩对文学创作者的才性和文体的对称性皆有论说,这表明对作者才性的关注也是桐城派的一个传统。如,姚鼐云:"论文之高卑以才也,而不以其体。昔东汉人始作碑志之文,唐人始为赠送之序。其为体皆卑俗也,而韩退之为之,遂卓然为古文之盛。古之为诗者,长短以尽意,非有定也,而唐人为排偶,限以句之多寡。是其体使昔未有而创于今世,岂非甚可嗤笑者哉?而杜子美为之,乃通乎风雅,为诗人冠者,其才高也。"[⑦]"夫古人文章之体非一类,其瑰玮奇丽之振发,亦不可谓其尽出无意也;然要是才力气势驱使之所必至,非勉力而为之。"[⑧]很显然,姚鼐以为文学各体本身并无高卑之分,文风的"风雅"与"卑俗"全凭作者的才性高低决定。曾国藩将文字著作别为十一类,以为"古今文字之

---

① 方东树:《昭昧詹言》,汪绍楹校点,第 234 页。

② 姚永朴:《文学研究法》,许振轩校点,第 104 页。

③ 姚永朴:《文学研究法》,许振轩校点,第 208 页。

④ 详参姚鼐:《惜抱轩诗文集》,刘季高标校,上海古籍出版社 1992 年版,第 308—309 页。

⑤ 详参姚鼐:《惜抱轩诗文集》,刘季高标校,第 646—647 页。

⑥ 姚永朴:《文学研究法》,许振轩校点,第 208 页。

⑦ 姚鼐:《惜抱轩诗文集》,刘季高标校,第 270 页。

⑧ 姚鼐:《惜抱轩诗文集》,刘季高标校,第 289 页。

用，尽于此矣"，但特意将"辞赋敷陈之类"与"大政典礼之类"并列置于其他九类之上，以反问警醒："非博学通识殆庶之才，乌足以涉其藩篱哉？"① 强调的还是才性之于文学的重要性。姚永朴想要表达的是，在创作之路上，作者量力而为文事、量力而行各体不可或缺。罔顾创作主体才性所限，即便下足"工夫"也只能如颜之推所言："拙文研思，终归蚩鄙……必乏天才，勿强操笔。吾见世人，至无才思，自谓清华，流布丑拙，亦已众矣，江南号为詅痴符。"②

我们以为，具备特有的才性正是姚永朴为其"工夫"论设置的一个大前提，脱离这个预设，其"工夫"论必然要大打折扣，甚至大有误导之嫌。至此，姚永朴的"工夫"论完成建构，自成一统。

桐城派之所以成为中国古代、近代文学史上最大的一个流派，自有多种原因，而其中，有一以贯之并不断丰富发展的文论则是其中重要因素之一。"义法"说、"雅洁"说、"阳刚阴柔"说、"神气"说等，皆为支撑桐城派文学思想及其实践的基石和核心所在。学界对此予以极大的关注，已多有发明。相对而言，桐城派文论中还有许多概念或命题值得梳理建构。本文正是在这个意义上，力图对姚永朴文学"工夫"论进行再阐释。我们以为，姚永朴对"工夫"的阐释和建构，完全可以视为桐城派在发展过程中，在直面清末民初文化转型、学制革新的新形势下，做出的一次带有总结性的创新。这无论在桐城派发展史还是在中国文论史上，都是独一无二的。

（原刊《南京大学学报》2019 年第 3 期）

① 曾国藩：《曾国藩全集》第 14 册，第 424 页。

② 颜之推：《颜氏家训集解》，王利器集解，第 237 页。

黄彭年教育行迹考论*

黄彭年(1823—1890),字子寿,号陶楼,贵州贵筑(今贵阳)人,寄籍湖南醴陵。道光二十七年(1847)进士,散馆授编修。其一生不耽仕进,惟以陶成士类、为国储才为己任,耳顺之年经李鸿章举荐出山,官至湖北布政使,光绪十六年(1890)卒于任,年六十八。黄彭年毕生成就卓著,集政治家、文学家、藏书家、方志学家、教育家等多重身份于一身,尤以政治家名世,但最为显要者当为其教育贡献。遗憾的是黄氏从教经历,至今多有隐晦乃至误解,本文意在梳理、勾稽和考辨其教育行迹,以补相关研究之阙失。

一、初主莲池书院

关于黄彭年首次执教莲池书院一事,《清史稿》《清史列传》未载,并时传记资料亦无提及。对此有详尽记载的当为莲池书院文献,但因遭遇庚子兵燹而所剩无几,现已无可查询,这使黄彭年初主莲池书院的时间更显扑朔迷离。

民国二十一年(1932),陈定祥《黄陶楼先生(彭年)年谱》定黄彭年于

---

* 本文为国家社会科学基金项目“桐城派经学与文学研究”(13BZW083)的阶段性成果。

咸丰十年(1860)主讲莲池书院①,但并未出示依据。其他认定不一,如,郑新芳断在咸丰九年②、郑伟章断在咸丰十年③、陈美健断在咸丰十一年④。同样,这些都没提供可靠的证据。2013 年,陈美健与柴汝新合撰《莲池书院志略》⑤一书出版,此书耗时十余年,旨在修订《莲池书院》,然而书中对黄氏初主莲池书院的时间记载前后不一,第 14 页记为咸丰九年,第 50 页记为咸丰十一年,第 92 页复记为咸丰九年,三处均未注明根据所在。八十多年过去,学界依然没能确定黄氏初主莲池书院的时间。

黄彭年究竟何时初主莲池书院?我们有必要结合前述认定,对黄氏咸丰九年至咸丰十一年间的行迹进行清理。黄彭年曾在《请川督据情代奏呈》中,对自己于咸丰三年至同治元年(1862)间的行迹作了简要的说明:

> 惟彭年于咸丰三年二月告假送母左氏回籍,六年五月由贵州本籍请咨入都。七年三月行至山西,患病。九年十月病痊,复由山西请咨入都供职,奉母北上。行至直隶清苑县,亲母左氏于十年三月二十八日在寓病故,彭年当即报明丁忧。旋于同治元年二月由清苑起程,扶柩回籍,亦经报明在案。⑥

据此,黄彭年当于咸丰九年(1859)十月由山西前往河北,同治元年(1862)二月离开河北。黄氏前往河北的原因是"北上入都供职",至于到达河北的时间,亦有迹可寻。黄氏《黄陶楼日记·翔鹄录》载:"予以咸丰

① 陈定祥:《黄陶楼先生(彭年)年谱》,台湾文海出版社 1969 年版,第 22 页。

② 郑新芳:《黄彭年在莲池书院》,《当代人》2014 年第 11 期。

③ 郑伟章、姜亚沙:《湖湘近现代文献家通考》,岳麓书社 2007 年版,第 115 页。

④ 陈美健、孙待林、郭铮:《莲池书院》,方志出版社 1998 年版,第 15 页。

⑤ 陈美健、柴汝新:《莲池书院志略》,中国文史出版社 2013 年版。

⑥ 黄彭年著,黄益整理:《陶楼诗文辑校》,齐鲁书社 2015 年版,第 116—117 页。

癸丑奉侍归黔,丙辰入晋,己未至燕,随二亲侧,至足乐也。庚申,慈亲见背。"[①]己未即咸丰九年,此年黄彭年一家三口已由山西抵达河北。按照行程,具体时间当在十月至十一月间。至燕后,其父前往天津军营述职[②],黄氏则与其母居于清苑县。在此期间黄彭年是否已在莲池书院讲学?

据陈定祥对的考证[③],莲池书院"在保定治南莲花池,系元时守帅张京所辟,饶有园林之胜。乾嘉间,为清室行宫。道光时,停止巡幸,就宫址建书院。至是先生来,盖继夏文兰震轩主讲之后。"夏震轩即夏宗澜,字起八,震轩为其号。陈定祥言"夏文兰",恐有误。且夏氏于乾隆五年(1740)应直隶总督孙嘉淦的邀请担任莲池书院山长,与黄氏首任莲池书院山长时间相去甚远。距黄氏首任院长时间最为相近的可考上任院长为赵未彤[④]。据黄彭年文《先妣左淑人事略》:"己未春夏,感患伤寒,经秋乃愈。失于调摄,冬间痰喘。入春木气乘土,吐泻交作,脾胃益伤。"[⑤]即母左淑人病在咸丰九年(1859)冬至咸丰十年春间。春三月二十八日母左氏卒,卒前黄彭年父亲黄辅辰从直隶军营归家陪伴[⑥]。卒后,黄彭年丁母忧,权厝母亲于保定城东:"三月,母卒。其时楚、蜀、兖、豫道梗于寇,不得归。已而津沽战北,畿辅震惊,遂以是年六月权厝于保定城东之焦家庄。"[⑦]此后,黄彭年多随侍其父,游于北京及河北、山西。四月至七月间,黄彭年随父游京师:"咸丰庚申,山西巡抚奉诏入都,与当轴议巡幸事宜,檄先君自随。尝告先君:'当轴雅重君,数问君名,宜往见。'先君对曰:'以公事召则

---

① 黄彭年:《黄陶楼日记》第19册,清光绪间黄氏手稿本。

② 黄彭年著,黄益整理:《陶楼诗文辑校》,齐鲁书社2015年版,第228页。

③ 陈定祥:《黄陶楼先生(彭年)年谱》,台湾文海出版社1969年版,第22—24页。

④ 陈美健、柴汝新:《莲池书院志略》,中国文史出版社2013年版,第63、65、13页。

⑤⑥ 黄彭年著,黄益整理:《陶楼诗文辑校》,齐鲁书社2015年版,第234页。

⑦ 黄彭年著,黄益整理:《陶楼诗文辑校》,齐鲁书社2015年版,第279页。

见。'卒不往。"[①]咸丰十年(1860)八月,清帝巡典河北滦平[②]。商议巡幸事宜,当在八月之前,即黄彭年随父入都时间在四月至七月。七月至十一月,其父复任职于直隶军营[③]。九月初五,黄彭年于保定手书一封致胡林翼,胡氏二十日接到信件,二十一日回函[④]。九月丙子,为友人方宗诚(时在清苑县)之子作《方哲甫遗文序》[⑤]。十一月,其父返回山西官任[⑥]。十一月冬至日,至保定墓祭,得友人贺麓桥来信[⑦]。十一月十九日,在京师,作《书〈湛然居士文集〉后》,二十日出都。腊月,居于保定市唐县,得友人毛旭初来信[⑧]。考莲池书院的职事有院长、讲席、提调、斋长、堂长五种[⑨]。其中院长由一人担任,讲席则有若干人。院长负责主持每月十二日的书院月考,原则上不可轻易离校。而咸丰十年黄彭年家遭变故,且屡次往返于京师、保定、清苑、山西、唐县之间,似乎不太可能担任院长一职。

邢端《黄子寿先生日记目》记黄彭年"自咸丰十一年正月一日起,由保定唐县赴晋,二月初二日返唐,初六日至保定"[⑩]。查《黄陶楼日记·白云编》,其中确载黄氏于咸丰十一年正月元日启程赴山西省亲;初十日至太原叩谒其父;十七日,黄辅辰乞病假;二十三日,黄辅辰先往保定;二十四日,黄彭年启程归保定;二月初二日,黄彭年至唐县;初六日,至保定;十六日,开始课生读四书[⑪]。日记对此年的记载截至三月初十日,且为逐日记录,黄彭年并没有在日记中说明自己受何人所聘,亦未指明自己该年初主

① 黄彭年著,黄益整理:《陶楼诗文辑校》,齐鲁书社 2015 年版,第 231 页。

② 王国平主编:《大清皇帝在滦平》,白山出版社 2015 年版,第 528 页。

③ 齐思和等编:《第二次鸦片战争》,上海人民出版社 1978 年版,第 43—44 页。

④ 杜春和、耿来金编:《胡林翼未刊往来函稿》,岳麓书社 1989 年版,第 233 页。

⑤ 黄彭年著,黄益整理:《陶楼诗文辑校》,齐鲁书社 2015 年版,第 312 页。

⑥ 庞思纯:《明清贵州七百进士》,贵州人民出版社 2005 年版,第 133 页。

⑦ 黄彭年著,黄益整理:《陶楼诗文辑校》,齐鲁书社 2015 年版,第 150 页。

⑧ 黄彭年著,黄益整理:《陶楼诗文辑校》,齐鲁书社 2015 年版,第 161 页。

⑨ 陈美健、柴汝新:《莲池书院志略》,中国文史出版社 2013 年版,第 11—17 页。

⑩ 黄彭年著,黄益整理:《陶楼诗文辑校》,齐鲁书社 2015 年版,第 472 页。

⑪ 黄彭年:《黄陶楼日记》第 13 册,清光绪间黄氏手稿本。

莲池书院。这很奇怪,因为黄彭年在自己的文章中曾多次提及初任莲池书院山长一事。如《孙彦三哀词》言:“咸丰十有一年,予主莲池书院,孙生彦三从予游数月。仲夏之月……”①《〈万卷楼书目〉序》言:“咸丰十有一年,予初主莲池讲席。”②咸丰十年冬至后,黄氏给贺麓桥的回信亦言及自己“明岁浪迹莲池”③。今世学界定黄彭年于咸丰十一年主讲莲池书院,大体据此。现由以上考论可推定:黄氏于咸丰九年年底至咸丰十年任莲池书院讲席,咸丰十一年始任莲池书院山长。

至于黄彭年离开书院的原因与时间,则有明确迹象可征。黄氏《先陇碑阴记》言:“同治元年春,湘乡刘公佐四川总督骆公大破贼于绵州,书招吾父入蜀。彭年载母丧以从。三月至西安,则蜀匪入自宁羌,皖匪入自山阳,回民乘之,秦中大乱。”④黄彭年离开莲池书院的原因,一方面是要陪侍父亲入蜀,另一方面是要扶母柩回乡安葬。黄氏《请川督据情代奏呈》言己“旋于同治元年二月由清苑起程,扶柩回籍,亦经报明在案。本年四月⑤行至陕西西安府地方,适值发捻、回匪滋扰,道路梗塞”⑥。由此可知,黄彭年于同治元年(1862)二月离任。

黄彭年主莲池书院期间,对士子道德与实学极重视。咸丰十一年(1861),他在书院开课的第一天即对学子言:“彭年年少,学识不足为师,□既承当□见□,与诸君砥砺课试,不过一日短长。诸君平日读经读史,格义札记,可以相质于彭年,亦有益于士人以植行为本,文章以经书为本,愿与诸君共勉之。”⑦黄彭年倡导士子研习以经书为本,进而“明人伦”,树立良好的品行,力除科举制度给书院带来的不良风气。同治元年(1862),他致书好友桐城方宗诚,以为书院管理当以“道”为重要:“书院馆政久弛,今以礼范之,使渐就规矩。来见者与谈,欲引之于道,而向学者甚寡。都

① 黄彭年著,黄益整理:《陶楼诗文辑校》,齐鲁书社2015年版,第448页。

② 黄彭年著,黄益整理:《陶楼诗文辑校》,齐鲁书社2015年版,第317页。

③⑤ 黄彭年著,黄益整理:《陶楼诗文辑校》,齐鲁书社2015年版,第150页。

④⑥ 黄彭年著,黄益整理:《陶楼诗文辑校》,齐鲁书社2015年版,第279页。

⑦ 黄彭年撰:《黄陶楼日记》第13册,清光绪间黄氏手稿本。

缘不能积诚以身教，益自刻励而已。窃谓人伦不明，人乃惑于邪教。即逃将、逃官，皆由不明君臣之义所致。故近来自励，与生徒相励，只‘皆所以明人伦也’及‘笃行之’两句，不顾人笑其迂也。”黄彭年此次初任山长，时间短暂，加之年岁尚轻，似无太多建树，但其以“道”为本，崇尚“实学”的教育思想已见端倪。

二、入主关中书院

黄彭年曾执教关中书院一事，诸多史料有载。如《清史列传》卷七六：“陕西巡抚刘蓉聘主讲关中书院，兵燹后士鲜知学。彭年讲明实学，广置书籍，严定课程，学者渐盛。”①《清史稿》卷四三四：“同治初，刘蓉延主关中书院。”②然均只粗略记述，并未具体说明黄氏入主关中书院的年份与时长。黄彭年于光绪十六年(1890)谢世，二十八年后，桐城姚永概撰写《黄子寿先生墓表》，云：“同治初元特诏起用，又力辞。主讲关中书院者三年。时盐道公方宦陕，盐道公卒，乃去。”③盐道公即黄辅辰。也就是说，黄彭年主讲关中书院三年，后因父卒而辞归。据黄彭年为其亡父所作《先府君行略》可知，黄辅辰于同治五年(1866)十一月初六日申时卒于陕西官任④。两相比照推算，黄彭年当于同治二年底或同治三年初始主关中书院。而在姚永概撰写墓表的十四年后，陈定祥对此做了更正：“同治丙寅五年(1866)，先生主讲关中书院。”⑤陈氏在年谱中指出，他的这段记载是根据清国史传稿。此稿笔者无缘得见，仅见《清国史》(嘉业堂钞本)，然其记载与《清史列传》一般无二，毕竟《清史列传》源出《清国史》。姚永概、陈

① 王钟翰点校：《清史列传》第19册，中华书局1987年版，第6287页。

② 赵尔巽等撰：《清史稿》，中华书局1977年版，第12354页。

③ 钱仪吉等著，陈金林等整理：《清代碑传全集》，上海古籍出版社1987年版，第1366页。

④ 黄彭年著，黄益整理：《陶楼诗文辑校》，齐鲁书社2015年版，第232页。

⑤ 陈定祥：《黄陶楼先生(彭年)年谱》，台湾文海出版社1969年版，第30页。

定祥的著作为今世了解黄彭年生平提供了一份宝贵的资料，但因距黄彭年西去时间较长，两人对其入主关中书院的具体年份与时长说法不一，并且都缺少证据。

事实上，姚永概与陈定祥的著述均有误。黄彭年在同治二年(1863)八月时确实曾到过陕西。个中缘由，他在为亡友张懋畿所作的《张蓟云哀词》中曾明确："同治二年，刘公开府秦中，奉诏督师汉上，予与君偕行。"[①]刘公即刘蓉。上文提到，黄彭年于同治元年和父亲归依川督骆秉章。同治二年，"时川贼蓝大顺等方炽，石达开由滇至雅州。骆公命刘公蓉督师"[②]，黄彭年佐理刘蓉军事。最终由其建言献策而于五月初擒得石达开。经此一役，刘蓉十分欣赏黄彭年。同年，刘蓉由四川布政使调陕西巡抚，八月，黄彭年随刘蓉自川入陕[③]。但是黄氏并没有在陕西停留太久，《张蓟云哀词》有言："三年正月，予先归自广元。"可知，黄氏于同治三年正月即返回到四川。

《耻无艺斋日记》记载了黄彭年入主关中书院的时间："去年九月，刘霞仙中丞以关中书院讲席相召，书辞之。已而家君本年分巡凤邠之命，乞病不获。乃以四月二日自成都首途，五月四日达西安。家君既履任，余亦辞讲席不获，而以是月十二日入院课诸生。"[④]根据这段文字，当知黄彭年实于其父履任陕西的同年入主关中书院。《清史列传》载黄辅辰事："同治五年，凤邠盐法道缺，蓉密陈辅辰心术正大，吏事精能，与湖南岳常澧道刘达善并堪其任，有旨特畀辅辰。蓉即委以西安、同州、凤翔、延安、乾州、邠州、鄜州七属营田事。"[⑤]《清史稿》亦载其于同治"五年，授陕西凤邠盐法

① 黄彭年著，黄益整理：《陶楼诗文辑校》，齐鲁书社2015年版，第449页。

② 钱仪吉等著，陈金林等整理：《清代碑传全集》，上海古籍出版社1987年版，第1366页。

③ 黄彭年：《〈汉中日记〉序》，见中国科学院历史研究所第三所近代史资料编辑组编辑：《太平天国资料》，科学出版社1959年版，第225页。

④ 黄彭年：《黄陶楼日记》第17册，清光绪间黄氏手稿本。

⑤ 王钟翰点校：《清史列传》卷76，第19册，中华书局1987年版，第6286页。

道”[①]。由此，黄辅辰于同治五年(1866)授官陕西似无疑。后世著作认定黄氏于同治五年任职关中书院，即据此。但实际上，黄辅辰于同治四年已入陕为官，黄彭年文对此多有记载。《邓伯昭先生行状》曰：“同治四年，先君自蜀之官凤邠。”[②]《先府君行略》曰：“及简授凤邠，乙丑五月履任，则以所言者见诸施行，刘公亦深相倚重。”[③]乙丑即同治四年。种种迹象均指明黄彭年于同治四年与其父入陕。与日记对参，当知黄氏实际掌教关中书院的具体时间为同治四年五月十二日。

黄彭年离开关中书院的时间尚不能确证。黄氏日记对于同治五年(1866)九月后的记载有缺，亦无从查知。而对黄彭年生平记载较为翔实的姚永概《黄子寿先生墓表》有言“盐道公卒，乃去”。“乃去”，“去”哪？“去”关中书院？“去”陕西？姚氏所述让人存疑。陈定祥《黄陶楼先生(彭年)年谱》载其于同治五年丁父忧，丁父忧就一定会离职吗？未必。陈氏也未指出其离任关中书院的具体时间。那么，黄彭年究竟于哪一年离开关中书院？当今学界普遍认为当在同治五年。我们以为，这一论断并不一定准确。考黄彭年第一次担任莲池书院院长时，尚在丁母忧期间。由此推知，黄氏于丁父忧期间继续担任关中书院院长未必不可能。黄彭年文《先陇碑阴记》记载了其离开陕西的缘由与具体时间：“五年十有一月，吾父卒于任。是时贼犯秦疆，官军连挫，西安城闭不启。六年二月，贼稍远，奉丧以行。”[④]综上可知，黄彭年有可能于同治五年十一月父亲卒后即离任院长一职，也有可能于同治六年二月方卸任。无论哪一种，黄彭年此次担任关中书院院长的时长，当为一年半左右，而非陈氏年谱所言一年，也绝非姚氏墓表所言三年。

黄彭年此次出任关中书院院长的时间亦不算长，但相比于其初主莲池书院，教学则有了明显的进步。《黄陶楼日记》对同治四年(1865)的记

① 赵尔巽等撰：《清史稿》卷434，中华书局1977年版，第12354页。
② 黄彭年著，黄益整理：《陶楼诗文辑校》，齐鲁书社2015年版，第236页。
③ 黄彭年著，黄益整理：《陶楼诗文辑校》，齐鲁书社2015年版，第228页。
④ 黄彭年著，黄益整理：《陶楼诗文辑校》，齐鲁书社2015年版，第279页。

载截止至九月十二日，对于同治五年则未有记载。但从日记中，依然可以看出其对实学与士子德行的重视。黄彭年自同治四年五月入院教习，“课诸生习时文外兼及经、史、古文辞”，一如其在莲池书院时所为。黄氏不希望士子以治举业为本，忘却对自身道德的涵养，故其同治四年六月十二日，至书院课《四书》，题“岁寒然后知松柏之后凋也”，考学子作诗赋七律六首；七月十二日课《四书》，题“富贵不能淫，贫贱不能移，威武不能屈”，教诸生知耻守操①。至于《清史列传》载其“广置书籍，严定课程”，不见同治四年留存较为详细的日记中，当在九月十二日以后所为。

三、再主莲池书院

黄彭年第二次执教莲池书院是应李鸿章聘：“久之，李鸿章聘修《畿辅通志》，兼主莲池书院。当光绪中，法、俄边事迭起，从侍近臣多慷慨建言，彭年虽不在朝，负时望，中外大臣密荐之。八年，擢授湖北襄郧荆道，迁按察使。”②《清苑县志·教育》对莲池书院可考的历任山长做了记录，其中述及黄氏：“同治中叶系聘大兴李嘉端为院长。同治十三年李先生解馆职，聘新城王先生振纲。迨光绪十四年王先生捐馆③，聘贵筑黄先生彭年。当是时，合肥李文忠督直，黄先生请于文忠，筹款二千两购书二万一千余卷④，辟学古堂以课经古，莲池书院之讲朴学自黄先生始，盖光绪八年也。未几，黄先生赴荆襄道任，即聘武昌张先生裕钊。”⑤按此，黄彭年于光绪十四年(1888)再次执教莲池书院，离职于其赴安襄郧荆道任时。

① 黄彭年：《黄陶楼日记》第17册，清光绪间黄氏手稿本。

② 赵尔巽等：《清史稿》卷343，中华书局1977年版，第12354页。

③ 黄彭年文《王重三先生墓表》言王振刚“光绪三年十月初八日卒”。黄彭年著，黄益整理：《陶楼诗文辑校》，齐鲁书社2015年版，第252页。

④ 此处款数与卷数有误。黄彭年文《〈万卷楼书目〉序》言：“光绪四年重主莲池，谋之当事，先后筹金千五百置书，为卷凡三万三千七百十有一。”黄彭年著，黄益整理：《陶楼诗文辑校》，齐鲁书社2015年版，第317页。

⑤ 姚寿昌纂：《清苑县志》，民国二十三年(1934)铅印本影印，第281页。

但黄氏于光绪八年方“擢授湖北襄郧荆道”,《清苑县志》对黄氏再主莲池书院的时间记载有误。根据上下文,知此处衍字“十”。由黄氏文《莲池书院记》可证:“光绪四年,予始重领书院讲席。”[①]

至于黄氏离开书院的具体月份,亦可征。据《黄陶楼日记·海行日记》,黄彭年于光绪四年(1878)第二次主讲莲池书院,光绪八年正月奉皇命分守安荆郧襄道,而由其总纂的《畿辅通志》于同年四月告成,经司道查验毕,其时莲池书院创立学古堂事亦竣。五月初,黄彭年始自清苑启程赴湖北官任[②]。也即黄氏于光绪八年五月方卸任山长。今世研究,多言黄氏于春间离任莲池书院院长一职,有误。

双亲谢世后,黄彭年始以专心事业。沧海桑田,世事变迁,经过岁月的沉淀,黄氏的教育思想渐趋成熟。此次再主莲池书院,黄氏建树颇多,莲池书院自此步入鼎盛时期。

(一)丰富书院藏书

光绪四年(1878),黄彭年请于李鸿章,议为书院筹购书籍,“先后筹金千五百置书,为卷凡三万三千七百十有一”,“藏之万卷楼”。[③] 黄氏筹购书籍原因有二:

(1)为家贫者忧。古代书院中不乏家境贫寒的学子,其中多有材质可造然无力购书者。为寒门士子考虑,这是黄氏注重书院藏书的重要原因之一。黄氏《莲池书院筹添书籍,增设经古斋课示》言:“所虑寒素之儒,家稍少藏籍;有志之士,苦乏师资。……欲使向学有成,必先储书以待。”[④]

(2)治学、修身并举。清代书院的官方化使得书院沦为科举制度的附庸,学子多以治举业为本,少修身。对此,黄彭年言:“士非学不成,学非

① 黄彭年著,黄益整理:《陶楼诗文辑校》,齐鲁书社 2015 年版,第 277 页。
② 黄彭年:《黄陶楼日记》第 28 册,清光绪间黄氏手稿本。
③ 黄彭年著,黄益整理:《陶楼诗文辑校》,齐鲁书社 2015 年版,第 317 页。
④ 黄彭年著,黄益整理:《陶楼诗文辑校》,齐鲁书社 2015 年版,第 131 页。

书不广。富罕藏书，贫不能置书，士窘于耳目，乃溺于科举。”[①]他认为：“书院之设，原所以培养人才；而人才之兴，必资学术。苟学术不根于经史，斯人才难底于纯学。即为科举之学者，亦非博考群书，言之有物，佗日服官从政，岂能以所言见诸行使？”[②]“藏书、治学、为人”三者合一是黄氏基本教学主张，黄氏晚年仍言：“窃惟人才由学术而成，学术以经史为本，若非广储书籍，无以扩士子见闻。”[③]

（二）提倡日记读书法[④]

光绪四年（1878），黄彭年与李鸿章探讨日记读书法之益：“积日而求之，逐事而稽之，知其所亡，无忘所能。为者不畏其难，教者得考其实。途有程也，匠有矩也。”[⑤]强调此法可针砭科举制带给书院之敝习，“课试成材，非启牖向学。限之以命题，虑非性所近也；拘之以篇幅，惧其辞不达也”[⑥]。事实证明，黄氏此举卓有成效，李鸿章甚为赞赏：“课士有程度，人给以札，使为日记，月考其得失而高下之选，刊《莲池肄业生日记》三十二卷。院中明行修之士接踵而起，人文炳蔚，一时称盛。”[⑦]

（三）扩建讲舍

其时，莲池书院讲舍数量少，“广十六丈有奇，长仅十丈，而圣殿、考棚、讲堂，及院长、校官之居，咸在焉，其为讲舍仅十数楹”[⑧]。无以容纳日渐众多的求学者。光绪七年（1881），书院学者麇集，“举向日院长、校官之

① 黄彭年著，黄益整理：《陶楼诗文辑校》，齐鲁书社 2015 年版，第 306 页。

② 黄彭年著，黄益整理：《陶楼诗文辑校》，齐鲁书社 2015 年版，第 131 页。

③ 黄彭年：《黄陶楼日记》第 31 册，清光绪间黄氏手稿本。

④ 此法或源自程端礼《读书分年日程》，详参徐雁平：《清代东南书院与学术及文学》，安徽教育出版社 2007 年版，第 353 页。

⑤⑥ 黄彭年著，黄益整理：《陶楼诗文辑校》，齐鲁书社 2015 年版，第 306 页。

⑦ 李鸿章：《李鸿章全集·奏议十四》，安徽教育出版社 2008 年版，第 524 页。

⑧ 柴汝新、苏禄煊编：《古莲花池碑文精选》，河北大学出版社 2012 年版，第 87 页。

居以待学者，犹不能容"，尚有不乏怅然而返者[①]。黄彭年立即请于直隶布政使任道镕，议为书院增添讲舍，遂得增扩讲舍，壮大书院实力，"西院增舍九，东院增舍十有一，葺废舍而新之者四。凡增二十四楹，装治用具咸备，费金千二百有奇"[②]。

（四）创建学古堂

陈定祥记光绪五年（1879）黄彭年"藏置学古堂书"[③]。按此，学古堂当创成于光绪五年以前。《莲池书院志略》言："黄彭年于光绪四年（1878）在万卷楼前的讲舍开设学古堂，分斋讲授古学，组织学生阅读万卷楼里的藏书，开展学术研究。"[④]然据《保定府志》卷二八《礼政略》可知，光绪八年黄彭年与李鸿章因万卷楼而创置学古堂，堂在书院东部，为诸生肄业古学之所[⑤]。

学古堂开设古课、倡明朴学，一扫既往专事课艺之敝习，在莲池书院大兴研学新风气。"莲池书院之讲朴学自黄先生始"，[⑥]后经桐城文人张裕钊与吴汝纶的继承发展，为晚清书院教育注入了新鲜的血液。

四、居官兼师

黄彭年自光绪八年（1882）经李鸿章举荐出山后，由书院主讲成长为为政一方的要员。然而数年的教育生涯在黄氏身上烙下了深深的印记，此后虽数次担任不同地方的官职，但仍孜孜于地方教育事业。

---

①② 柴汝新、苏禄煊编：《古莲花池碑文精选》，河北大学出版社 2012 年版，第 87 页。

③ 陈定祥：《黄陶楼先生（彭年）年谱》，台湾文海出版社 1969 年版，第 44 页。

④ 陈美健、柴汝新：《莲池书院志略》，中国文史出版社 2013 年版，第 98 页。

⑤ 李培祜纂：《保定府志》卷 28，清光绪间刻本，第 14 页。

⑥ 姚寿昌纂：《清苑县志》，民国二十三年（1934）铅印本影印，第 281 页。

(一)与襄阳鹿门书院的关系

据《黄陶楼日记·海行日记》,光绪八年(1882)五月初十日,黄彭年于河北清苑县启程,经天津,过上海,入湖北,六月二十一日卯时接湖北督粮道印[①]。之后黄氏在湖北的供职情况,日记未述。

《清代官员履历档案全编》中载清代宫藏黄氏履历两篇:

> 黄彭年现年五十六岁……光绪八年正月奉旨补授湖北安襄郧荆道,六月到省,署督粮道。十一月交卸督粮道篆,旋赴安襄郧荆道任。九年正月奉旨补授湖北按察使。二月交卸安襄郧荆道篆,三月具折谢恩,请觐。奉旨"知道了",兹于四月十三日到京。[②]
>
> 黄彭年现年六十岁……九年告假出京。光绪八年正月奉旨补授湖北安襄郧荆道,六月到省,署督粮道,充武乡试提调,旋赴本任。九年正月奉旨补授湖北按察使,遵旨进京陛见,六月到省接印。十一年十二月奉旨调补陕西按察使,当即具折谢恩,吁请陛见,奉旨着来见。本年五月交卸湖北按察使篆,务兹于二十一日到京。[③]

第一篇文章将"黄彭年现年五十六岁",记为光绪九年(1883);第二篇将"黄彭年现年六十岁",记为光绪十二年。两篇所记黄氏年龄记载均有误,实际上,黄彭年五十六岁当在光绪四年,六十岁当在光绪八年。按履历所述,黄彭年于光绪八年六月至十一月在湖北署督粮道任,十一月至次年二月在湖北安襄郧荆道任,光绪九年六月至十二年五月在湖北按察使任。

---

① 黄彭年:《黄陶楼日记》第28册,清光绪间黄氏手稿本。

② 秦国经主编:《中国第一历史档案馆藏·清代官员履历档案全编》,华东师范大学出版社1997年版,第177—178页。

③ 秦国经主编:《中国第一历史档案馆藏·清代官员履历档案全编》,华东师范大学出版社1997年版,第484—485页。

黄彭年在湖北任职计四年，不仅在政治上颇有作为，而且对书院教育倍加关注："光绪八年，授湖北安襄郧荆道，调署督粮道，旋赴本任。……购书数万卷，储之鹿门书院，暇辄与诸生讨论。武当山香火最盛，主持僧岁供本道八百金，彭年却之，并封禁其山。九年，迁按察使。"[①]按此，黄氏当于安襄郧荆道任内捐书数万卷置之鹿门书院。然陈定祥《黄陶楼先生(彭年)年谱》则言黄氏在光绪八年安襄郧荆道任内为鹿门书院置书万余卷，光绪九年按察使任内复寄书八千余卷[②]。今世著作有关黄氏捐书鹿门书院书籍卷数的论述，各执一词，大部分记黄氏于光绪九年(1883)担任安襄郧荆道任内，捐赠 12359 卷书置之鹿门书院。如施景华《襄阳的学宫与书院》："光绪九年(1883)，守道黄彭年捐赠图书 12359 卷，放置在景行堂左边，并规定看书条规，设斋长两人司其事。"[③]那么，黄彭年捐书的具体情况究竟如何？

查《陶楼诗文辑校》，黄彭年对捐置鹿门书院书籍一事多有记载。《捐置鹿门书院书籍，并刻撰石、额谕帖》言："照得本司前在安襄郧荆道任内，课试鹿门书院，置书九十七部，约近万卷。业径首事制柜存储，交斋长经管。兹又捐购经、史、子、集适用之书，共八千零三十四卷，订二千零九十五册，供诸生博览。……现书就'观略堂'匾一块，撰《观略堂记》一篇，刻石。并交首事悬堂嵌壁，用示本司不忘旧治之意。特谕。"[④]《观略堂记》言："光绪八年，予以分守安襄郧荆道，驻襄阳，课试鹿门书院。捐金置书万余卷，定学规，延名师，设斋长。逾年，迁按察使，复寄书八千余卷。"[⑤]由是可知，黄彭年于光绪八年(1882)安襄郧荆道任内(十一月至十二月)捐书近万卷予鹿门书院，于光绪九年按察使任内(六月至十二月)复捐书八千余卷，共计约一万八千卷。显然，捐书卷数当以陈氏年谱所言为是。

① 王钟翰点校：《清史列传》卷 76，第 19 册，中华书局 1987 年版，第 6287 页。
② 陈定祥：《黄陶楼先生(彭年)年谱》，台湾文海出版社 1932 年版，第 46 页。
③ 邓洪波编著：《中国书院章程》，湖南大学出版社 2000 年版，第 130 页。
④ 黄彭年著，黄益整理：《陶楼诗文辑校》，齐鲁书社 2015 年版，第 132 页。
⑤ 黄彭年著，黄益整理：《陶楼诗文辑校》，齐鲁书社 2015 年版，第 274 页。

(二)与陕西关中书院关系

光绪十一年(1885)十二月,德宗谕令:"调湖北按察使黄彭年为陕西按察使。"[①]结合上文《清代官员履历档案全编》可知,黄彭年接到圣旨后,于光绪十二年五月交卸湖北按察使篆。黄彭年到达陕西官任的时间,《黄陶楼日记》有载,日记第三十册《入秦记》为黄氏赴陕西官任途中所记,第卅一册《秦藩日记》为黄氏代理陕西藩司一职任内所记。据《入秦记》,黄彭年于光绪十二年五月入京陛见;六月八日请训陛辞;二十七日自京赴通,后经秦皇岛,过山西,入陕西,八月十四日到达西安;十六日,接藩司印,视事。据《秦藩日记》,十月二十五日,黄氏交卸藩司印,赴按察使本任。十月二十日至陕西按察使任,此后黄彭年均任职臬司一职。光绪十三年十一月,德宗旨:"以陕西按察使黄彭年为江苏布政使。"[②]光绪十四年正月,德宗再旨:"江苏布政使黄彭年著速赴新任,毋庸来京请训。"[③]黄彭年再次接到圣旨后,始动身前往江苏。可知,黄氏于光绪十二年八月十六日至十月二十五日,暂理陕西布政使一职,光绪十二年十月二十七日至光绪十四年正月,任陕西按察使一职。

自光绪十二年(1886)八月十六至光绪十四年正月,黄彭年在陕西述职约一年零五个月。在这短暂的时间里,黄氏依旧时刻挂怀书院教育。《清史列传》卷七六载黄彭年于光绪"十一年,调陕西按察使,权布政使,创博学斋,延宿儒主讲席,购补关中书院书籍。比履本任,其建置如治楚"[④]。按此,黄彭年在陕西布政使任内为教育添砖加瓦。而陈定祥《黄陶楼(彭年)先生年谱》则定黄氏在光绪十二年于按察使任内做了这些事情。事实究竟如何?

---

① 黄彭年著,黄益整理:《陶楼诗文辑校》,齐鲁书社 2015 年版,第 504 页。(实源自《清实录》,《陶楼诗文辑校》附录一《传记资料》将《清实录》中有关黄彭年的部分析出。以下不再赘述。)

②③ 黄彭年著,黄益整理:《陶楼诗文辑校》,齐鲁书社 2015 年版,第 504 页。

④ 王钟翰点校:《清史列传》第 19 册,中华书局 1987 年版,第 6288 页。

叶伯英《〈关中书院课艺〉序》言:“自明代创立关中书院……同治时陕中军旅既兴,加以饥馑,抚斯土者不能顾及文事,以致学舍渐圮、书籍多佚,及兵销岁稔,多士虽欲励学,其道无由凭展。余既奉抚秦之命,因与贵筑黄子寿方伯、长白曾怀请廉访筹商经费,先后添建斋房七十七间,凡经史子集及经世有用之书,分类购得善本,储置院中,议定《志学斋章程》及《读书课程》,勒之于石。”①这篇序作于光绪十四年(1888)七月,叶伯英在序中称黄彭年为“方伯”,可知,黄氏此时担任布政使一职。由叶氏序言亦可知,黄彭年在担任陕西布政使时,不仅为关中书院购补书籍,而且为其添建了七十七间斋房,供士子研习使用。另外,黄氏参与制定了《志学斋章程》及《读书章程》。上文述《清史列传》提到黄彭年主关中书院讲席时“严定课程,广置书籍”,但并未找到实际证据,我们以为,有可能指的是此时所为。

《黄陶楼日记·秦藩日记》详细记载了黄氏为关中书院购补书籍的经过:光绪十二年(1886)九月十五日,黄彭年请拨款为关中书院添置书籍;二十五日,黄彭年与林学使商议为关中书院、宏道书院筹购书籍;十月初五日,黄彭年撰写《关中书院筹添书籍详文》;十八日与曾怀请访关中书院;二十二日作书致李鸿章及缪彝,由天津司道运售书局局刻书目中择有用必需之书,为关中书院购之②。

(三)与苏州正谊书院关系

据《黄子寿先生日记目》,黄彭年于光绪十四年(1888)正月初一至三月初六,由陕经晋赴津,三月初七日开始履苏藩任③。同年十二月,德宗谕令:“江苏巡抚著黄彭年暂行护理。”④黄氏交卸护理巡抚一职,在光绪

---

① 叶伯英辑:《关中书院课艺志学斋日记附》,清光绪十四年(1888)刊本,第1—2页。

② 黄彭年:《黄陶楼日记》第31册,清光绪间黄氏手稿本。

③ 黄彭年著,黄益整理:《陶楼诗文辑校》,齐鲁书社2015年版,第475页。

④ 黄彭年著,黄益整理:《陶楼诗文辑校》,齐鲁书社2015年版,第505页。

十五年八月三十日[①]。光绪十六年八月，德宗旨："调湖北布政使邓华熙为江苏布政使，江苏布政使黄彭年为湖北布政使。"[②]黄彭年接到圣旨后，同年九月初五日交卸江苏布政使篆。可知，黄彭年于光绪十四年三月初七至光绪十六年九月初五，担任江苏布政使；光绪十四年十二月至光绪十五年八月三十日，护理江苏巡抚。

自光绪十四年(1888)三月初七至光绪十六年九月初五，黄彭年在江苏为官约两年零七个月。在此期间，黄氏对书院教育的关注，一如从前。《清史列传》卷七六载黄彭年"擢江苏布政使，建学古堂以课士"[③]。学古堂建成于何时？据陈定祥《黄陶楼先生(彭年)年谱》，黄彭年于光绪十四年始建学古堂，次年三月建成[④]。黄彭年本人在文章中对学古堂创立一事亦有记载，《正谊书院学古堂开办章程(代)》言："本部院饬令司局筹款购书，并建藏书楼一所。现在书楼落成，应用书籍陆续购备，所有精力收发及士子入院看书章程，悉心斟酌，以期垂诸永久。"[⑤]《正谊书院学古堂增订章程》："照得正谊书院建学古堂，藏书楼购书六万余卷。本护院前在藩司任内，详请前抚院崧颁发章程，由藩司善后局筹款开办。申明未尽事宜，续行增订。兹据司局共筹银二万两，青浦县钱志澄捐银二千两。先后发苏州府存典生息，岁取息银一分，府收而纳诸善后局，委员每月由局领银开支。又，增修斋房十五楹。"[⑥]按此，黄氏于光绪十四年三月至十二月中，主持建成学古堂藏书楼，并购书六万余卷。光绪十五年，黄氏筹银二万两，发苏州府存典生息，供学古堂日常开销，并增修斋房十五楹。由此可见，正谊书院学古堂自一开始就囊括了藏书楼，这和莲池书院学古堂因藏书楼而创建的性质不同。

① 黄彭年著，黄益整理：《陶楼诗文辑校》，齐鲁书社 2015 年版，第 475 页。

② 黄彭年著，黄益整理：《陶楼诗文辑校》，齐鲁书社 2015 年版，第 509 页。

③ 王钟翰点校：《清史列传》第 19 册，中华书局 1987 年版，第 6288 页。

④ 陈定祥：《黄陶楼先生(彭年)年谱》，台湾文海出版社 1969 年版，第 52 页。

⑤ 黄彭年著，黄益整理：《陶楼诗文辑校》，齐鲁书社 2015 年版，第 127 页。

⑥ 黄彭年著，黄益整理：《陶楼诗文辑校》，齐鲁书社 2015 年版，第 129 页。

《续修四库全书总目提要》收录《学古堂日记四十九种不分卷》，提要间及黄彭年创建学古堂的相关情况："于是冯桂芬为正谊书院院长，首倡藏书，贵筑黄彭年继之，深知寒士得书之难，于书院西偏建学古堂，聚书六万余卷，于诸生之有志读书而无可读者，资以膏火，肄业其中。设日记，以验所志之学。乃聘雷浚深之为学长，选高材生胡玉缙、章钰、吴寿萱为斋长，察诸生之勤惰，而以时考其言行。又参仿莲池事例，订定课程。其后若胡玉缙、章钰，皆以硕学名于一时，皆由学古堂启之也。"①黄彭年所为，事无巨细，可谓呕心沥血。

五、结语

综上考辨，我们对黄彭年教育行迹勾勒如次：咸丰九年(1859)底至咸丰十年，任莲池书院讲席；咸丰十一年至同治元年(1862)二月，任莲池书院院长；同治四年五月十二日至同治五年十一月(或同治六年二月)，任关中书院院长；光绪四年(1878)至光绪八年五月初，再任莲池书院院长；光绪八年十一月至十二月，任湖北安襄郧荆兵备道，捐书近万卷予鹿门书院，并为之延请名师；光绪九年六月至十二月，任湖北按察使，复寄书八千余卷；光绪十二年八月十六日至十月二十五日，暂理陕西布政使，为关中书院购补书籍、添建斋房、制定章程；光绪十四年三月初七至十二月，在江苏布政使任②，于正谊书院创建学古堂，主持建成学古堂藏书楼，并购书

① 吴格等整理：《续修四库全书总目提要·丛书部》，国家图书馆出版社 2010 年版，第 334 页。由提要还可知，学古堂实隶属于正谊书院，其本身并不是一座书院，王卫平视学古堂为书院(详王卫平：《中日地方志与江南区域史研究》，苏州大学出版社 2014 年版，第 207 页)，有误。

② 《清史稿》言黄彭年"十一年，迁江苏布政使"(赵尔巽等撰：《清史稿》，中华书局 1977 年版，第 12354—12355 页)，非是。《清史列传》卷七六载黄彭年"十一年，调陕西按察使……十三年秋，水决堤堰……寻擢江苏布政使"(王钟翰点校：《清史列传》第 19 册，中华书局 1987 年版，第 6286 页)。《清实录》《黄子寿先生日记目》均言黄彭年于光绪十四年方履任苏藩。前文已述。

六万余卷；光绪十五年，筹银二万两，发苏州府存典生息，供学古堂日常开销，并增修斋房十五楹。

黄彭年一生历经清代道咸同光四朝，时值国运渐趋衰败，但其坚韧刚毅，奋发有为，建树多方。其中，竭力半生倾心于书院教育，泽被当时与后世，这也是传统教育演进过程中个人与国运互选之结果。因此，对其教育行迹进行考实的意义，首在补正既往有关黄氏研究的诸多阙失与不周，次可剖析晚清书院教育与管理的典型，为书院教育史研究提供鲜活可信的史料，复次可从一个角度观察晚清的学术风貌与理路。

（原刊《安徽史学》2019年第3期）